佛藏經講義

——第二輯

平實導師　述著

ISBN 978-986-98038-1-6

佛法是具體可證的，三乘菩提也都是可以親證的義學，並非不可證的思想、玄學或哲學。而三乘菩提的實證，都要依第八識如來藏的實存及常住不壞性，才能成立；否則二乘無學聖者所證的無餘涅槃即不免成爲斷滅空，而大乘菩薩所證的佛菩提道即成爲不可實證之戲論。如來藏心常住於一切有情五蘊之中，光明顯耀而不曾有絲毫遮隱；但因無明遮障的緣故，所以無法證得；只要親隨眞善知識建立正知正見，並且習得參禪功夫以及努力修集福德以後，親證如來藏而發起實相般若勝妙智慧，是指日可待的事。古來中國禪宗祖師的勝妙智慧，全都藉由參禪證得第八識如來藏而發起；佛世迴心大乘的阿羅漢們能成爲實義菩薩，也都是緣於實證如來藏才能發起實相般若勝妙智慧。如今這種勝妙智慧的實證法門，已經重現於臺灣寶地，有大心的學佛人，當思自身是否願意空來人間一世而學無所成？或應奮起求證而成爲實義菩薩，頓超二乘無學及大乘凡夫之位？然後行所當爲，亦行於所不當爲，則不唐生一世也。

——平實導師

如聖教所言，成佛之道以親證阿賴耶識心體（如來藏）爲因，《華嚴經》亦說證得阿賴耶識者獲得本覺智，則可證實：證得阿賴耶識者方是大乘宗門之開悟者，方是大乘佛菩提之眞見道者。經中、論中又說：證得阿賴耶識而轉依識上所顯眞實性、如如性，能安忍而不退失者即是證眞如，即是大乘賢聖，在二乘法解脫道中至少爲初果聖人。由此聖教，當知親證阿賴耶識而確認不疑時即是開悟眞見道也；除此以外，別無大乘宗門之眞見道。若別以他法作爲大乘見道者，或堅執離念靈知亦是實相心者（堅持意識覺知心離念時亦可作爲明心見道者），則成爲實相般若之見道內涵有多種，則成爲實相有多種，則違實相絕待之聖教也！故知宗門之悟唯有一種：親證第八識如來藏而轉依如來藏所顯眞如性，除此別無悟處。此理正眞，放諸往世、後世亦皆準，無人能否定之，則堅持離念靈知意識心是眞心者，其言誠屬妄語也。

——平實導師

目次

自序

《佛藏經》之所以名為「佛藏」者，所說主旨即以諸佛之寶藏為要義。諸佛之寶藏即是萬法之本源——如來藏，《楞嚴經》中說之為「如來藏妙眞如心」，《入楞伽經》卷七〈佛性品〉則說：「大慧！阿梨耶識者名如來藏，而與無明七識共俱，如大海波常不斷絕，身俱生故；離無常過，離於我過，自性清淨。餘七識者心，意、意識等念念不住，是生滅法。」大略解釋其義如下：

【所謂阿梨耶識（通譯阿賴耶識）又名如來藏，含藏著無明種子與七轉識種子，並與所生之無明及七轉識同時同處，和合相共運行而成為一個五陰有情。七轉識與無明相應而從如來藏中出生，每日運行不斷；意根每天一早促使意識等六心生起之後相續運作，與意識等六心和合似一，看似常住而不斷之心，其實是從如來藏中種子流注才出現的心，就是一般凡夫大師說的「清清楚楚明明白白」的心，早上睡醒再次出生以後，就與處處作主的意根和合運作看似一心。這七識心的種子及其相應的無明種子，每天同時從如來藏中流注出來，猶如大海波一般「常不斷絕」，因爲是與色身共俱而出生的緣故。

如來藏離於無常的過失，是常住法，不曾剎那間斷過；無始而有，盡未來際永無中斷或壞滅之時。如來藏亦離三界我等無常過失，迥無我見我執或我所執；其自性是本來清淨而無染污，無始以來恆自清淨，不與貪等六根本煩惱及其餘隨煩惱相應。其餘七轉識都是心，即是意根、意識與眼等五識，即是面對六塵境界時清楚明白的前六識，以及處處作主的意根；這七識心與無明種子都是念念不住的，因爲是從如來藏中流注這七識心等種子於身中才有的，當色身出生以後與意根同時和合運作，意識等六識也就跟著現行而與色身同在一起，所以是與色身同時出生而存在的。而種子是剎那剎那生滅的，以此緣故說意根與意識等七個心是生滅法。若是證阿羅漢果而入無餘涅槃時，由於我見、我執、我所執的煩惱已經斷除的緣故，這七識心的種子便不再從如來藏流注出來，死時就不會有中陰身，不會再受生，便永遠消滅了，亦因此故是生滅法。】

在三種譯本的《楞伽經》中，都不說此如來藏心是第八識（第八識是通俗的說法），而是將此心與七轉識區分成二類，說如來藏一心是常住的，是出生「**意**」與「**意識等**」六識者，也說是出生色身者，不同於七識等心。所援引的上開經文，亦已明說如來藏「**離無常過，離於我過，自性清淨**」；而其餘從如來藏中出生的「**餘七識者心，意、意識等**」，都是「**念念不住，是生滅法**」。這已經很明確將如來藏的主要體性與七轉識的主要體性區分開來：一是能生，一是所生，能生與所生之間互相繫屬；能生者是常住的如來藏心，沒有三界我的無常過失，沒有我見我執等過失，自性是清淨的；所生的七識心，是念念生滅的，也是可滅的，有無常的過失，也有三界我的我見與我執等過失，是不清淨的，也是生滅法。

今此《佛藏經》中所說主旨即是說明此心如來藏的自性，名之爲「**無名相法**」或「**無分別法**」，仍不說之爲第八識，而是從各方面來說明此心；並且希望後世仍有業障而無法實證佛法的四眾弟子們，未來世中都能滅除業障而證得解脫及實相智慧。以此緣故，先從「**諸法實相**」的本質來說明如來藏，兼及實證此心者於實證前必須留意避免的過失，才能有實證的因緣；若墮邪見或誤導眾生，並有犯戒不淨等事者，將成就業障；於其業障未滅之前，縱使未來歷經無量無邊不可思議阿僧祇劫，奉侍供養隨學九十九億諸佛以後，仍無實證之可能。以此緣故，釋迦如來大發悲心，首先於〈諸法實相品〉廣釋實相心如來藏之各種自性，隨即教導學人如何了知惡知識與善知識之區別。善於選擇善知識者，於解脫及諸法實相之求證方有可能，是故以〈念佛品〉、〈念法品〉、〈念僧品〉中的法義教導，令學人以此爲據，得以判知何人爲善知識、何人爲惡知識，從而得以修學正確的佛法，然後得證解脫果及證入諸法實相，發起本來自性清淨涅槃智，久修之後亦得兼及二乘涅槃之實證，再發十無盡願而起惑潤生乃得以入地。

若未愼擇善知識，誤隨惡知識者（惡知識表相上都很像善知識），不免追隨惡知識於無心之中所犯過失，則未來歷經無數阿僧祇劫奉侍九十九億佛之後，於解脫道及實相了義正法仍無順忍之可能，欲求佛法之見道即不可得，遑論入地。以此緣故，世尊隨後又說〈淨戒品〉、〈淨法品〉等法，教導四眾弟子們如何清淨所受戒與所修法。又爲杜絕心疑不信者，隨即演說〈往古品〉，舉出過往無量無邊不可思議阿僧祇劫前 大莊嚴佛座下，苦岸比丘等四人爲惡知識，執著邪見而誤導眾生，成爲不淨說法者；以此緣故與諸眾生相率流轉生死，於人間及三惡道中往復流轉至今，反復經歷阿鼻地獄等尤重純苦及餓鬼、畜生、人間諸苦，終而復始、受苦無量之後，終於來到 釋迦如來座下精進修行，然而竟連順忍亦不可得，求證初果仍遙遙無期；至於求證諸法實相而入大乘見道，則無論矣！思之令人悲憐，設欲助其見道終無可能，對彼諸人助益無門，只能待其未來甚多阿僧祇劫受業滅罪之後始能助之。

如是警覺邪見者之後，世尊繼以〈淨見品〉、〈了戒品〉而作補救，期望以此二品能轉變諸人的邪見，勸勉諸人清淨往昔熏習所得的邪見，並了知清淨戒之所以施設的緣由而能清淨持戒，未來方有實證解脫果與佛菩提果的可能。如是教導之後，於〈囑累品〉中囑累阿難尊者等諸大弟子，當來之世以善方便攝受諸多弟子，得能清淨知見與戒行，滅除往昔所造謗法破戒所成之業障，而後方有實證之世到來。由此可見 世尊大慈大悲之心，藉著舍利弗尊者之因緣，在與舍利弗對答之時演說此實相法等，期望後世遺法弟子得能滅除業障而得證法。普察如今末法時代眾多遺法弟子，精進修行仍難遠離邪見與邪戒，求證解脫果及佛菩提果仍將難能可得，令人不覺悲切不已，是故將此經之講述錄音整理成書，流通天下，欲以利益佛門四眾。

佛子 **平實** 謹誌

於公元二〇一九年 夏初

第二輯：

《佛藏經》卷上

〈諸法實相品〉（接續第一輯未完部分）

講到這裡，也許有人第一次來聽經，心想：「欸！你這麼會講話，還眞會編造，我從來沒有聽人家這樣講過。」那我就說：「抱歉！因為你孤陋寡聞。」那我不妨就舉一個例子來說，在《大品般若經、小品般若經》中有講好幾個心，譬如說「無住心、不念心、非心心、無心相心」，《佛說法集經》中還有一個「無念心」。你看《般若經》講心，不是在講一切法空；甚至於在《般若經》中取一小段出來把它命名叫作《心經》；《心經》的文字看起來好像沒有在講心，可是菩薩們就告訴大眾說：「這一段經文看起來好像在講一切法空，其實是在講心，所以命名叫作《心經》。」意思就是說：這個心不是世間心，祂永遠沒有世間心的行相。

世間心有時起貪、有時厭惡、有時生氣、有時記恨，各種狀況都有，可是這種世間心都屬於意識心所有；這個世間心就是意識等六識心，這六識心背後有個意根在操控著。可是這個「無名相法」如來藏，祂因爲不住在六塵境界中，永遠不了別六塵境界，六塵境界不管好與壞都與祂無干，祂也不會起一個念、起一個想法，因此祂沒有世間心的法相。所以世間心有時候覺得苦，有時候覺得樂，有時候覺得憂、喜，但很多時候是不苦不樂，所以有時候是捨受。例如這個環境覺得很舒適，過一會兒已經習慣了，就變成捨受了，這時沒有苦樂之受，沒有憂喜之受，所以苦樂憂喜捨受都是識陰六識的事。可是這個「無名相法」又名眞如，又名如來藏，亦名阿賴耶識、異熟識，祂從來不在這個境界中，所以祂沒有世間心的法相，因此叫作「無心相心」。也就是說祂眞實是個心，但祂沒有世間心的法相，所以叫作無心相之心。

有時候又叫「非心心」，非心心就是說「不是心的心」。很多人參禪永遠都在鑽牛角尖鑽不出來，爲什麼呢？因爲他們都想：「我要找一個眞正的心。」他們所謂的眞心其實就是六識心，跳不出這個範圍。可是你如果要找這個非心心，得要跳出六識心的範圍才能找到；祂不是覺知心，但祂卻是眞正的心。

爲什麼說祂是眞正的心，因爲你整個有情都是祂所生的啊！祂能生你這個身體，能生你這個覺知心，能生你各種心所法，所以讓你有受、想、行，你能說祂不是心嗎？難道你這個五蘊、十八界還是石頭或無情生的嗎？不可能！一定是心生的，物不能生心，所以祂叫作心。因爲祂能出生你，而且供應你非常多的種子，可是祂這個心卻不是眾生所知道的能夠見聞覺知的心，因此叫作「非心心」。非心之心會不會有世間心的法相？當然不會有，因爲祂不是覺知心一類的心。

那你要找這個心，當然不能在覺知心中去找；如果老是在覺知心的範圍中鑽來鑽去，辛苦鑽過每一個地方的結果仍然還是覺知心啊！就好比說，有一罐奶粉，另外一罐甘薯粉；媽媽說：「**孩子！去廚房幫我拿一點奶粉出來，我要在這裡泡牛奶喝。**」結果孩子去了，他所知的粉就只是甘薯粉，他就在甘薯粉那邊找，「**嗯！沒有奶粉啊！**」找了老半天，都在甘薯粉那大罐子裡頭找，老媽等了老半天，沒見人出來，於是進來問：「**你在幹什麼？**」他說：「**我在幫您找奶粉啊！**」老媽一定把他後腦勺一拍：「**笨蛋！這罐裡全是甘薯粉，你再怎麼找也是甘薯粉，怎麼找得到奶粉？**」一定是這樣的。不論誰去找，都是如此。

哪有孩子這麼笨的？想在甘薯粉中找出奶粉來，腦袋壞掉了！不幸的是正覺出來弘法之前，佛教界所有教禪的道場都是如此，都想要在甘薯粉中找出奶粉來。他們又不是化學工程師，怎麼可能從甘薯粉裡變出奶粉來？就是說甘薯粉和奶粉兩罐是同時存在櫃子裡的，奶粉不在甘薯粉中，這才是正確的參禪方法。眞糟糕！講經講到變成講參禪。所以不要想從那個甘薯粉中去找出奶粉來，別妄想能把甘薯粉變成奶粉。可是現代這些所謂開悟的大法師們，都是在甘薯粉中想要找出奶粉或變成奶粉來，也就是想要從妄心裡面去找出眞心，或是想要把妄心變成眞心。妄心既然叫作妄心，其中怎麼可能會有眞的？又怎麼可能變成眞心？

所以禪門的問題就出在這裡，你說：「那也許是小法師們才會這樣吧？」大法師們不會嗎？你去看看臺灣四大山頭，哪一個不是如此？「那只是四大山頭啦！四大山頭之上還有印順導師，他應該不會啊！」印順導師喔？很厲害喔？他比四大山頭對甘薯粉的執著更厲害！（大眾笑…）對啊！眞的如此。你們看他怎麼講的：「我們這個意識是生滅的、虛妄的，可是這個意識細分一部分出來，就是眞實常住的，叫作細意識。」對不對？對啊！等於說：「這一罐甘薯粉中有的成分比較粗糙，這粗糙的部分不算奶粉；但從甘薯粉中分析出很細的部分，那就叫作奶粉。」他的邏輯就是這樣。所以他認爲意識固然生滅，但從意識分析出來的細意識卻是常住不壞的。這樣看來，他有沒有比那四大山頭的和尚高明？沒有啊！邏輯都是一樣，落處也一樣，同樣都是意識啊！

所以釋印順認爲禪宗的開悟就是證得直覺。但是禪宗有那麼衰嗎？落在直覺中？所以這一個心不是世間心，不能從世間心裡面去尋找，不能想要把世間心裡面的一部分拿出來叫作眞心，不能這樣子作。所以，這個「無名相法」叫作「非心心」，因爲祂不是世間人所知的覺知心。雖然不能叫作心，祂卻出生我們的覺知心；我們覺知心會中斷，死了不能到後世去，但不是心的「無名相法」卻是永遠存在，所以祂又叫作心。因此《般若經》把祂叫作「非心心」。所以這裡就說「無心」，這個無心不是講說祂不存在，而是說祂沒有世間心的法相。

這樣講過兩個心：「無心相心、非心心。」接下來說「無住心」，「無住心」大家最清楚了——應無所住而生其心。世尊告訴大家說：當菩薩，應該要無所住而時時刻刻生其心。不是叫你坐在那邊壓住不動，而是要時時刻刻生其心；但是生其心時，這個心卻是無所住的。這種理，都被大法師們亂解釋，所以過失都在大法師身上，不在佛教界學人身上。因爲這意思在告訴我們說：「菩薩所住的境界中，應該是依止於『無名相法』的無所住境界而住。」

但是「無名相法」這個心無妨時時刻刻繼續不斷地生生不息，祂永遠都在持續運作而不曾中斷；所以不是把覺知心滅了或是停止住了，而叫作無所住，不是這個意思。而是說你意識心可以繼續運作，繼續起念爲利樂眾生不斷去思惟、去作各種事情，意識心可以不斷地起念運作；但是，你還有一個心是無所住的，這個無所住的心時時刻刻生其心而不曾中斷。那你意識參禪就是要去找到這個心，找到了以後就會知道：「原來這樣叫作『應無所住而生其心』。」這才是眞正的「無住心」，因爲祂不住於一切六塵境界中。色塵的境界、聲塵的境界乃至法塵的境界，祂都無所住，雖然不住於這些境界之中，仍不斷地在運作而從來沒有中止過。

這個無住心又叫作「不念心」，爲什麼不念？因爲祂不會去想任何事情。

祂這一世出生你這個五陰，祂也不會想說：「我這一世出生這個五陰到底好不好？五陰，你也跟我表示一下對我滿意不滿意？」祂不會跟你表示任何意思，因為祂從來不起念。我們五陰有時候想起這個事，有時候想起那個事，總是想個不停，不斷起念；這個現象，學打坐的人最清楚了。所以有時候在打坐共修的道場中，會聽到有人打自己巴掌，或是被監香法師打香板，你也別覺得奇怪，因為在外面道場這也是稀鬆平常的事。這是因為他很恨自己：「明明說好我今天要坐一炷好香的，結果才坐上去不到一分鐘就已經雜念紛飛了。」然後又狠狠責備自己，責備完繼續坐；反覆幾次了，結果都沒辦法，最後很恨自己，「啪！」一聲打了下去，旁邊的人嚇了一跳！「喔！他又繼續坐，當個沒事人。」（大眾笑…）

不過坐那麼一會兒，一巴掌過去還沒有一分鐘，他已經在心裡面訐譙自己啦！（大眾爆笑…）對不對？這很稀鬆平常啦！學打坐的人都經歷過這個過程，這表示什麼？表示他住在六塵境界中；因為住在六塵境界中，所以突然想起這個、突然想起那個，這叫作有念心。但是這個「無名相法」如來藏從來不起念，祂不會掛念什麼，永遠沒有掛念；所以不管你多麼自在，都比不上祂的自在；因爲你有時候還會掛念，譬如有時會想：「密宗假藏傳佛教這麼猖獗，要怎麼樣救護那些信徒們，他們好可憐。」你是起大悲心，所以生起這個念頭。可是你的如來藏「無名相法」從來不起念，一切念都無，所以叫作「不念心」。還有一個什麼心？好像還有一個，都講過了？

所以說「無心」不是講沒有這個心的存在，而是說祂沒有世間心，因爲祂不是世間心。既然祂不是世間心，參禪要找祂，當然要跳脫於世間心的範圍之外去找。那如果有人笨到癢了不知道要去抓，他才會繼續在世間心中去找這一個非心心。不好！我這樣講，是一竹竿打翻一船人。既然祂不是世間心，祂無始以來沒有世間心的法相，那就表示祂不是經由修行把世間心意識轉變過來變成眞心「無名相法」，所以祂叫作「過諸心」。

世間心有個法相叫作貪染，如果修行以後不貪染便叫作清淨，所以這就是一對。如果他修行以後變得很有智慧，智慧其實就是世間心，因爲智慧一定在六塵境界中運作；但是等一會兒來了一個比他更有智慧的人，說過法以後就罵他：「你爲何這麼笨？這個也聽不懂。」他又變笨了，那還是同一個世間心。世間心永遠在兩邊搖擺不定，都是住在相對的境界中。可是這個「無名相法」如來藏「妙法蓮華經」，祂是超過一切世間心的；既然超過一切世間心，所以叫作「過諸心」。

顯然這個「無名相法」不在世間心中，邏輯一定如此，因爲祂是超過世間心的。既然超過世間心，一定不在世間心的範圍中。可是末法時代這些大法師們都要在世間心的範圍中去找出其中的一部分，把祂叫作眞如，那你說他們笨不笨？（有人答話，聽不清楚。）笨！爲何這麼小聲？對啊！意思就是說，他們完全不能理解《佛藏經》中的聖教，所以他們跳脫不出世間心的窠窟，永遠被禁閉在世間心的範圍中。明明已經告訴你「過諸念」、告訴你「過諸心」，爲什麼還要在世間心中去找一個眞實心呢？既然祂是超過世間心，表示祂不在世間心的範圍中。

今晚來聽這一場講經，參禪的理路不就弄清楚了嗎？意思就是說，有智慧的人要懂得建立正確的知見；正確的知見是說：修學般若的證悟，得要證得超過世間心的那個法，那個法叫作「妙法蓮華經」，叫作「金剛經」，叫作「此經」，叫作「無名相法」、「無分別法」。你找到了以後隨便跟祂安什麼名字都行。但是你爲祂安了名字，那是你家的事，跟祂無關，祂不會跟你承認，但祂也不會給你沒面子說：「你命的名我都不喜歡，因爲你命得不好。」祂都沒意見，如果祂有意見，祂就叫作世間心。

所以「**過諸心**」，表示祂不在世間心的範圍之內，祂是超越而在世間心之上。爲什麼呢？因爲父母未生之前，我們這個覺知心、世間心還不存在啊！但祂本來就存在，所以禪宗說：父母未生前，本來面目是什麼？就是這個「**無名相法**」、「**無分別法**」。既然我們還沒有出生以前，我們自己的這個「**無名相法**」本來就存在，顯然我們五陰是後有，而祂是本來就在；既然我們是後有，而祂本來就在，怎麼可能會在我們這個後有的覺知心中呢？當然不可能在我們這個覺知心世間心中，而是超越覺知心的境界，所以祂叫作「**過諸心**」。

接著說「**無向無背、無縛無解**」。沒有向背，這是悟錯的禪師都沒辦法講的；只有在六塵境界中運作的心，才會有向有背。「向」就是有興趣，所以面對它；「背」就是厭惡，所以背對它；背對它就是要離開的意思，不想跟那個境界契合。有向有背都是由於不離六塵境界，才會產生向背的心行出來。如果是離開六塵境界的心，何須向、何須背？這樣講有的人也許覺得說：

「這個有一點玄，好像在講哲學。」不！這比哲學深奧多了，哲學沒有人能講到這麼深奧的，但是我卻要讓諸位對這個深奧的法有正確的理解。由哪裡理解呢？我們當然得要舉例來說明：

離開六塵境界時，一定不會有向背。舉一個簡單的比喻，我說的是比喻，不等於就是那樣；譬如說，一個人每天晚上總要睡覺，睡著了無夢，旁邊人家講話他都沒聽見，他也沒在作夢，請問那個時候你向什麼、背什麼？那時你一定不會向什麼、也不會背什麼。當然，其中還有意根的運作，我們現在先不談祂；單單從這個向背來講，當你睡著無夢時，不向什麼、也不背什麼。又好比一個人悶絕過去，他不會向什麼、也不背什麼。所以如果要孝順父母親，別等父母親睡著無夢時說：「媽媽！我買這個來供養您好不好？」你可別那個時候說：「媽媽！我每天孝敬您五十萬元好不好？」那個叫作「揞鱉仔假燒金(閩南話)」，對不對？根本無心孝順！

也就是說，這個能與六塵境界相應的心若是不存在時，就已經不會有向有背了。所以當你睡著無夢時，你不再對那個仇人怨恨，也不再對那個大恩人感恩，所以沒有向背。可是一旦進入夢境，夢見那個大仇人，氣得要死，就要跟他拚命；如果拚不過那個大仇人，怎麼樣？轉身跑啊！就是背棄他。逃了很久，遠遠看見大恩人來了，可以依靠了；哇！心中好歡喜了，對不對？趕快向他跑過去，終於見到大恩人，就訴苦：「**我那個大仇人要殺我。**」這時有沒有向？有啦！剛才背，現在又向，是不是同一個人？是啊！可是又轉到睡著無夢時，又沒有向背了，因爲又離開六塵境界了。

那麼「**無名相法**」、「**無分別法**」如來藏，就好比這個樣子。當你睡著無夢時，覺知心不在了，就沒有六塵境界；可是如來藏是時時刻刻都在，只是不在六塵境界中，所以祂永遠「**無向無背**」。就好比你覺知心不在了，所以不住在六塵中，那你就「**無向無背**」，但差別是你不在而祂繼續存在。你不在了所以「**無向無背**」，祂繼續存在可是永遠都「**無向無背**」。也許有人說：「**欸！這個是你蕭老師自己編的，你的哲學基礎太好了，可以編出這個東西來，我又找不到你的破綻。**」可是問題來了，我們有這麼多被我印證的人，難道我就這樣繼續把他們唬弄下去，他們也願意繼續被唬弄？天下沒有這種傻蛋吧？而且實證的人聽了我說的，全都認同啊！表示這個「**無名相法**」、「**無分別法**」祂是眞實而恆時存在，不曾中斷過一剎那，無始劫來如此，到現在如此，未來無量劫後依舊如此；但因爲祂不住在六塵境界中，所以祂就「無向無背」。但不要企圖像那些大法師們一樣，想要把這個有向有背的覺知心轉變成「無向無背」。

那如果「無向無背」，就表示祂也「無縛無解」。世間人說：「我被繫縛了，求你幫我解開。」他想要人家幫他解開，就因爲有縛；有縛才需要解，沒有繫縛又何必要解開呢。就是因爲有生死的繫縛，才需要解脫。如果哪一天遇見了一個人伸出雙手來，明明沒有被繩子綁著，他卻跟你說：「你幫我解開吧。」你是不是要罵他神經病、說他精神狀態有問題？就是這個道理啊！

現代大法師們都告訴大家說：「因爲我們都在三界輪迴生死，都被生死繫縛了，所以要求解脫。」有一天，這個學人去見了禪師，說：「禪師啊！請您幫我解脫！」沒想到禪師反問他說：「誰綁著你？」對不對？對啊！從禪師的境界來看，沒有誰綁你啊！既然沒有誰綁你，何必求解脫？但是凡夫不能像禪師這樣講，因爲禪師有他的所見；凡夫沒有禪師的所見，就不能像他那樣講；爲什麼呢？因爲禪師是從「無名相法」來看，說這個來求解脫的學人，他的眞如本來就沒被繫縛，說他的實際理地沒有被繫縛，何必要求解脫呢？所以反問他說：「誰綁著你了？」那個學人說：「又沒有誰綁我啊！」禪師當然說：「那你何必求解脫？」所以禪師就告訴他：「本來無縛無解，何必求解脫。」證悟了也真的如此，沒有繫縛也沒有解脫；因爲繫縛是你五陰的事，解脫也是你五陰的事；可是從如來藏來說，既沒有繫縛也沒有解脫，這樣才是真正的證悟。

而這個「無縛無解」是本來如是，不是修行以後才如此的。可是世間的大法師們都是要把這個覺知心修行以後變成沒有繫縛、沒有解脫。可是覺知心不可能沒有繫縛、沒有解脫，永遠會有繫縛、有解脫啊！所以禪師悟了才說沒有解脫，但禪師說的沒有解脫也是覺知心的事，因爲覺知心看到如來藏本來解脫，轉依如來藏了所以沒有解脫的事；這個沒有解脫也是覺知心的事，也是五陰的事，是五陰所看見。五陰看見實相了，不是自己沒有繫縛沒有解脫，而是看見自己的「無名相法」本來沒有繫縛，所以也沒有解脫可說。要這樣子實證才能夠說是真正的開悟。所以禪師在勘驗弟子時，弟子們被勘驗出來如果有一絲一毫落在覺知心中就得挨棒，所以禪門有一句話叫作「不落廉纖」。門簾或者窗簾有時候會有微細的絲存在，那就叫作簾纖，只要有那麼一點點落在妄心就得挨棒。所以所實證的是本來就「無向無背」的，本來就「無縛無解」的心，才能夠說那是佛所說的眞如，就是《佛藏經》講的「無名相法」、「無分別法」。

聽到這裡，接下來參禪就變得很容易了？是應該很容易的了！我都把你們參禪的方向弄得很清楚了，只要往這個方向去，遲早你會撞到祂啦！如果往反方向去，永遠都不會撞見祂，因爲越來越遠。也就是說那一罐甘薯粉，你只要表面看到它是甘薯粉，就知道整罐都是甘薯粉了，不會在甘薯粉中混著奶粉的，不要一直往其中去探索了，探索到底還是甘薯粉。如果旁邊那一罐，你打開後看見表面是奶粉，那就整罐都是奶粉，透裡透外都一樣，所以說「妄心透底妄，眞心本來眞」；這樣弄清楚以後，就不會想在妄心覺知心中找出眞心如來藏。

以前，我們最早期共修時，有位師兄很有趣；人家打坐下來精神百倍，但他每次打坐下來都是累壞了。爲什麼呢？因爲他想：「我們妄心會打妄想，可是那妄想種子還是從眞心來的啊！」他這麼想，所以他就有一個推理出來，講得很有道理喔！諸位參考看看。他就每天打坐，打坐時他心中開始尋找：「嗯？妄念是從哪裡跑出來的？」他想：「跑出來那個地方，就是如來藏在那裡。」他就這樣去找如來藏。結果找了整整一年以後，我說：「你都不聽信我告訴你的方法，你只用自己的方法。那我問你，現在一年了，你那個妄念的前頭是什麼呢？」他說：「我前頭再怎麼看，看來看去都是沒有，都是空，還沒找到眞心。」我就告訴他：「所以叫作空性！既然是空性，祂無形無色，你怎麼可能看得到祂在哪裡？不能用你那個方法參禪啦。」可是他終究沒聽我的話，後來也離開了。現在我又突然想起他的名字來，就不說他名字了。這就是說，知見錯誤的話，越走就越遠。可是你方向如果找對了，很快就會找到「無名相法」如來藏。方向對了，假使距離還很遠，你就努力一點走，終究還是會走到。

所以說：本來就無縛無解，何必求解脫？可是對凡夫來講，卻得要求，因爲你不知道「無縛無解」的境界是什麼。等你找到以後說：「唉呀！被騙了！」被誰騙了？「原來被善知識騙了，因爲我的本際本來解脫，何必再求解脫？」可是你若不求解脫，卻無法解脫，事實就是如此啊！所以被騙了以後說：「唉呀！師父！感謝您騙我！」你還得要感謝，因爲事實眞的如此。

所以如果你證得解脫時，那個解脫是本來解脫的，不是你證了才解脫的，這才是眞解脫啊！如果有人可以給你解脫，說：「來啦、來啦！我幫你加持，摩摩頂，給你掛個哈達，你就解脫了、就成佛了！」這樣縱使眞的是解脫跟成佛，請問是打哪來的？不正是人家給的？是人家給的，將來就一定會失去。你總不能把那個哈達帶到未來世去吧？你總不能把那個摩頂帶到未來世去吧？因爲那都是外來的。所以一定是要本來解脫的才是你應該要的。

可是本來解脫的，就是本來沒有繫縛，本來沒有繫縛時又何必要把祂解脫？可是話說回來，當你證得「無名相法」看見祂本來沒有繫縛，所以本來也沒有解脫時，你卻會發覺說：你知道的這個無縛與無解，對「無名相法」自身來講根本也不相干。因爲你知道祂無縛無解是你所知、是你的事，祂不會因爲你悟了就說：「對啊！我本來就無縛無解。」祂不會感覺自己無縛無解。你可以知道祂無縛亦無解，你可以知道祂無向亦無背，而祂不會反觀自己說：「我本來就無向亦無背。」祂不會反觀說：「我本來就無縛亦無解。」所以你所知道的這一些智慧統統歸你，你證得祂以後智慧歸你，跟祂無關，所以祂不管你有智慧、沒智慧，還記得嗎？《心經》講「無智亦無得」。

所以實證了般若以後，三乘菩提諸經都可以用來印證的；如果不能印證，表示悟錯了。我們現在這樣講時，每一位實證者都可以現前來觀察，這叫作現量。你可以由現量上來看見、來檢驗蕭老師說的對不對？你可以檢驗，檢驗的結果是你不能否定我，我也不能否定你的檢驗，因爲結果是相契合的。所以三乘菩提諸經沒有所謂前後矛盾的問題，對未見道的凡夫而言，才會有所謂的前後矛盾，因爲他們依文解義，不能勝解。

這樣講過「無向無背、無縛無解」，接著說「無妄、無妄法」。有妄、也有妄法，那是誰的事？（大眾答：意識。）對嘛！就是意識心的事。所以意識心一天到晚在分別：「這個是虛妄法，因爲這是有生之法，有生則必有滅，就是虛妄法。」「因爲這個是欲界的境界，這個是色界、這個是無色界的境界，都是在三界中，所以都是虛妄法。」這樣的分別也是意識的境界。對於一個學禪的人來講，或者對於一個修學大乘法的人來說，最難的就是如何釐清妄心與眞心的分際。

要釐清這個很困難、很困難，可是沒有經歷過的人不會知道爲何很困難。所以有的人第一次讀了我們的書，讀了就說：「對啊！本來就應該這樣啊！」他還沒有正式學佛，讀了我們的書說：「本來就應該這樣啊！」那他爲什麼認爲本來就應該這樣？因爲他沒有被誤導過。可是另外一位師姊告訴他說：「你看清這個法本來就這樣，沒什麼困難，認爲沒什麼；我可是學佛二十幾年，現在才終於知道人本來就應該有八個識。」可是那一個人一開始就讀到我們的書，我們講的是八個識並存，他才一讀就認爲：「對啊！這個有道理啊！」就這樣接受，所以他不覺得稀奇。如果是在六識論的道場繞了一圈又一圈，不曉得繞了幾萬圈，也許八萬四千圈了才終於弄清楚說：「唉呀！原來人應該八個識才對，不是以前所認爲的六個識。」那他就覺得可貴。

所以不懂的人會繼續在岔路中繞圈圈，永遠繞不出來。因爲他繞來繞去都在那一罐甘薯粉中繞，就是都在六識心中繞；想要從中去找出奶粉—那個沒有虛妄法的心—永遠也找不到，因爲他尋找的範圍全都在識陰六識等虛妄法內。對於這個「無名相法」來說，祂沒有一個法是虛妄的，即使從祂所出生的五蘊來說也不能說是虛妄，因爲一世又一世不斷地出生五蘊，五蘊本質上是祂的功能差別中的一部分；既然祂這個功能差別永遠存在，所以這一世的五蘊壞了，祂又出生另一世的五蘊，祂就這樣不斷地出生，世世的五蘊全都歸屬祂所有，就不能說是虛妄法了，應該說非虛妄非不虛妄。無始劫以前不斷出生五蘊，現在又生了這個五蘊，未來還會繼續出生無量的五蘊，那你說五蘊到底虛妄還是不虛妄？從「無名相法」來看五蘊時到底虛妄不虛妄？不虛妄了！可是如果你單從五陰來看五陰呢？（有人答話，聽不清楚。）大聲些行嗎？（大眾說：虛妄！）對了！就是虛妄！

二乘菩提，也就是四大部阿含諸經的內涵，絕大多數都是聲聞道，聲聞道所說的法是從有情這個蘊處界的諸法來作觀行，不涉及實相，所以都是單從五陰來看五陰；既然從五陰來看五陰，顯然五陰都是有生之法，因爲只有一世；有生之法終歸於滅，當然是虛妄法。所以由五陰來看五陰時，一定都是虛妄法，得說色陰虛妄，受、想、行、識虛妄。然後說，色陰有哪幾個法？總共十一個。這十一個法全都虛妄。受陰有幾個受？有三受、有五受，也都虛妄，就這樣次第觀行到識陰，識陰有六個識，這六個識也全都虛妄，所以這是「有虛妄法」，已經不是「無妄、無妄法」了，因爲這是從五陰自身來看。

可是你如果從「無名相法」如來藏來看五陰時，「無名相法」永遠不虛妄，永遠無生無滅，無始以來不斷出生五陰；換句話說每一世一定有五陰跟著祂，即使無始劫來曾有幾世生到無色界去，至少也有四陰跟著祂；從祂的境界來看五陰、四陰時，全都屬於不生滅的「無名相法」所有，就不虛妄，因爲這本來就是祂附帶擁有的。

這樣講也許比較抽象，我們作個譬喻。譬如一面鏡子，以鏡子跟影像來說，鏡中的影像譬如五陰，一世又一世的五陰。一面鏡子放在這裡時，胡來胡現，漢來漢現；張三來了，它就顯現張三的影子出來；李四來，就顯現李四的影子。來了總會過去，張三來了，現在影像是張三；張三走了又有一個李四來了，現在的影像是李四；但鏡子會不會想念前世張三的影像？鏡子會不會想念現在李四的影像？都不會，所以叫作「不念心」。

既然《般若經》說祂叫作不念心，意謂祂絕對不會想念，過去就讓它過去，未來的也不會預想：「下一回要換誰來？」祂也不想，絕對不想，所以祂叫不念心。像這樣的心像不像心？不像心啊！所以叫作「非心心」。這個鏡子裡的影像不斷變換，一個來了一個走、一個來了又一個走，不斷的變換；那你單從鏡子那個影像來說，先不談鏡子，那張三走了，張三是不是虛妄？

李四又來了，來時還沒有走，在現象界中他不是虛妄，爲什麼？因爲他有來，眞實存在著，這就是凡夫的看法；但他來了一定會走，喻如有生者將來必滅，只有本來就在而不曾來的才不會走；那你單單看鏡子裡的影像，你當然可以說影像是虛妄的。

接著換一個角度，你從鏡子來說那個影像時，影像到底虛妄不虛妄？當然不虛妄啊！因爲只要鏡子在，一定會有影像。可別說：「**我把它塗污，那就沒影像了。**」但塗污了就不叫鏡子。只要鏡子在，影像就一定在，所以從鏡子來看影像時，影像不虛妄，因爲影像屬於鏡子的一部分。所以你從「**無名相法**」自身的境界來看，祂所附帶的一切諸法全都附屬於祂，也就變成不虛妄。這是從實相來看的另一個層面。

當你看到這個鏡子中的影像不虛妄，也就是說這個如來藏，從如來藏的立場來看五陰時，五陰本屬於不生滅的如來藏的一部分，當然不虛妄。那你這樣看時，跟《阿含經》講的單從五陰來看時所說的五陰虛妄，有沒有衝突？沒有衝突啊！所以這是完全沒有衝突的，但凡夫就覺得有衝突：「**你看！本來說五陰虛妄，現在來到般若時期卻說五陰等一切諸法不虛妄，那不是自相**

矛盾嗎？」那就是達賴那種凡夫才會這樣講。所以三乘菩提諸經沒有矛盾、沒有衝突之處，只有智慧到不到的問題，智慧到了，所見完全沒有矛盾、沒有衝突。

剛剛講的是一個層次，現在換到如來藏自身，也就是從鏡子自身來看。鏡子會不會分別說「我現在來的這個影像，虛妄或者不虛妄」？會不會？祂不會分別，祂絕對不分別，對祂而言沒有所謂眞實或虛妄可說；所以張三來了就來，是祂把他顯現出來的；那張三該走了祂就讓張三離去，祂也不會去追念張三。現在張三走了該李四來，祂就讓李四來。張三走了、李四還沒有到之間叫作什麼？叫作中陰，就是還沒住在母胎之前。可是不管張三來了、李四來了，不管誰來也不管誰走了，這個鏡子本身絕對不會說：「張三是虛妄的，李四是虛妄的。」絕對不會，因爲依二乘菩提來了知張三、李四這個影像虛妄的是你覺知心意識的事，與如來藏無關——與鏡子無關；明鏡只管把五陰映現出來，只管提供這個環境讓張三在其中運作，但是明鏡本身不會去理會張三在其中運作是不是虛妄，祂的境界中沒有這回事；知道虛妄的是鏡子中那個張三，修學三乘菩提之後驚訝地說：「唉呀！原來我是虛妄的。」

鏡子中的張三知道自己是虛妄的，他這個境界意味著什麼？意味著他找到鏡子了。他知道：「啊！原來我在鏡子中生存，原來鏡子才是老大哥，我只是祂所生的。」然後再想一想說：「抱歉！暫時稱呼您老大哥，其實我面對您時，應該要加上幾個曾的曾孫啦！」因爲明鏡如來藏沒有歲數，相對於明鏡存在時間的久遠，張三的歲數不過一會兒。以一天的時間來說，你來照鏡子，會從早上照到晚嗎？不會的，一定照一下子，整理儀容完了你就離開；等一下女兒來，等一下兒子來，等一下老爸來，都是照一下便走了，都是來來去去啊！問題是大家都沒找到鏡子，所以總認爲自己是眞實常住的；找到明鏡以後就知道：「原來明鏡才是眞的常住，我從來都在鏡子中生存。」

有哪個影像可以離開鏡子生存？不行啊！所以我們五陰就好比明鏡中那個人像，一輩子在鏡中來來去去叫作生活；而這個「無名相法」、「無分別法」就好比那一面明鏡，祂始終在那裡，本來就在；而明鏡裡的影像就是我們這個五陰，可以分別說：「我們自己是虛妄的。」要不然就是有佛、菩薩來鏡子的影像中，例如受生於人間，來教導鏡子影像中的許多人修學二乘菩提，現觀自己當世的五陰虛妄，才會知道自己是虛妄的。

但是找到了明鏡以後——也就是找到如來藏之後，發覺祂才是常住的，恆而不滅，並且「法爾如是」，你永遠沒辦法找到一個什麼可以來出生祂，永遠找不到。不管你如何去推理或者追溯、去觀察，永遠找不到；那麼五陰的自己卻是有生的，而祂本來就如是，所以叫作「法爾如是」。祂本來就是這樣子，本來就不曾出生過而無始存在，不曾出生過就不會有滅，因爲凡是曾經出生過的，將來才會有滅啊！所以說，對於鏡子——對於明鏡這個無分別法來說，祂從來不分別，與名相不相應，所以在祂的立場來講，沒有所謂虛妄之法，世尊才說祂是「**無名相法**」。就好像明鏡不會分別說：「**鏡子裡張三虛妄、李四虛妄**。」祂就是這樣一個不分別法，故名「**無分別法**」，這才是眞正的妙法，才是不虛妄法，所以稱爲「**無妄**」。

這個「**無妄**」瞭解了，接著說「**無妄法**」。「**無妄法**」是相對於有妄法來說的。那麼有妄法，是誰在了別有妄法？是我們的意識心。我們的意識心一天到晚在分別：「**嗯！作這筆生意可以賺上五千萬元，搞不好還能賺上五億元**。」心裡好高興！這叫作世間心，是有心啊！譬如世間人會說：「**你這個人無心啦！**」爲什麼呢？因爲這一個人一天到晚說「**我要幫忙人家**」，但是已經好幾年口惠而實不至，就說他無心，表示他沒有那個心。不是他沒有覺知心，是說他沒有助人之心，這個觀念要建立起來。所以佛法中說空，不是講完全沒有的空無；譬如說河空，河空是說水已經乾掉了所以才叫「河空」，河還是存在的。《央掘魔羅經》說的，因爲水乾掉了所以說河空，不是河完全不存在了；所以河的形狀、那個固態還是存在的。村莊空，是因爲村莊裡的人都離開了，所以叫作村莊空；可是村莊還是存在的，不能說：「**村莊空，所以村莊不存在了。**」不是這個意思。

同樣的道理，我們說虛妄法；虛妄法是因爲由眞實法所生的，不斷地虛妄生滅，將來一定會毀壞、斷滅，我們才說它是虛妄的；那我們意識去認知了以後，說這個叫作虛妄法，所以虛妄法才存在。虛妄法的存在是因爲我們有意識可以分別說這個叫虛妄法，那麼意識就可以分別很多種的虛妄法；比如說造惡業，造惡業是虛妄法，因爲下墮以後果報很痛苦，痛苦完了以後也會過去——無常，所以虛妄。其實有的人很喜歡無常，你不可以說你不喜歡無常，除非你準備要入無餘涅槃。假使今天牙齒很痛，讓你永遠痛好不好？當然不好啊！因爲那將是常，常便不好了！可是你如果想：趕快去看牙醫，藥物趕快塡一塡，治療治療以後，明天不痛了；原來這個痛無常，這時無常好不好？好喔！怎麼不好！

所以說，一般人都是只看一面。如果凡事都常，那我告訴你，你就永遠當凡夫，因爲常！凡夫這個現象也應該是常，那你就永遠當凡夫了。那好不好？又不好了。所以常與無常是要看你觀察哪個對象，那無常之法就是虛妄法，即使下墮地獄受苦受難之後也會受完，受完而回到人間繼續行道，得到教訓不再毀謗正法、不再毀謗賢聖，接下來修學的就是要學眞實法，眞實法叫作如來藏，這部經中叫作「無名相法」、「無分別法」。

可是對你來說，你證得「此經」妙法蓮華時，你恍然說：「啊！原來妙法蓮華就是這個『無名相法』，怪不得祂能出生萬法，還眞的叫妙法，還眞的像蓮華一樣出污泥而不染。原來這個『無名相法』就是妙法蓮華，相對於妙法蓮華來看，五陰好虛妄喔！包括證得這個『無名相法』的覺知心我也是虛妄的。原來我也是虛妄的，祂才是眞實法！」可是你說有虛妄法，那是你家的事，「此經」「無名相法」才不了知什麼叫作虛妄法，所以祂心中沒有虛妄法可說，因爲祂從來不作分別，怎麼有虛妄法可以讓祂來了知呢？

從這個「**無妄法**」，我們要衍生出來再講，叫作「無眞法、無實法」。可是 佛絕對不這樣講，爲什麼？怕眾生誤會。但我解釋這麼清楚了，眾生不可能誤會，那我就可以講「無眞法、無實法」。因爲你證得「**無名相法**」時，知道這是眞實法；你知道從「**無名相法**」來看五陰，而把五陰攝入「**無名相法**」時，五陰這個虛妄法也就變成眞實法。可是這都是你自己的認知，也是你自己的現量觀察；當你轉依於「**無名相法**」自身的境界來看時——你從「**無名相法**」所住的境界來看時，沒有六塵、沒有任何境界，這時有什麼法可以說是眞實？又有什麼法可以說是虛妄？所以「**無妄法的另一面就代表無眞法**」。

但「**無眞法**」這三個字不代表沒有眞實法，而是說從如來藏這個「**無名相法**」自身的境界中不作任何分別來看，就沒有虛妄法、也沒有眞實法可說。能夠了知眞實法，能夠了知這個虛妄法，知道眞實法存在、知道虛妄法存在，都是你意識心的事，而「**無名相法**」祂的境界中沒有虛妄法也沒有眞實法。

還沒有實證以前會覺得這個法好玄，可是只要你觸證到了，我這麼一說，你就了然分明；不必等到我印證，你就已經了然分明。這樣就可以瞭解自己的所悟是眞是假。但是要附帶一句說：雖然可以印證自己所悟是眞，別太高興，因爲就好像從大地中挖起來的金礦，固然那是眞金，但金礦能不能打造手飾、耳環、項鍊、臂釧？不行啊！什麼都還不能製作。還要去好好挑一挑，把沙土等雜質給去掉。去掉雜質後剩下的那一些金，純不純？還不夠純，要再不斷地燒煉。所以我要印證諸位之前，不是說「你知道什麼就算是了」；因爲這還牽涉到次法具不具足的問題，還牽涉到所悟的那個智慧裡的雜質有沒有被提煉掉的問題。這意思告訴我們說，從明鏡如來藏自心的境界來看，沒有什麼法是虛妄的。但「沒有什麼法是虛妄的」，不代表祂的境界中了知「一切法都是眞實的」，也不了知「沒有什麼法是眞實的」，因爲祂不作了知。

諸位還記不記得《維摩詰經》有說「法離見聞覺知」，或是「法不可見聞覺知」？意思就是說祂從來不住在六塵境界中，不了知六塵中的一切法；如果是住在六塵境界中運作的，那就一定會有了知，會有妄法，一定本身也是虛妄的；但是因爲祂不在六塵境界中，所以沒有虛妄可說，也沒有虛妄法可以了知，因此叫作「無妄、無妄法」。

接著「無癡、無癡法，無有癡網」。我相信有許多人在別的道場學法，曾經被人家罵過愚癡；尤其是剛學佛時，什麼都不懂。有的法師修養好一點，他可能不會罵你，但他也不會答覆你。我這一世初學佛時，去參加人家唸佛會，唸著唸著唸了兩、三週，有一天我遇到一位法師，因爲他講話比較溫吞，似乎也是最資深的人，我想這位比較不會瞧不起人吧，就問他說：「師父！請問我們爲什麼要唸佛？」結果他平平淡淡看了我一眼，然後休去。不是禪師那個休去，他是轉身離開了！我想他當時可能想：「這小子！唸佛不唸，這麼多疑問幹嘛？」那天晚上躺上床睡覺時，他一定會想：「對啊！唸佛到底是爲什麼？」

你們剛學唸佛有沒有想過這一個問題，啊？大概沒有，所以我叫作異類，跟一般唸佛人不一樣。如果我跟他們一樣，就不會搞出「無相念佛」這個法門了，對不對？所以應該要不一樣。但是，初學時被人家說愚癡很正常，當初他不答我，我也不曉得該怎麼樣。可是破參了以後，我倒是說，我寧可他當時是像禪宗公案中講的休去，可惜不是。

言歸正傳，有沒有「癡」的事情，其實都是意識心的事；因爲意識心需要學習，所以才叫作癡；什麼都不懂，所以才叫作癡。那什麼都不懂時，你卻要從一點點知見都沒有的狀況下去學到有智慧可以出離生死，或者可以證悟實相，乃至將來可以成佛，這表示眼前就是有愚癡。如果完全沒有愚癡，那就是諸佛了，妙覺菩薩都還有一分的愚癡呢。

當我們在學習時，我們越來越有智慧。越來越有智慧時，相較之下就會覺得：「那些人跟著大山頭和尚學很久了，竟然什麼都不懂。」然後有一天發覺那些人還是有智慧的，因爲你比較密宗假藏傳佛教的信徒時，原來密宗假藏傳佛教信徒才是眞的完全沒有智慧；那些大山頭的信徒們還多多少少有一點智慧，還懂什麼苦集滅道、十二因緣，那密教的信徒可就完全不懂，原來那些大山頭的信徒們還是有一點智慧。這表示什麼？表示愚癡是有程度差異、有程度差別的。可是在「無名相法」的境界中沒有愚癡與智慧可說，因爲祂從來不分別六塵境界。

現在請問大家：愚癡是不是在六塵境界中才有？對嘛！一定是在六塵境界中才有愚癡。你如果超脫於六塵境界之外，那就沒有愚癡也沒有智慧了；而這個「無名相法」，祂是超脫於六塵境界之外的。以前有一齣布袋戲，演出一個很厲害的角色，他出現時大搖大擺然後說出話來：「**跳出三界外，不在五行中！**」有沒有聽過？我以前小時候看了覺得這個主角很厲害，不在五行中，還跳出三界外。可是現在聽到都會笑，爲什麼？因爲沒有一個人可以跳出三界外，連阿羅漢也作不到，諸佛也作不到啊！沒有一個人是可以跳出三界外而有五蘊繼續存在的。既然跳不出三界外，那本來就在金木水火土的範圍中生存，還能說他不在五行中？這表示那個布袋戲的編劇者亂扯一通。

這意思是說，凡是有愚癡可說的，一定相對於智慧的存在，所以智慧跟愚癡綁在一起，是一體兩面。相對於愚癡的人，那個比較不愚癡的人就叫作有一點點智慧；這是相對於那個愚癡的人，說這個人有智慧。相對於那個有世俗智慧的人，說這個人叫作證得解脫智慧的聖人，因爲他有解脫的智慧。相對於阿羅漢說菩薩有智慧，說阿羅漢愚癡，所以阿羅漢雖聖猶愚。可是相對於諸佛，菩薩又被叫作愚癡了，所以愚癡與智慧是一個互相對待、互相面對卻是離不開的二法；如果不是有一個更笨的人，怎麼可以說你有智慧？所以被人家稱讚有智慧時，應該感謝那些很笨的人；對啊！這是一個相待之法。

所以當你被稱讚有智慧時，就表示另外有一批人是沒有智慧的，而你超脫於他們的層次，所以你叫作有智慧，因爲你跟他們層次落差很大。像在學校班上，有時老師會罵孩子說：「你怎麼這麼笨，你看某某人這麼聰明。」但那個人聰明是因爲他笨，是相對比較而說的。這個道理去到哪裡都不能改變，所以有愚癡就表示另一面是有智慧。這裡說「無癡」，就表示另一面的兩個字叫作「無智」，這才是「無名相法」如來藏的自身境界。如果有智慧的話，這個人一定有其他方面的愚癡，這個是因爲一體兩面。

好像一張紙一定有兩面，這個無癡的境界也就是無智的境界，而無癡無智的境界其實就是「無名相法」的境界，是「無分別法」的境界。那這個無癡的境界既然是「無名相法」的境界，你證得祂以後，站在祂的境界來看待一切愚癡的法，你會發覺「無癡法」可說，因爲祂不了別六塵，而智慧與愚癡都是六塵境界中的事。

那什麼叫作「癡法」？不應該去貪的不斷去貪，結果把身體搞壞了，就說這叫愚癡法。譬如有個人他身體很燥熱，是火性人，不是水性人；水性人就是身體屬於寒性的人，吃不得寒性的食物，例如西瓜等；但他身體是燥熱的，中醫師早就告訴他：「你的體質燥熱，不能吃桂圓、荔枝。」跟他吩咐了，也把好多種燥熱的食物都告訴他：「你如果用藥時要小心，像肉桂那一類很燥性的東西平時都不要去碰。」他偏不聽，只因爲人家說桂圓好補，冬令到了，他就每天泡桂圓茶喝；喝上五、六天，耳朵痛、牙齒搖，什麼毛病都來；這個就表示他有愚癡法，他面對的中醫師就是有智慧法。當我們說這個人有愚癡法時，那中醫師就沒有愚癡法嗎？也有啊！因爲他有智慧，有智慧的另一面叫作愚癡，因爲那是意識的境界，因此中醫師也有他不懂的地方，就說是愚癡。

所以實相中，「無癡法」是從沒有智慧的境界來說叫作「無癡法」，但這個沒有智慧，並不是愚癡那個境界，而是說祂跳脫於智慧與愚癡的境界，所以祂沒有愚癡之法，這樣的法才能說祂本來無癡。今天只能講到這裡。

《佛藏經》上週講到第四頁倒數第一行，講「無癡、無癡法，無有癡網」。那麼上週說完「無癡、無癡法」，今天要從「無有癡網」開始說起。「癡」不是只有一種，有非常多的不同種類、不同層次的癡，因此這無量無邊的癡就構成了一張癡網，又名無明網，把三界有情網住了。對世間人來講，有很多人不覺得自己有「癡」存在，所以有人甚至說：「我的字典裡面沒有『癡』

這個字。」因爲他覺得自己很聰明。但其實一切有情莫不有癡，下至地獄道的有情，是癡最嚴重的眾生；上至於妙覺菩薩都還有一分的癡，否則他一定是已經成佛了。所以說，癡非常的廣泛，把尚未成佛的一切有情網住了，因此叫它作「癡網」。

有時佛弟子們常常說：眾生都被無明繫縛不得解脫。可是無明究竟在哪裡？有人對無明用一種想像的方式來理解，其實不需要想像，不知就是無明。所以《雜阿含經》中說「無明者謂不知」。既然說到知與不知，這意味著說：所知到底是多或者少？所知有沒有究竟？而所應該知的又是什麼樣的內涵？這樣來思惟以後就比較能夠理解：爲什麼一切有情莫不有癡。

以三惡道的有情來說，他們的愚癡大概有兩大類：一類就是「不知道因果律」，所以敢作惡事，因此捨壽下地獄，等而上之就是餓鬼、畜生。另外一個大類是，不知道因果律的人們有各種惡業造作，有時不單單是因爲愚癡，而是因爲貪，再由貪起瞋，就同時具足了貪瞋，因此貪或者貪瞋具足一類的人一時不忍，造作了惡業，因此就下墮了三惡道。對這個道理不能理解也叫作癡，這是世間法中最嚴重的癡。

那麼人間就沒有癡嗎？人間能看見的癡顯然是更多，且不說學法學佛，單說家中小兒還沒有上學當學生，只是當兒子、當女兒時，往往父母親每天罵：「你這麼笨、這麼笨！」就是說他愚癡。終於當學生去到學校，老師也罵笨，就是愚癡。這種愚癡人人有分，我也有一分，因爲我在學校常常被老師罵笨；可是如果我有興趣的事，從來都不笨，比老師厲害。若是沒有興趣的我不想讀，那方面就變得很笨；如果要說到法，我又不笨了。對一般人來講，我在佛法上眞的不笨。這口氣還蠻大，爲什麼呢？因爲我這個沒讀過大學的人，寫出來的書是大學哲學系教授讀不懂的，到底算是笨還是聰明？我不知道，應該說這個部分的愚癡我已經滅除很多了。

那麼反觀佛教界的大法師們，他們有沒有癡？你們點頭，我覺得有一些沒道理。因爲你們說他們癡，可是你看他們不過四、五十年，各自弄得一大片山頭，都有一、二百公頃，那眞的不得了。再給我一百年，我也弄不來，因爲這個部分我很愚癡，這個部分我很笨。所以在世間法上，人家會在背後說我不太懂得計較、好說話。

甚至我弘法開始大約十二、三年之中，因爲需要用人，所以我手頭很寬鬆，有問必答。這個有問必答其實也不算啥，爲什麼呢？因爲有好多同修私下裡說：「老師最好拐了，你問一樣，他給你三樣。」這算不算愚癡？（有人點頭）算喔？（大眾說：不算！）不算喔？可見你們是有智慧，眞的有智慧。所以當年他們都知道，私下裡都說「要去跟老師挖寶」，我何嘗不知，但我就要盡心盡力講得讓他們完全通透。因爲他們通透了以後對我有好處，當他們通透之後可以幫我作很多事情，是外面的大法師們都作不到的。所以要五毛給四塊，這樣子我們現在才有很多可以大用的人才。所以，我到底是癡或者智，也就弄不清楚了！應該說癡的反面就是智，智的反面就是癡，這是混在一起，不能脫離的。

如果從南傳佛教那一些所謂阿羅漢們的著作來看，從公元五世紀的覺音論師開始，到現在南傳佛教包括斯里蘭卡等，他們到底有沒有癡？在我看來那些所謂的阿羅漢們各個都很愚癡，因爲連斷我見都作不到，這個事情開始出現在南傳佛法的時代，距離現在有多久？從覺音論師公元五世紀，到現在有一千五百年了。超過一千五百年了，南傳佛法始終都用覺音論師那一部《清淨道論》在修學，他們如果夠聰明、不愚癡，就應該選擇古時阿羅漢們寫的

《解脫道論》來努力用功才對，卻選那個凡夫論師覺音寫的《清淨道論》。他們不讀阿含部經典是因爲他們讀不懂，所以《尼科耶》沒有什麼人在讀，他們都依止《清淨道論》；但是依那部論若可以修成阿羅漢，可眞稀奇！太陽打西邊出來都比不上他們修成阿羅漢稀奇！因爲那是不可能的。那麼這樣來看南洋這一千五百多年來，所謂的阿羅漢們是不是眞正的阿羅漢？不是！都是凡夫！可見他們的癡很嚴重。

那麼大乘佛法呢？亦復如是！同樣都弄不清楚禪宗修證的禪到底是什麼？所以，有好多人認爲禪宗的禪跟教門是無關的。若問到說：「禪與般若有什麼關係？」「沒有關係，那是兩回事，般若是教門。」可見他們愚癡還眞的很嚴重！但是臺灣有個老居士很不錯，有一天打電話給我說：「蕭老師啊！原來你講的禪就是般若禪喔！」我說：「是啊！老先生爲什麼這麼說？」他說：「我以前不知道啊！現在才知道原來禪的開悟就是證般若，原來你講的禪就是般若禪。」你看，顯然他比大法師們—包括釋印順在內—比他們都有智慧多了，才不過讀了一、二年我的書就知道這一點。但是我書中從來沒有說禪宗的禪叫作般若禪，而他可以看出來，但是那麼多大法師們，連印順在內都讀不懂。

還有許多修禪學禪的人，後來宣稱已經證悟禪宗了，所以叫作「開悟的聖人們」，他們並不知道禪宗的開悟是悟得如來藏阿賴耶識，也不曉得悟了阿賴耶識以後般若諸經就能通。他們對這道理都不懂，顯然他們的愚癡不下於大法師們。那你們看，單單是見道內容中，都還在眞見道之前的事，就有這麼多愚癡可以談；若是眞要談起見道之後怎麼樣去完成相見道，然後怎麼樣去通達，又有更多法得談了；可是對這些還不懂時，也都叫作愚癡，所以癡有不同層次差別。終於通達而入地以後有沒有癡？一樣有啊！所以你問我：「**蕭老師！您有沒有癡？**」我當然說：「**有啊！我每天吃得很飽。**」因爲這個癡把腦袋充滿了當然很飽，正在把它消化；每天繼續把它消化，要讓它消失掉，有一天全部消失了，那就是成佛。

所以癡的範圍太廣了，眞的是網子，名爲「癡網」。因爲這個癡的意涵，表示對於很多的層次或內涵還不瞭解，不瞭解就叫作無知，不知就是無明；因爲無明所以不能成佛，不能成佛是因爲無明所繫縛。可是無明沒有繩子，怎麼綁住有情呢？所知障這個無明跟解脫生死不一樣，聲聞道的解脫生死，它就像一根繩子一樣，所以叫作「結」；就說：三縛結、五個下分結、五個上分結把眾生綁住了，逃不離三界。可是大乘法講的無明不叫作結，而說是「上煩惱」；所以《勝鬘經》說是「過恆河沙等上煩惱」，因此又稱爲「塵沙惑」。

但這個塵沙惑不綁人，不是結，所以這個塵沙惑沒有解決—這個無明還沒有打破—照樣可以出離三界，那就是阿羅漢。可是這個塵沙惑沒有滅盡就不能成佛，是因爲它不綁你，你要出生死可以隨時出離，但就是不能成佛，是因爲所知不足而不能成佛。對什麼所知不足呢？對如來藏中的一切種子所知不足，因此被障礙住了，所以不能成佛，因此成佛時就是證得一切種智。那麼這時我又想起來，有一位大法師書中說：「**所謂的所知障就是因爲所知太多，所以被障礙了。**」這大法師還是臺灣很有名的中華佛學研究所的所長，但他的說法眞奇特：所知太多，所以被障礙住了。那麼被障最嚴重的人應該是諸佛，因爲諸佛所知最多了，於佛菩提道、於三界一切法無所不知。諸佛知道的法最多，那他每天禮佛時心裡面應該會生起一個念頭：「**世尊！您的所知障應該是眾生中最重的了。**」可是他顯然沒有，那他這樣開示到底是開玩笑或者是自我解嘲？

所以說，癡有範圍的廣狹不同，癡也有層次的深淺差別。這癡的內涵非常之廣，要如何把它究竟斷盡？很困難！想想看，從初發心到最後究竟佛地，已經有佛菩薩教導，都還得要三大阿僧祇劫，那你想，這癡的範圍以及層次差別是不是非常深廣？因此就叫作「癡網」。可是我們講了這麼多的「無癡」或者「有癡」，或者「有癡法、無癡法」，乃至講這個「無有癡網」講了這麼多，其實都是我們六識心的事，都是我們意識的事，跟「無名相法」本身不相干。譬如我在這邊講這個「無有癡網」，講了這麼多的字句出來，講了這麼多名詞，那也是我意識心中的事，我的意根跟在背後運作，可是我的自心如來祂才不理會這個，有癡網、無癡網跟祂都無關，這就是祂的境界。所以「癡網」是意識的事，乃至「無癡網」也是意識有了證量所產生的境界，都跟自心如來無關。所以 世尊告訴我們說，這個「無名相法」、這個「無分別法」的境界中「無癡、無癡法，無有癡網」。

接下來講「無名無言」。這個「無名無言」諸位應該會聯想到道家的一部經，老子寫的什麼經呢？《道德經》。現在把它作為一個補充資料，大家來瞧一瞧，看老子的境界在哪裡，要知道他的層次。為什麼我特地要講這個？因為以前有人來到會裡學法，學不過才三、四年，還不曾上過禪三，就說他開悟了（我都還不知道他悟在哪裡，他竟說他開悟了），然後說要註解《道德經》，主張《道德經》講的內涵就是開悟的事。

我心裡想：「**由此可以證明你沒有開悟。**」但是他不聽勸，還真寫了東西拿上臺北來，我告訴他：「**你如果真要把它印書流通出去**（我是請人轉告他），**那我就寫一本書專門破《道德經》，證明老子沒有悟。你要寫就寫，沒關係！我就破。**」因為宗門自古以來不許打混的，沒有誰可以允許任何人混水摸魚，但他硬要說老子是開悟的人，而且寫了來；老實講，不忍卒「讀」，因為讀過兩、三頁就覺得是浪費眼力。但是既然有人會這樣，我們不如取他的一章出來講；這一章不過幾十個字而已，我先唸給諸位聽：「**道可道，非常道。名可名，非常名。無，名天地之始；有，名萬物之母。故常無，欲以觀其妙；常有，欲以觀其徼。此兩者，同出而異名，同謂之玄。玄之又玄，眾妙之門。**」最後這句太棒了！

他說：「**眞正的道是可以說明的，可以為人家講解出來的，但不是平常**

一般人所知的那個道。」也有人解釋說：「道是可以眞正去實行的一個路子、一個方法，但這個路子或方法，不是平常人所知的那個路子或方法。」兩種解釋都行。「名可名，非常名」：如果眞要把這個道講出來，也是可以用名相把它加以說明的，但不能用平常所知道的那些名稱來指涉它。這個說起來還眞有道理。眞的有道理啊！因爲你要弄清楚究竟的道，這個道一定不是平常道，那請問，用這兩句來檢查當代的佛門大師足夠了，是不是？是啊！眞的足夠檢查了！

你看那些大法師們——所謂的開悟聖者們，他們的道都是平常道，不是《道德經》講的「非常道」，所以他們那個道連《道德經》都談不上，還及不上《道德經》；那他們所講的證悟的內涵，所謂的本地風光等也都是常名，都是離念靈知，就是意識，就是常名，不是《道德經》說的「非常名」。你看！他們的境界已經被《道德經》破了；因爲那些都是眾生意識思惟就能懂的東西，所以大法師們是「名可名，是常名」，而他們的「道」也可道，因爲世俗人就能道，而且叫作「平常道」；那他們的層次顯然不如《道德經》的老子。

接著說：「無，名天地之始；有，名萬物之母。」空無就是天地的開始，那麼已經有天地了，卻是從無開始的，這「無」就是萬物之母。你看他第一句「無，名天地之始」；有沒有符合佛經講的所有十方世界成住壞空的輪轉過程？有嘛！世界形成之前是無，世界形成之後已經有天地了，就是已經有了，所以「有」，是萬物之母。然而「有」是萬物之母，卻是從無來的，「有」其實也不離天地；那「無」呢？無不應該是虛無，所以，把空無說是「天地之始」也是可以的，但沒有涉及天地之所從生。天地是爲什麼被生出來，是怎麼來的，都沒有涉及，證明他不是證悟者，不懂法界萬有的實相。不過他那個年代能講到這樣，而且是自己思惟想出來的，這也夠厲害了。

接著老子又說：「故常無，欲以觀其妙；常有，欲以觀其徼。」他說因爲前面這樣說的緣故，所以要常常去觀察那個無，或者說要常常住在無的境界中。爲什麼要這樣呢？因爲要住在無的境界中，想要這樣來觀察這個「無」的神妙。因爲他想不出來天地萬物到底是怎麼來的，就以爲是無中生有，所以說：「這『無』很厲害，我常常要空掉我的心，住在無裡面『欲以觀其妙』。」是說「我想要用這樣的方法來觀察這個『無』的神妙」。老子又想：「可是不能全部都『常無』，還應該要『常有』，爲什麼要常有呢？因爲可以格物致知，」王陽明的格物致知思想就是這麼來的。老子想：「因爲『常有』，心住於萬有之中，就可以藉這個狀況去觀察它的各種範圍與內涵等。」「徼」就是範圍或者內容。

接著說：「此兩者，同出而異名，同謂之玄。」說這個「無」和「有」兩者是由同一個根源裡出來的。講得棒不棒？棒！眞棒啊！這個「無」跟「有」都是從同一個根源裡面生出來的，但是建立不同的名稱，空掉時叫作「無」，「有」天地了便叫作「有」。有天地時就能夠出生萬物，正因爲這樣，所以近代有個大禪師講禪時，講個題目叫作「多、一、無」，有沒有讀過？都沒有人讀過？想來他已經落伍了，所以諸位不讀。也就是說，他主張「一生二，二生三，所以就有多」。禪門裡面有時候學人會問禪師：「萬法歸一，一歸何處？」有沒有？對啊！公案裡有這個說法，這大法師也聰明，弄出個「多、一、無」的講題，也可以講上老半天，當時學人也是聽得很歡喜。

雖然我沒有在場聽聞，不過好歹我也讀過他講完後整理出來印在書中的內容，顯然他不如老子。因爲老子《道德經》說：無跟有這兩個法是出於「同」

一個根源。那麼「同」叫作什麼？老子不懂如來藏，他也不會講阿賴耶識，因為他還不知道，思惟想像而知道有與無的背後一定有什麼法，可以導致「無」與「有」出現與變化；他不知道，就說是「同」。又說：「這個『同』，我就把它叫作『玄』。」「名可名，非常名」，終於為它立名叫作「玄」。那他在這個「玄」之前先立個名，叫作「同」；那你如果「合同」（「合同」知道嗎？一貫盜〔道〕的道親應該都知道），「合同」的意思是與「同」相合，是不是應該證悟了？是呀！那麼他們自己施設兩掌「抱合同」，是不是就證悟了？對啊！一貫盜認為這樣應該就叫作證悟。

問題是他們不懂《道德經》中「合同」二字的眞義。老實講，老子也不知道「合同」的眞義。現在他立了「同」跟「玄」兩個字，可是「玄」到底是什麼？「同」到底是什麼？老子也弄不清楚；因為弄不清楚，所以他說「玄之又玄，衆妙之門」，意思是：「可是我想來想去還是弄不通，所以把它叫作『玄』。這個『玄』越思惟、越理解就越玄，所以變成玄中之玄；這個『玄之又玄』，就是『衆妙之門』。」大家都弄不懂，當然就覺得很妙；如果說了以後大家都懂，那就不勝妙了。成佛之所以妙，就是因為妙覺菩薩也不能猜測，所以佛地的境界對妙覺菩薩而言，眞的「玄之又玄」。至於妙覺地的境界，初入等覺地的菩薩看時，也是「玄之又玄」，所以就很妙了。

就像諸位看我智慧很勝妙，因爲「玄之又玄」。可是你們不要小看自己，當你斷了我見就夠了，還不必說到明心或是眼見佛性；只要已斷我見，外面的大法師們，假使剛好在素食店裡用齋，他聽到你說話時，心裡就想：「這個人說的是什麼法？我都聽不懂。」他也會覺得你說的「玄之又玄」，那你對他而言就是很「妙」。如果你臨時又說到「眞如」的事情，他聽都沒聽過，嘴裡靜靜地吃著，耳朵卻都在你這邊；那你爲人家略說眞如時，他想：「哇！這個太玄。」那他會覺得你「玄」，是因爲你說的法很「妙」。如果他聽到後來忍不住過來請問：「請問大德法號上下？」你就告訴他：「咱家名法妙。」（大眾笑…）對啊！你問我的名字幹嘛？我就叫「法妙」。

這個「玄之又玄，眾妙之門」，是《道德經》的第一章說的，第一章就只有這麼一小段文字而已。現在我們來看老子這個層次，他說到「有」也說到「無」，但是「有」與「無」都從「同」中來，「同」就稱之爲「玄」。一個「有」一個「無」，諸位有沒有想到一個東西？圓圓的東西（大眾答：太極。）

對了！所以我在《我與無我》封面畫了那個太極。一般人初看時想：「佛書怎麼會畫太極圖？」那我就把它點了出來：太極到底是什麼東西？說明太極沒有人證得過，只有佛門才有。

當你證得如來藏時，你就是證得道家講的太極！證得太極時，「我」與「無我」全都在這裡面。但是你說「有」時不能單單說「有」，因爲「有」不能單獨存在，所以「有」中有「無」；你說「無」時不能單單說「無」，因爲「無」中就有「有」。所以「我」中有「無我」，「無我」中就有「我」。那太極圖剛好表現出來，一個太極圖這麼一旋，「有」與「無」兩個互相旋過來旋過去時，它們兩個之中又互相含攝對方，所以中間各有一點含攝對方，這樣的太極不就是如來藏嗎？可是他們不知道什麼是如來藏，縱然聽到如來藏這個名稱，也不知道如來藏是什麼；縱然聽人說過如來藏就是出生山河大地、出生五陰名色的心，也不知道這個心是什麼，所以我說他們講的太極純屬想像：「**太極唯臆想。**」道家建立太極這個道理是對的，但是他們所知道的太極，純粹只是一種猜測、推理所得的一個想法，只是一個觀念而已，但太極的本質不曾有人實證。

那麼你看老子《道德經》第一章所說的，就知道他顯然沒有觸及到太極本身，表示他沒有觸及到如來藏本身。所以對這個「玄」、對這個「同」不曾觸及，只是一個推理。從這裡來看，老子的智慧是很好的，在還沒有佛法傳布的年代，他自己可以思惟出這樣的道理來。那你再來看中古世紀開始出現所謂的哲學家，他們更是一直弄不清楚；是到晚近這一、兩百年才開始有一個說法：「**假必依實。**」是說假有的法一定要依於一個眞實法才能出生及存在。你看這些哲學家笨不笨？太笨了！人家老子很早就知道了。可是如果來到諸位的境界，老子又顯得太笨了，因爲他不知道「玄」是什麼、「同」是什麼。所以這一章過去以後接著所說的，全部都是世間法；而他連初禪的境界都不知道，所以他也不知道三界的境界。

但是我們現在藉他這一章的所說，來爲這個「**無名相法**」、「**無分別法**」立個名字叫作如來藏、眞如。你要把祂立名稱就可以立很多，只要你這個名稱所指涉的對象是能生萬法的第八識就行；你把祂立名什麼都無所謂，都無關緊要，只要不離祂的自性或功德就可以。所以將來若在密宗假藏傳佛教弘法——去西藏弘法時，我們也可以把如來藏立名叫作蓮花、金剛，這也可以啊！他們比較能接受。他們能接受時，反正談到金剛、談到蓮花就是講如來藏，不再是講性器官，這樣可以逐漸把他們轉變。雖然當年沒有轉成功，因爲他們看穿我們的施設，但是不管你把祂叫作什麼都對。

所以《楞伽經》中 佛有講過外道說的極微、冥性、大梵天、祖父等，其實都是指這個如來藏。因此說如來藏有無量萬億名，不管什麼宗教，只要他們說某一個東西是出生眾有情五陰的，或是出生山河大地的，他們說的那個名詞是什麼並不重要，那個名詞其實就是指如來藏，只是他們不懂。所以如果有人來說：「信上帝好啊！上帝創造了我們、創造了天地。」你就附和說：「對啊！信上帝好啊！」他疑心說：「你不是佛教徒嗎？」「對啊！我是佛教徒，但是我找到上帝了，你還沒有找到。」你就這麼說。他說：「你見了上帝，上帝長什麼模樣？」你說：「上帝沒有臉欸！」（大眾笑…）他說：「欸！你怎麼這麼講？」「對啊！我真的找到了，看見祂了，祂沒有臉。」「祂沒有臉，長得什麼模樣？」「祂沒有臉也沒有背。」讓他生起很多、很多的疑情，最後告訴他說：「上帝在你家啦！等一下要分手，你不用祝福我說『願上帝與你同在』。」你就告訴他說：「上帝既與我同在，也與你同在，你都不用祝福，本來就在。」（大眾笑…）對啊！然後你就說：「那你想不想見上帝？」「想啊！我是虔誠的基督徒，怎麼不想？」你就告訴他：「要見上帝就來正覺。」（大眾爆笑…）對啊！本來就應該如此。

所以說，他們稱之為上帝，我們稱之為如來藏，因為創造天地的不是耶和華那個有情。既然他指涉的是創造天地、創造有情、創造萬物者，顯然就是如來藏，所以上帝就是如來藏。這就是說，祂本身其實沒有名稱可說，那你隨便把祂建立名稱都可以，只要你指涉的對象是能生宇宙萬有的，便叫作「無名相法」、「無分別法」，就立名為如來藏。如果是外道，也許把祂立名為祖父，譬如婆羅門教；也有數論外道立名說那個生一切萬有的叫「冥性」，或如「四大極微」，也有外道說出生萬有的是「大梵天王」，不管他們講什麼，其實就是如來藏。

可是你把祂建立了無量萬億名，這無量萬億名所指涉的如來藏心這個「無名相法」，祂從來沒有名字。當我們說個眞如、說個如來藏時，已經不是眞如、不是如來藏了；你說出來的都只是名詞，而名詞跟祂無關，祂永遠無名。這個無名，老子把祂立名為「玄」，立名為「同」，也是跟祂無關；即使釋迦如來十方諸佛把祂立名為眞如，立名為「非心心」、「無心相心」、「無名相法」等無量名，也都與祂無關。祂本來就無名，因為祂無可名狀，如何能為祂立名呢？

可是諸佛來人間為了幫助大家實證這個「無名相法」，就得要巧設名目為祂建立名稱，才好為人解說，讓佛門四眾可以求證及據以印證，所以就稱祂為如來藏，有時稱之為眞如。可是單單這樣子說明，不足以演繹所有不同層次的第八識狀態，因此又把祂立名為阿賴耶識、異熟識、無垢識；所以還有七眞如、十眞如的立名，因此就有正行眞如、邪行眞如……等眾多名稱，就這樣建立出來。如果不這樣建立的話，無法讓菩薩們證悟之後，了知更多不同層次的眞如境界。可是不管諸佛如來為祂建立多少不同層次的名稱，這些名稱跟祂都無關，所以祂無名。如果你很喜歡無名（因為現在知道這個道理，很喜歡這兩個字），也許哪天生個孫子就把他立名「無名」也行。譬如兒子來說：「**媽媽！聽說您學佛開悟了，那請您來幫您的孫子、我的兒子立個好名。**」妳便叫他孫無名或者陳無名，兒子如果不接受呢？不接受沒關係，另外再取一個，原來取的這個「無名」可以作別號使用。這也行，為他種下未來學佛的正因，也不錯。

那我們說明祂，講了這麼多，祂有沒有回過我一句話？我講了祂這麼多年，不只今晚，你看我二十來年都在講祂，講了很多，可是祂從來充耳不聞，不曾回我一句話。也許有人說：「我又還沒有證悟，怎麼知道你說真的還是假的？」不然就問問我們增上班那麼多證悟的同修們，或者問我們親教師們，他們在上課中也講了很多，那他們的這個「無名相法」如來藏有沒有回他們一句話？他們一定說我講的完全正確，從來沒有回過一句話，所以祂是個「無言」者。

這個「無言」不是現在才如此，祂無始劫以來始終如此。不管你怎麼褒獎祂，祂無動於衷；不管你怎麼毀辱祂，祂也無動於衷。所以我二十幾年不斷讚歎祂，說祂是萬法的根源、三乘菩提之根本，把祂推崇到這麼高，祂不曾回應過我一句話；不管我清醒著、睡著、作夢或者定中，祂都不曾回應我，這樣夠不夠酷？夠酷了！如果是罵祂，什麼人罵祂罵得最厲害？臺灣佛教是釋印順罵祂罵得最厲害，如果你有機會夢見印順來看你，你就問他：「釋印順！你罵如來藏罵了一世，你的如來藏有沒有出來反駁你說一句話？」你想他會怎麼回你？他應該要回答你說：「我就不承認有如來藏啊！祂怎麼會來跟我回話？」就算如來藏聽得到他毀謗的話，也不會來跟他講話，因爲他都不承認了，去跟他講話幹什麼？因此就說祂是個「無言」者。

那你來看這個「無名相法」祂是不是修養最好？對啊！毀譽不動其心！蘇東坡懂什麼？敢說他自己八風吹不動，人家佛印一個「屁」字就把他打過江去了，就是因爲他不懂這個「無名相法」。他如果懂這個「無名相法」而轉依成功時，哪有什麼名言可說？無名無言時，別說八風，半風也無！爲什麼半風也無？因爲祂根本不了知六塵，你說的名相祂不加以理解，你講的任何言語，不論是褒獎祂或者毀辱祂，祂也不加以瞭解，所以任何境界風都不能吹到祂身上；任何境界風到不了祂那邊，所以祂「無名無言」。

接著「無名無言」講「無說、無不說」。先作一個略解，然後再來講補充資料。「無說、無不說」到底有沒有道理？明明　釋迦老子來人間爲大眾說了那麼多的法，結果他竟然說：「不曾說過一法。」不但如此，而且在《金剛經》裡還特別提出來：「如果說我有所說法，這個人就是不懂如來的眞實義。」問題來了，這《金剛經》到底是誰說的？是　釋迦牟尼佛說的啊！可是祂卻又告訴我們說祂不曾說過一個字。然後又說：如果有人說《金剛經》是祂講的，那個人就是不懂如來的眞實義！這不是很矛盾嗎？眞的很奇怪。

所以有個座主說他自己專門講《金剛經》，講很多座了。禪師就說：「座主你不懂《金剛經》。」他很不服氣，禪師就問他說：「那你說說看，《金剛經》是誰講的？」他說：「禪師竟然這樣作弄人，明明是釋迦如來說的啊！」然後禪師就用經文問他：「《金剛經》說的：『如果有人說我釋迦如來有所說法，這個人就是不懂如來的眞實義。』那你說說看，《金剛經》到底是誰說的？」他聽了只好說：「那就不是如來講的。」禪師又問：「既不是如來講的，明明如來又講了《金剛經》，這是爲什麼？」座主又不懂了。那個教育講經座主的禪師叫作什麼名字？叫作大珠慧海。

所以到底 如來是有說還是無說啊？還眞的是一言難盡。在布袋戲中一言難盡時怎麼辦？就是「鏘！鏘！鏘！」三聲就代表講完了。可是在佛法裡面沒有那麼簡單的事，如果是那麼簡單，應該你出門一不小心就撞到開悟的聖人；滿街都是聖人了，那有什麼奇特？可是 世尊告訴我們說，這個「無名相法」「無說」。祂先告訴你「無說」，接著馬上又告訴你「無不說」。

這可眞怪了，爲什麼祂「無說」？因爲祂既「無名無言」，怎麼會有說？無始劫以來祂不曾講過一句話。如果不會說話的人可以說法，那你每一次要講經時，就抱著一個嬰兒上來坐著就好了；嬰兒都不會說話，一直都「無名無言」呀！那乾脆找一個植物人更好，因爲嬰兒還有一些名言，叫作顯境名言，至少他也會阿阿咿咿嗚嗚，然後亂比畫；所以嬰兒尿片溼了，媽媽一聽就知道兒子尿片溼了；肚子餓了也發聲音，母親一聽便知這是肚子餓；表示他也有名言，只是他的名言跟我們用嘴巴講出來的話或者文字不一樣，只是方式不同而已，所以他還是有名言。

可是 世尊竟然說這個「無名相法」是沒有開口說過話，也不曾講過法的，你看到底這是什麼道理？明明就告訴你說五蘊、十八界等一切法全部都沒有眞實性，全部都空、都無所有，可是卻又說這一個法是「無說、無不說」。這個法到底是什麼？這麼難理解。「無說」，是因爲祂從來「無名無言」，因爲祂離語言道；所以我們正覺弘法以前佛教界常常有一句話，那些修禪、學禪、教禪的人常常講「名言道斷」，諸位一定耳熟能詳；或者說「言語道斷」，有沒有？也有人說是「語言道斷」，因爲名言之道、語言之道去不了祂的境界中，在祂的境界中這些東西都已經斷除了，而且是本來就斷除的。既然祂從來不和言語之道相應，請問祂要怎麼說法？

即使啞巴都比祂強，對不對？啞巴上來至少會咿咿嗚嗚，祂連這個咿咿嗚嗚都沒有，所以啞巴至少還會說一點話。你看那啞巴，雖然以前沒有手語的年代，啞巴也可以跟家人作一點溝通，所以啞巴都還不是眞正的「**無說**」。就算啞巴叫作「**無說**」好了，如果「**無說**」而能夠爲人家說法，所以叫作「**無不說**」，那是不是請一個啞巴上法座來就好了？不好？欸！你這樣講不對喔！待會兒再來談這個。

祂從來不與六塵境界相應，所以《維摩詰經》裡說祂離見聞覺知，所以落到離念靈知裡面的人，都叫作「求見聞覺知」，就不是眞的在「求法」。因此 維摩詰大士說：「**法不可見聞覺知，若行見聞覺知，是則見聞覺知，非求法也。**」如果心在見聞覺知裡面運行，那個是見聞覺知的事，落在識陰境界裡，不是在求法，離念靈知就是見聞覺知。那麼這一個「**無名相法**」、「**無分別法**」從來沒有言說，沒有言說之中祂卻沒有不說，祂時時刻刻都在說法。

也許有人覺得奇怪：「**祂既然不開口，我從哪裡聽祂說法？**」事實上祂卻是一直都在說法，從來不曾停過。所以我說請一個不會講話的人上來，也可以說法。你講的對啦！現在又變對了。啞巴上來眞的可以爲大家說法，問題是，得要利根人才有辦法聽他說法。也許有人現在很不服氣：「豈有此理！叫個啞巴上來說法，還得利根才能聽。」我說：「眞的，本來就如此啊！」因爲菩薩之所以得度，都是因爲這個啞巴「無名相法」才得度的；「無名相法」是標準的大啞巴，特大號的啞巴，因爲祂連發聲都沒有。啞巴還會發出聲音，祂連聲音都無，祂卻能爲人說法，可是得要很利根的人才聽得懂，這眞的很奇怪！

也許有人想：「你蕭老師還眞會編造，編這種東西就來騙我了，還早呢！」那不然，我們看看祖師怎麼樣，是不是只有我一個在騙人？祖師也這樣騙啊！而且被騙成功的人都感恩戴德永世不忘。那我們來看看《景德傳燈錄》南陽慧忠國師，有人來問佛性的事情，這是在卷二十八的記錄。有人來問佛性，慧忠國師就答覆說：「眾生迷時結性成心，眾生悟時釋心成性。若執無情無佛性者，經不應言三界唯心。宛是汝自違經，吾不違也。」這個僧人又問：「無情既有心性，還解說法否？」禪師曰：「他熾然常說，無有間歇。」

曰：「某甲為什麼不聞？」師曰：「汝自不聞。」曰：「誰人得聞？」師曰：「諸佛得聞。」僧曰：「眾生應無分邪？」師曰：「我為眾生說，不為聖人說。」曰：「某甲聾瞽，不聞無情說法，師應合聞。」師曰：「我亦不聞。」曰：「師既不聞，爭知無情解說？」師曰：「我若得聞，即齊諸佛。汝即不聞我所說法。」曰：「眾生畢竟得聞否？」師曰：「眾生若聞，即非眾生。」

眞怪喔？你看，這眞是深不可測啊！那僧人來問佛性，禪師當然不會叫他看見佛性，哪有這麼簡單？禪師家穿破多少草鞋、賣掉好幾件僧衣換得盤纏，路上喝掉多少漿水錢，江西、湖南不停地奔走都還弄不清楚，你來這麼一問就想要弄清楚佛性，門兒都沒有！所以那個僧人就提出質疑。他既然質疑，慧忠國師就說了：「眾生因為無明所遮障迷惑時，就把佛性總結起來說叫作心；如果眾生眞的開悟以後，繼續修行把這個心解釋開了，就瞭解那個性是什麼？這就是釋心成性。如果執著無情沒有佛性的話，那麼經上就不應該說三界唯心；看來是你自己違背了經教，我慧忠國師沒有違背經教。」

他這個是從廣義來說佛性，我們說的佛性則是狹義的，是大乘經中《大般涅槃經》所說的佛性，可以從大地上眼見自己的佛性，很怪嗎？我們都告訴大家說佛性不在大地上，可是見性的人可以在大地上看見自己的佛性。能不能在大地上看見別人的佛性？看不見。那到底無情有沒有佛性？喔！這就很奇怪了，對不對？我卻告訴你：「無情沒有佛性。」我把慧忠國師講的顛倒過來。那你如果要講無情有佛性，行不行？行啊！怎麼不行？譬如說你這色陰，是你的如來藏所生，到底你這色陰上有沒有佛性？山河大地是共業有情的如來藏之所生，到底山河大地有沒有佛性？當然應該說有啊！那糟了！無情有佛性，當你鏟子一挖，大地不是要哀號了？不用哀號，因爲那是如來藏之性所化現，但不等於如來藏；但是祂跟我們身上所顯現出來的佛性又不一樣，所以你要從廣義來說、狹義來說，就有不同的定義。可是你如果眞的眼見佛性了，從山河大地上看見自己的佛性，這時你會怎麼說？「有啊！遍滿虛空、遍滿大地都是我的佛性，怎麼沒有！」

問題又來了，既然山河大地是共業有情的如來藏共同變現的，爲什麼大地上只看到你自己的佛性？爲什麼你從大地上沒有辦法看到別人的佛性？因爲那個佛性定義有廣狹差別不同。所以你可以從別人身上看見人家的佛性，可以從大地上看見自己的佛性，但是你無法在山河大地上看見人家的佛性，你只能看到自己的。那你從別人身上可不可以看見自己的佛性？可以。如果有人說：「我知道了！反正我就從別人身上看見如來藏，那就是看見佛性。」那好了，請問：你在別人身上看得見如來藏，那你在山河大地上看不看得見如來藏？「山河大地喔？沒有看見啊！」又看不見了！所以明心不等於見性，這不能混爲一談。話說回來，慧忠國師說：「你跟眾生一樣，就是『迷時結性成心』，將來你悟了就是『釋心成性』。」他直截了當指出來：「你這位法師自己違背經典，我可沒有違背。」那這個僧人當然要問，因爲他誤會成無情有佛性。好了，無情既然有心有性，他就問：「無情既然有心性，那無情還懂得爲人家說法嗎？」他怎麼問就怎麼不對，慧忠國師都有得答：「那無情可是熾然常說，沒有間歇。」「喔！無情會說法？那我怎麼都沒有聽見？」現在一定有人這樣想。對啊！慧忠國師說無情「熾然常說」，但這裡面有機關，那個機關在哪裡呢？不告訴你。

所以人家問：「如何是佛法大意？」或者有人問：「如何是佛？」禪師怎麼回答？「朗州山。」說是朗州的德山。又有人問：「如何是佛？如何是佛法大意？」同一個禪師，他會換一個答案：「澧州水。」換了澧州水，怪不怪？不怪！因爲是家裡人。怪！那就是門外漢。這就是講無情說法。記得我在《公案拈提》也拈過這個。如果不瞭解無情說法是怎麼說的，不想跟隨大善知識學習也沒關係，跟無情學也可以；所以我就給了一條路，因爲你不放手時總得給人一條路，才眞的叫作禪師。

那我就給人家一條路：「既然你聽不見無情說法，不然明年選個好天氣，辦了臺胞證到大陸去朗州山玩一玩；如果玩回來還聽不見無情說法，還有另外一條路，澧州水也行，就去澧州龍潭禪院去看一看，如果覺得夏天有一點太熱，跳到澧州水裡面去游泳一趟也行。」回來可不許再跟我說沒聽見無情說法，因爲無情已經爲他說了。可是，如果聽我這樣給他兩條路，去玩過回來悟了，算不算厲害？不算！眞正厲害的人，他應該要聽到我這句話時就頓悟了！無情，難道一定要跑那麼遠去才有無情嗎？躺在床上睡著了，算不算無情？有人不服氣：「明明還沒有死啊！只是在睡覺，怎麼能說是無情？」可是即使你現在清醒著，我也說：「你這個色身就是無情。」所以當禪師說「無情熾然常說」時，聽到這句話就應該會了，這就是無情說法。

不管哪一種無情，朗州山、澧州水，或者你當下這個色陰，不管是哪一個無情，祂熾然常說無有間歇，講得非常分明，講得很熱烈，從來不曾中斷過，要看你怎麼聽。會聽的人就聽見了，不會聽的人就只好像這個僧人說的：「某甲爲什麼不聞？」質疑說他爲什麼聽不見？南陽慧忠國師就說了：「那是你自己聽不見，跟我無關。也跟佛菩薩都無關，是你自己的問題。」這個僧人覺得怪了：我聽不見，那應該有別人聽得見。就問：「那到底是什麼人聽得見啊？」沒想到慧忠國師說：「諸佛都可以聽得見。」慧忠國師講的諸佛他聽不懂，所以他依文解義，只好又回來問：「那眾生都沒有分嗎？」只有諸佛有分可以聽，眾生無分不能聽，他就這樣問。認爲這樣好像沒有道理，所以他說：「眾生應無分邪？」沒想到慧忠國師說：「我爲眾生說，不爲聖人說。」你看禪師說話顛三倒四，對不對？明明說諸佛得聞，諸佛是不聞不問的，竟然是諸佛得聞，然後他現在竟然又說：「我爲眾生說，不爲聖人說。」

眾生是阿誰？聖人是阿誰？一個個都是凡聖同居土啊！那你身中哪個是聖人？哪個是眾生呢？（有人答話，聽不清楚。）欸！對了！對了！你身中有聖人；聖人無言無說，可是又熾然常說。可是慧忠國師說：「我這個不是爲聖人說的。」因爲聖人不需要再聽，聖人已經實證了，何必聽你這些話？

是眾生才需要聽，所以「我為眾生說，不為聖人說」。欸！這不是很奇怪嗎？他明明說祂熾然常說，大家都聽不見，只有諸佛聽得見；現在又說他不為聖人說，是為眾生說，顛三倒四。但，這就是禪師。

當禪師好的地方，是因為他一腳踩在實相法界，另一腳踩在現象法界；突然從實相法界講過來時，人家問到這邊他又從現象法界講過去，你說沒有證悟的人如何去摸著他的頭緒？所以當禪師最好，可是我上座當法師時可得要首尾相照，眞辛苦欸！

回到這公案來，這個僧人眞的聽不懂，所以他就承認說：「**我既聾又瞎**（瞽是瞎，說自己既聾又瞎），**所以我聽不見無情說法。那慧忠國師您應該是已經聽見才對**。」他想，這一句講出來鐵定沒有錯。沒想到慧忠國師竟然說：「**我也聽不見**。」你看他就這樣在實相法界與現象法界跑過來跑過去，凡夫僧若是遇到他，根本拿他沒轍。他剛剛還說「**我為眾生說，不為聖人說**」，他是從現象法界來說的。當僧人說：「**我聽不見，禪師您應該聽得見**。」他又跑到實相法界來回答說：「**我也聽不見**。」那你不能責備他，因為他說的是事實。但是他不會告訴你說：「**我現在是從實相法界告訴你『我也聽不見』**。」

他不這樣講。

這個僧人沒奈何，只好反問：「禪師您既然也聽不見，那您又怎麼懂得無情為人家說法？您又為什麼知道無情在為人說法？」因為你既然說聽不見無情說法，顯然你就不知道無情是否為人說法了！沒想到慧忠國師說：「我如果能夠聽聞的話，那我就是跟諸佛一樣的層次，你也就聽不見我所說的法了。」因為從實相法界來看的話，這如來藏如果能夠聽得見人家用語言文字說法，那是無垢識的境界，不就已經成佛了嗎？如果我已經成佛時，你就聽不懂我說什麼了。這樣說也沒錯啦！這個僧人想要打破砂鍋問到底，接著問禪師：「眾生到底能不能聽得到啊？」所以他問：「眾生畢竟得聞否？」慧忠國師還是一樣的話：「眾生如果能夠聽得見，他就不是眾生了。」想想看，假使你是那位僧人，是不是氣壞了？一定氣壞。

所以你看，到底這個「無名相法」是有說還是無說？有說？無說？現在有兩個答案：一個說「有說亦無說」，一個說「非有說非無說」，暫時作準。世尊告訴我們說「無說、無不說」，所以你們講的八九不離十。也就是說：這一個法，祂從來不和名相相應，從來不和語言文字相應，所以祂「無名無言」；可是因爲祂不落在現象法界裡面，所以祂沒有所謂的「癡、癡法」，也沒有所謂的「癡網」可說，這些法都跟祂完全無關。可是祂雖然一直在實相法界中，卻出生了你這個現象法界的五陰、十八界，所以又陪著你在現象法界之中，因此祂就可以爲你說法；可是祂爲你說法時，卻又沒有語言文字，所以祂眞的「無說」；祂雖然無說，可是祂卻從另一個層面時時刻刻說，天天說，月月說，年年說，世世說，劫劫說；而且刹那刹那說，不曾終止，所以 世尊開示「無不說」。

再來看《大乘本生心地觀經》卷一〈序品〉：「非嚴而嚴十方佛土，不說而說妙理寂然。」你實證如來藏時，且看這兩句話有沒有道理？所以大乘經中之所說，不迴心阿羅漢們不懂，卻是可以實證的，不是虛言假語，更不是《紅樓夢》中的「賈雨村言」（假語村言）；祂是實相之法，非戲論。「莊嚴佛土」不是在表相上去打掃環境，去建設道路、種樹等，那不是眞實的莊嚴佛土。所以要提升淨土的品質不是從表相上來作，而是要你去實證這個實相法界，去實證「無名相法」這個法，然後把自己的心轉依祂，這就是自己這一分佛土已經莊嚴，未來的佛土也就有了莊嚴。

可是自己一個人不能成佛，你得要攝受很多人，你得要攝受很多人來莊嚴你未來的佛土，才能眞的成功。可是你要莊嚴未來的佛土，不是叫弟子們去道場附近，或是在臺北市到處去打掃環境，不是這樣作，而是要教導弟子們同樣親證這個「無名相法」，然後大家來轉依這個「無名相法」；轉依成功以後，每一個人的自心淨土就開始莊嚴起來了。當你未來成佛時，你有妙覺菩薩的佛土、等覺菩薩的佛土、十地乃至初地，一直往下到十信位的佛土都有，這樣才是眞正的莊嚴佛土。可是這樣從一個佛土又一個佛土不斷莊嚴十方佛土時，這樣的莊嚴卻不是莊嚴，因爲不是世間法上去鑲金貼銀所成的莊嚴，這不是用世間法莊嚴得來的，所以說「非嚴而嚴十方佛土」，十方佛世界的淨土都是這樣來莊嚴的。但這樣的莊嚴不是用世間法的莊嚴來莊嚴。

同理，「不說而說妙理寂然」，眞正的法不是用語言文字去演說出來的。如果用語言文字教授，然後大家把什麼密意都用講的，這樣講了出來以後說這樣叫作開悟，那其實都只是名相法。因此宗門的證悟必須要有體驗，沒有體驗便無法轉依成功；沒有轉依成功而只知道答案也沒用，也不算是開悟。所以將來末法時代即將結束時，大家都知道開悟的內容是什麼，可是大家都一樣是沒有開悟的凡夫；那時的人們也知道自己不是開悟，因爲沒有解脫與實相智慧的實質。

這個法一定得要透過親證，可是親證要有那個過程，有過程而親證以後才能轉依成功。就好像世間法，譬如學書法，老師教你怎麼磨墨、怎麼寫，全都跟你教了，講完時你都聽懂了，但懂了你就能寫嗎？所以成爲書法家是要練習的，一定要有那個過程；練習不成的人就不成其爲書法家，就是失敗者。同樣的道理，參禪，大家都在參，參到破參了，他就成爲證悟者；沒有破參的人就等於沒有成功的書法家，道理是一樣的。所以人家告訴你的不等於是你的，老師告訴你說這個「永字八法」該怎麼寫、要領如何，也寫給你看了，但那不等於你眞的會寫了。你得要依照老師教的一步一步去作，作好了，「欸！原來如此！」終於懂得如何運筆了，那你就叫作書法家，譬喻是禪門中開悟的人。

所以眞正的法「無說」是「無不說」的。這有沒有道理？從表面上聽起來好像是沒道理，可是實際上的道理卻在這裡面，因爲這才是眞正的道理。古時候有些禪師找了喜歡的徒弟進到方丈室，關起門來密授：「開悟就是這樣、這樣、這樣，這樣叫作開悟。」然後怎麼作印證呢？臂香。這種入室弟子要在手臂上燙幾個香疤，在特別的地方有特別的燙法。然後人家問你到底有沒有開悟？把袖子捲起來給對方看。「喔！原來你有開悟，師父印證過你了。」那到底他有沒有悟的實質？沒有！那都不叫開悟。

那麼無說卻是無不說，最有名的公案就是 世尊的拈花微笑。我們就舉出首山省念禪師的公案來講：「一日升座曰：『世尊以青蓮，目顧迦葉，正當是時且道個什麼？若言不說說，又成埋沒先聖。』語未卒，念便下去。」意思是說首山省念禪師有一天升座，跟大家開示：「世尊用手拈起青蓮花，眼睛看著迦葉，正當那個時候，大家且說說看，世尊是說個什麼法？如果說世尊是不說而說，又成爲埋沒先聖了。」「埋沒先聖」這幾句話都還沒講完時就已經開始下座，一面離開一面講，就這樣離開了。遇到這樣的師父好不好？怎麼大家只顧著笑、默然不語？好也不好喔？眞是難答啊！因爲遇到這樣的師父，徒弟開悟的品質是非常棒的，當然是好啊！可是想要悟就很難了，大部分人在這一世大概沒希望。

首山省念就提出來問大家，這拈花微笑的故事大家都知道，就不必再重述。他說：「因為大梵天來供養世尊一朵青蓮花，世尊拈起青蓮花來，然後只是看著迦葉。」首山省念又說：「正當那個時候，大家倒是說說看，世尊是講了什麼呢？」世尊拈花、迦葉微笑之後不是也有講了很多句話，對不對？「吾有涅槃實相妙心」等等大家耳熟能詳，現在首山省念問：「世尊那時候講的，難道就那幾句話嗎？如果是那幾句話，為什麼大家聽了不會？為什麼獨獨允許迦葉一個人得法？那大家講講看，世尊那時是講了什麼呢？」欸！一定有人會拿經中講的「無說、無不說」來講。

問題來了！首山省念質疑：「你如果說『不說而說』，那你就成為埋沒先聖，就是把世尊給埋沒了！」世尊費了好大的精神，刻意要利樂眾生，所以拈花給大家看，結果你竟然只是說祂「不說而說」。你應該要體會出來，世尊是告訴了你什麼東西啊！「你竟然只說祂不說而說，那你就把世尊的一番美意完全給埋沒了！」首山省念二話不說，直接控訴：「又成埋沒先聖。」這句話都還沒講完就已經下座開始走了，他就離開了！看來首山禪師也真苛，苛刻的無以復加。但其實不然，這才是真老婆。可是要懂得從這裡去體會「無說、無不說」，才是眞正懂得學法的人；當你眞的體會出來時，就會知道其實祂「熾然常說」，無有不說之時。

所以大善知識睡覺時，有沒有爲人說法？喔？懂了喔！所以我每天睡大頭覺也是在說法，功德無量。這是眞話。所以禪師在早晨，弟子每天上來服侍完了，禪師過堂後洗把手臉，如果不想讀經，覺得累，繼續睡大頭覺。弟子上來想要請法，看見和尙睡覺，不敢吵，又下去了。下午過堂完了，大家都休息，休息時間不好意思吵和尙，所以各人去午休；午休完了要出坡，想偷個空上方丈室問兩句也好，沒想到和尙還在睡；到了晚上：「師父！我想跟您請法，您都不爲我說法，都一直睡覺。」沒想到和尙一棒打過來：「你來看我睡覺時，我也都在跟你說法，我什麼時候沒跟你說法？」對不對？對！這才是大慈悲，如果這徒弟懂得好好去體會，而不是當作和尙在責備、在卸責，他今生定有悟緣。

也就是說，這老和尙是用「無名相法」來爲弟子說法，如果弟子懂得聽，那麼突然間一念相應，後腦勺一拍：「唉呀！原來如此！怎麼以前不懂！太笨了！」就只能怪自己笨，不能怪和尙。這時才知道和尙慈悲啊！因爲這一悟非同小可，這時《佛藏經》請了出來「無癡、無癡法，無有癡網，無名無言，無說、無不說」，對啊！這時候不叫「拍案驚奇」，就拍案說：「善哉！善哉！和尚大恩無以回報！」無以回報該怎麼辦？該辛辛苦苦幫和尚把如來家業挑起來啊！所以這個「無說、無不說」到底有沒有道理？有啊！絕對是有道理。如果沒道理，難道我可以這樣編派一大篇的文字出來，而所有親教師們都不抗議嗎？再聰明也編不出來，再能忍也不可能都不抗議啊！一定是有一個所依，以那個根本法作所依，才能從現量觀察而把祂這樣演說出來。所以大乘經絕對是　佛說，不是後世的佛弟子們創造的，更不是聲聞部派佛教的那一些凡夫僧所能創造結集出來的。今天講到這裡。

禪三快到了，但是每次禪三不免都有遺珠之憾，這是正常的，所以沒錄取不代表沒資格去，這也是因為有的人還需要一段時間整理，那就不必去那邊浪費時間，再多半年整理以後，下回去禪三大概就圓滿了。那有的人還要再多等一次，所以還要再等一年後，有的人可能要等一年半以後再去會比較好。但有的人也許下輩子錄取比較好，因為他菩薩性還沒有發起來，這時候去，可能他看見禪三的過程與內容以後，背地裡會在心裡面罵我們：「這個精神病患跑來祖師堂亂搞一通。」這類人就是下輩子錄取比較好。因為下輩子才錄取他，這一世就沒機會謗法了。

那麼這次因為有加上一些特殊的班級，所以這兩個梯次都增額錄取，再加上每一個梯次各錄取一位求見性的人，所以第二個梯次達到五十七位。現在不曉得我們禪三道場能不能塞得進去？因為本來規劃沒有這麼多人打三。老實講，人多了也沒有辦法，品質會下降，因為我們照顧不到。那就是留給教學組跟福田組傷腦筋去，就請護三菩薩們委屈一下。

閒言表過，《佛藏經》今天要從第五頁第一行第二句「無盡、無不盡」開講。為什麼說這個「無名相法」「無盡、無不盡」？我們先來看這個字義背面到底代表什麼意思？如果落在意識境界裡面，也就是說悟錯了，自以為悟，那麼所墮不離識陰的範疇，想要瞭解《佛藏經》是不可能的，對《般若經》的理解也全部都屬於誤會。為什麼說這個「無名相法」、「無分別法」的境界「無盡、無不盡」？這先得要從有名相法、有分別法來說。

有名相法，譬如色、受、想、行、識等，都有名可以指涉，那麼這一些都與分別法永遠存在一起運作，時時刻刻都在了別；即使心中連語言文字的妄想念頭都沒有，也都是了別清楚的。這種最標準的狀況，正是十八年來臺灣某位大法師講的「清清楚楚明明白白、處處作主而無分別」。請大家注意一下，他既然說是「清清楚楚明明白白」，表示他已經知道了，就是了別完成了。譬如張三來了他知道是張三，李四來了也知道是李四，那表示他「清清楚楚明明白白」誰是誰，就是已經了別完成了！這就是分別。

至於「處處作主」，如果沒有了別完成時他要怎麼作主？沒有了別完成時根本不知道該如何抉擇，那他怎麼可能作主？既然能夠「處處作主」，顯然他就是處處了別了。所以他的境界已經由他自己爲大家說明：他是時時刻刻處處都在了別，然後他說這樣叫作無分別。這個就叫作邏輯出錯或者不懂邏輯，也就是完全不懂因明。世間法的邏輯已經講不通，所以他一念不生離念靈知的境界中，在路上走著，眼前遇到電線桿時知道電線桿，走路時知道是路，狗屎知道是狗屎，水知道是水，人知道是人，他也不會說「這牆壁我不知道」就撞上去，他顯然都知道。這就是有分別法，不離識陰。

那麼既然是有名相、有了別的法，他所了別的一切法包括他能了別的自己，就一定是有窮盡的，不可能沒有窮盡。所以說上一輩子的五陰帶不到此世來，而這一輩子所獲得的五陰是這一世新生的；所以上一世的五陰不是這一世的五陰，導致這一世的五陰不知道上一世的五陰姓甚名誰、幹了什麼事。上一輩子究竟修了什麼法、證了什麼果，也都忘光了；阿羅漢如果迴小向大投胎再來時也一樣，因爲意識是此世才有的，不是從前世轉生過來的。爲什麼會這樣？因爲上一世的五陰與這一世的五陰不是同一個，因此才叫作「胎昧」，也才叫作「隔陰之迷」，因爲隔了一個五陰。

既然如此，能夠了別六塵的識陰，依舊不離五陰的範疇。所以這個能夠了別的心，是有名相之法，因此祂就有盡。有名相之法是能了別的，有名相的法就是有數之法，你可以把它數出來；例如五陰，五陰就是色、受、想、行、識，一、二、三、四、五，總共有五個法、有名數。有名數，人家說：「請你告訴我五陰的內涵是什麼。」你就說：「色、受、想、行、識，總共有五個。」他問你：「講完了沒有？」你說：「講完了！」眞的講完了，因爲五個都已經講過了；這是不是盡？是盡啊！就是說盡了。

如果他覺得不夠瞭解，想要瞭解得更深入一點，你就爲他說明色陰是什麼，受、想、行、識是什麼？講完了，這樣子總共有幾個法？五個。細說下來，五陰中的色陰共有十一個法，受陰有三個或者有五個……等。他問你說：

「這樣就是全部嗎？」「是啊！」「都講完了嗎？」「都講完啦！」講完了是不是盡呢？正是盡，它就是有盡。有名數法都有盡，有名數之法就是有名相之法，所以五陰是有名相之法，是有盡之法。那麼把它從另一個層面來講，說有十二處、有十八界；當十二處、十八界運作時，五陰運作時，那就有了六入；你把這一些都解釋完，就稱爲盡。全部解釋完了就稱爲「盡」。

又比如這一期壽命終了時，壽命終了也就盡了；同樣是盡，這都是有名相法。那麼十八界裡面那個意根，不把祂含攝在五陰裡面，不把祂含攝在五蘊裡面，這個意根可以從上一世來到這一世，然後又去到未來世；但這個意根懂不懂名相呢？意根懂不懂名相？少分喔？好！有人說不懂名相，有人說懂少分，說不懂的人佔大多數；有一位同修說「少分」，說意根少分知道名相。現在請你同修在晚上當你睡著無夢時，跟你講話或講一個絡絡長的故事也行，等明天早上問你，看你意根懂了多少名相？好不好？作一個實驗。那麼這樣一說明，諸位就知道意根不懂名相。

意根不懂名相，就不該屬於有名相法；但祂是不是《佛藏經》裡面講的「無名相法」呢？可又不是了。可是祂明明不懂名相啊！祂不與名相接觸、不了別名相，那怎麼辦？應該把祂歸類在哪裡？應該說「非有名相非無名相」。因爲意識醒過來，和這個意根和合在一起運作時，可就懂名相了；可是睡著剩下意根自己時，完全不懂名相。所以意根這個法要排除在「**無名相法**」之外，而五陰以及十八界裡面的十七界，全部都落在名相裡面。

這個意根很奇特，處處作主，可是常常被誤導，就像一個很笨的總經理老是被業務經理誤導一樣，所以作生意失敗，經理被辭職了，總經理要去承受苦果；在百歲的人生一場生意中，那個苦果叫作什麼？就是下一世去當畜生，那就是意根的苦果。可是上一世造業的意識，不去下一世畜生道受苦，所以意根應該要怎麼樣？應該要抓住意識說：「**你得要好好跟我如理作意才行，不要老是亂學法！**」否則受害的是意根自己，因爲意識不到下一世去，只存在一世。那個總經理如果不把經理約束好，經理捅了大漏子，這個意根總經理就去承受苦果，他也沒有辦法把那個經理從上一世拉來此世一起陪著受苦果。所以意根是個很奇特的心，這個心對眾生而言是不可滅的，可是對阿羅漢而言卻是可滅的；對菩薩而言也是可滅的，只是菩薩不滅祂而已。那麼意根這裡就不說祂是有盡或無盡，因爲對凡夫眾生而言，意根是不盡的，不能叫作「無不盡」，祂要叫作不盡。對於阿羅漢而言，意根是可盡的，所以是有盡而不是無盡。

現在回來「無名相法」說明。剛剛說的是有名相法，譬如五陰有五個名相，十二處、十八界、六入各有不同數目的名相，這一些都是可盡的；可是對「無名相法」卻沒有辦法把祂滅盡，不論誰都無法把祂滅盡，所以「無盡」。這個「無名相法」諸位當然都知道就是「此經」，也就是「妙法蓮華經、如來藏，又稱爲眞如，或者阿賴耶識、無垢識、金剛經等」。這個「無名相法」是無量無邊不可思議阿僧祇劫前的無量無邊不可思議阿僧祇劫前，再好幾倍這樣的阿僧祇劫前祂就在了，祂是無始以來即本來存在的，沒有出生過；沒有出生過的法，就不會有毀滅時。既然如此，祂未來世當然就是永恆而常住，既是永恆而常住的，祂就是「無盡」之法。

那麼有人也許有個疑惑說：「欸！你說祂是無盡，可是我不太相信，一定有什麼法可以滅盡祂。」那我們從兩個層面來說一說，先從實證者的現量來說，然後再從邏輯—比量—上面來講。譬如我們會裡現在有四百多位實證者證得「此經」，名爲「金剛經」或者名爲「妙法蓮華經」，或者名爲眞如，一般參禪人叫作本來面目、本地風光；這麼多人現量親證以後，隨便問哪一個人：「你有沒有辦法，把你所證的這個『無名相法』如來藏滅掉？」不論問到誰，問來問去，沒有一個人可以找到方法來把祂滅掉。不說這四百多人，以前二〇〇三年退轉的那些人，他們說：「這個阿賴耶識是生滅法，是可滅的。」既然這麼大膽提出來，我們託人去問說：「那請問您，可以用什麼方法把祂滅掉，請提出來證明。」結果不敢答腔，因爲他們找來找去也找不到一個方法可以把祂滅掉啊！所以你看，找到這個心以後，好好去觀察，終究要承認這是沒有辦法滅掉的法；既然是沒有辦法滅掉的眞實法，祂就是「無盡」之法。

所以宋朝那個宰相張商英，字號無盡居士，他還算是聰明，不過他那個名號「無盡」可就虛有其名。我把他說了，搞不好他的後身今天就在座上，也不知道他自己就是張無盡；因爲現在可能叫作王二麻子，所以他根本不知道自己是誰？我罵了也就罵了，反正也沒罵到他，對不對？因爲眞正的他其實是如來藏，我怎麼罵得到？五陰是假人，「無名相法」才是眞人，但是誰都罵不到祂啊！所以祂也不會跟我計較。搞不好他是我們四百多位中的一位了，也是無法滅掉祂。所以這一個「**無名相法**」是「**無盡**」之法，誰都沒有辦法把祂滅掉的。

那麼再從邏輯上面來說，看有沒有辦法滅祂？這是從親證者的現觀來說，以及從聖教量來說，都說「此經」如來藏是出生名色之法，是出生五陰、十八界、六入的法。不但大乘經這麼說，在二乘法的《阿含經》中也這麼說。好了，那麼名色就是我們這個五陰，這個五陰突然起了個妄想：「**我要想辦法，把我的如來藏滅掉。**」試試看吧！這個想要滅掉「**無名相法**」如來藏的心，是五陰裡的識陰所攝，那五陰當然包括識陰，全部都是「**無名相法**」所生的，既是「**無名相法**」所生的子法，有沒有辦法反過來滅掉母法？不可能的！因爲比量上一定是如此的。我們佛法中說理上就是如此，因爲五陰是依附「**無名相法**」如來藏而有的，是被如來藏所生的，如來藏如果捨棄五陰而去時，五陰就死掉了，覺知心怎能滅掉如來藏？

假使，我們說的是「假使」，不要當作眞說；假使五陰眞的找到一個方法可滅掉如來藏的話，還得要如來藏支援五陰把滅如來藏行動的全部過程完成，才有辦法滅如來藏。接著權且當作如來藏懂得思想來說，如來藏會笨到支持你來滅掉自己嗎？不會吧！從另一個層面來說，「此經」「**無名相法**」如來藏無形無色，不在六塵境界中，你要怎麼滅祂？能被滅的心一定是在六塵境界中相應的，才有辦法滅，因爲想要滅掉如來藏的法也是法，而一切法都存在六塵境界裡面，不外於六塵；既然不外於六塵，全部都在三界的境界中，可是如來藏不在六塵境界中，不在三界內；那你這個三界內的六塵境界中的意識，要怎麼樣去滅掉六塵外、三界外的如來藏？

難道你能發明一個飛彈從三界（境界）中射到三界（境界）外，去把祂打死？沒辦法呀！就好像五百年前有一個人說：「**我在這裡，我要打死月球上的某某人。**」或者說吳剛，「**他每天在砍我的桂樹，我要一拳打死他。**」問題是他在月球而你在地球，那時又沒有飛彈，這法界不一樣，不能觸及呀！所以想要去滅掉如來藏，可是能使如來藏滅盡的法都不離六塵境界，不離三界境界；可是如來藏不在六塵境界中，不住在三界境界中，想要滅掉祂，根本到不了祂的境界，要怎麼滅祂？根本無法可滅。那麼這樣子，我們舉出這三個理由說明這個「**無名相法**」確實「**無盡**」。因爲祂「**無盡**」，因果律才能夠實現，包括學佛的因果。如果學佛人不信因果，那他現在學佛的因就不可能在未來世擁有成佛的果，即使修淨土法門，也都要深信因果才行。

那麼這樣去瞭解以後就知道，這個「**無名相法**」眞的「**無盡**」。以前曾經有人質疑說：「**你們正覺都說證得阿賴耶識如來藏，那你們阿賴耶識是怎麼樣出生的？也得告訴我啊！不然你怎麼可以說你親證了？**」還說得振振有詞。問題是，這個如來藏祂本來就在、法爾如是，祂沒有出生過；可是不因爲祂沒有出生過的緣故就不能證，因爲那個邏輯不能互通的。證如來藏不一定要先證明祂是曾有出生或是何時出生的，也不一定你證得如來藏以後就必須要證明祂是什麼時候出生的，這實證與實證後能否證明如來藏曾否出生過的事，兩者並沒有關聯性。所以說，人之無智以至於斯，我們只能這樣感嘆！那你跟他講道理也講不通，因爲他聽不懂，可是又要裝一副很懂的樣子：「**我能夠問這個問題，他們沒辦法回答吧！**」卻不知道自己的邏輯是不通的。這就是說，這個法是「**無盡**」的，祂沒有終止時，因爲祂無始以來沒有出生過；沒有出生過，不代表祂不存在，因爲祂是本來就存在的，不必出生，所以祂叫作「**無生法**」，證得無生法就通般若了。

世尊又開示「**無不盡**」。這個「**無不盡**」如果要詳細講起來，又是絡絡長。爲什麼說絡絡長？因爲那個脈絡非常多，而且每一個脈絡要講起來，都不是三言兩語可以講得完的。也許有人心裡說：「欸！這是你講的，我才不信。」不然我們舉《大般若經》的經文，不必解釋，誦給諸位聽就好了，要誦多久？《大般若經》講的就是一切諸法都盡了以後，這個眞如不盡啊！要講多久？總共六百卷欸！佛陀好像講了二十二年，那如果誦得飛快，可能也要誦好幾個月；你得想：那只是誦經而已，還沒有解釋。如果要解釋，那要解釋多久？所以，眞的絡絡長。這不能講是王大媽的裹腳布，因爲那是又臭又長，而這個是勝妙之法。《大品般若》總共六百卷，說的是當你轉依於眞如第八識如來藏「無名相法」來看諸法時，一切諸法都是可以滅盡的。《大品般若》就是告訴你這個道理。

一切諸法可以滅盡，所以不厭其煩不斷地爲大眾說，目的就是要讓大家在那十幾年之中，就完成那三品心的實證；就是要讓大家證得「內遣有情假緣智」等三品非安立諦的智慧，全然轉依眞如無一切法的境界。就是告訴大家，它的內容如果你有空的話，譬如說退休下來沒有執事，什麼都沒有作，閒得無聊時，既然證悟了，無妨檢驗看看《大品般若經》的內容是否與己所證相應，這時請出來六百卷（陳履安說他六個月讀完，我說他那個叫作瀏覽，哪叫作讀？讀是要懂得才叫作「讀」），好好去把它讀上三年以後發覺，原來依於眞如這個如來藏心時，一切諸法都可以滅盡，無有一法存在。所以從自己的五陰、十八界、六入、十二處，然後把欲界裡的人間，包括三惡道、欲界天，再加上色界天、無色界天所有諸法，全部都把它翻出來；除此，額外再加上二乘菩提諸法，這一切法來到「此經」的境界中也是滅盡。如果這樣還不夠，佛菩提道三大阿僧祇劫才能成就的勝妙智慧，一樣可以依於「此經」如來藏而全部滅盡。所以《心經》就乾脆告訴你：無眼、耳、鼻、舌、身、意，乃至「無智亦無得」，這不就是「無不盡」嗎？所以依於「無名相法」、「無分別法」，一切諸法都可滅盡。那你想想看，是不是一切諸法都可滅盡？對啊！全部都可以滅盡，所以 世尊說「無不盡」，一點點欺矇都沒有。

談到這裡一定會有人想到：「你說一切諸法都可以滅盡，所以叫作『無不盡』，那『無不盡』不就是盡了嗎？」那我又來告訴大家：「依於這個一切諸法都可滅的『無不盡』，背後的眞如法性又可以使一切諸法『無盡』。」你看！講著講著「無不盡」又回到「無盡」來了，可以使一切諸法「無盡」，你說怪不怪？從實證的人來講，一點都不怪。所以你看！凡夫眾生可以無窮無盡地輪轉生死，哪有可能盡？不可能盡啊！因此 佛陀跟舍利弗看那一隻鴿子，八萬大劫前（舍利弗只能看到八萬大劫），牠還是一隻鴿子，八萬大劫後依舊是鴿子；可是 佛陀說：「牠未來不只八萬大劫繼續當鴿子，還要當很久才能夠離開鴿子身。過去遠不只八萬大劫，那是好幾倍之前，也還是鴿子。」那為什麼牠會當鴿子那麼久？又是因為牠造了什麼惡業。那鴿子這麼長的時間，之前也是有過去無量世，未來終於離開鴿子之身後，還是有無量世，所以眾生度不盡，那不就是眾生「無盡」嗎？

但是眾生「無盡」的緣故，卻是因為「此經」無盡，「此經」就是「無分別法」如來藏。所以你看，說盡也行、說不盡也行；可是等到你要圓滿這個法時，卻說「無盡、無不盡」，不再講盡與不盡了。那你看，這個「無名相法」講了老半天，都是在講這個「無盡、無不盡」，那麼到底這個法是不是很粗淺的法？顯然不是。如果是很粗淺的法，沒有辦法這樣翻來覆去、講過來講過去都通，也沒有辦法五個字講上老半天，絕不可能。因為粗淺的法是有名數的，一個、兩個、三個、四個、五個、六個，幾個名相在那邊解釋就完了，可是因爲這個「無名相法」太勝妙、太深奧，祂所含攝的範圍太廣大，所以眞要把祂一一講起來，這「無不盡」三個字你就要講上很多年，因爲祂函蓋無量無邊法。

佛陀爲了解說世間諸法以及三乘菩提諸法的空無所有，證明一切法的本質就是眞如，爲了講解這個道理講了二十二年的般若。那二十二年的般若濃縮了叫作《金剛經》，再濃縮後叫作《心經》，但我告訴你，再把祂濃縮便叫作「**無盡、無不盡**」。譬如你要告訴人家爲什麼叫「**無盡、無不盡**」，拿《心經》來解釋就通了，但是不能依文解義。可是我們那時候把《心經》作了簡單的演講，也講了多久？好幾個鐘頭；因爲講了兩次，每次都好幾個鐘頭，但那並不是一字一句加以解釋的，只是把《心經》主要的意旨拿出來談。所以你眞要詳細去講，這個「**無盡、無不盡**」還眞的絡絡長。但是我們可以依據別的經文來作一些補充，不然老是講我所觀察的東西，有的人也許厭煩：「**唉呀！什麼五個字，你老哥講老半天。**」那我們請出經中的說法來講：《佛說佛母出生三法藏般若波羅蜜多經》。

這經名得要先大略解釋一下，因爲「佛母」二字已被密宗假藏傳佛教弄壞了。「佛母」的意思是說這個法能出生實相般若的智慧，所以叫作佛母。可不是他們抱著樂空雙運的那個女人，那怎麼能叫作佛母？這個「佛母」講的就是如來藏妙心，就是眞如，在這一部經的卷十二〈顯示世間品〉裡面有這一段經文說：

「復次，須菩提！如來因般若波羅蜜多故，如實了知無量無數眾生攝心、亂心。云何如來知眾生攝心耶？所謂若集若散，住法性中如實了知。若如實知，是即了知眾生攝心。是故如來因般若波羅蜜多故，能知無量無數眾生如是攝心。云何如來知眾生亂心耶？所謂住法性中知心無相，心無相故，即無盡、無不盡。若如實了知盡、無盡相，是即了知眾生亂心。是故如來因般若波羅蜜多故，能知無量無數眾生如是亂心。」

現在來看「無盡、無不盡」這五個字，是在講眾生的攝心還是亂心？剛剛這段經文已經告訴你是「亂心」了。那你回憶一下我剛才所講的，那幾十分鐘裡說的「無盡、無不盡」的內涵，是不是正好在講眾生的亂心？對啊！也就是說眾生的五陰、十八界是可滅的，可是眾生的五陰、十八界卻永續不斷，是因爲背後的「無名相法」「無盡」的緣故；所以凡夫眾生不斷流轉生死以後，他們的名色五陰仍然是一世又一世繼續無量世而不間斷，這不就是「亂心」嗎？那麼「無不盡」的道理也是一樣，即使證得二乘菩提、證得佛菩提，依舊叫作「亂心」，爲什麼呢？因爲這個有智慧的心不是「攝心」；這個有智慧的心，你即使當了聖人，這個心依舊是在六塵境界中運轉。所以你由這裡去觀察以後就知道：「原來我證了『無名相法』依智慧來說是攝心，可是依我這個能證『無名相法』的意識心自己來說，依舊屬於亂心；是因爲意識才能夠了知什麼叫作『盡、無盡相』，那我就知道眾生的亂心是這個意識心，擁有這智慧的也是這個意識心，沒有差別。」這樣說明有沒有道理？有啊！

所以如果要說「攝心」的話，就是說，純粹以你證得佛菩提智慧來講，那意識就叫作「攝心」。因爲眾生之所以集而有種種苦，就是無所了知；而眾生之所以能把各種苦散壞、能滅集，是因爲有修行之道，是因爲懂得滅諦的道理，那你就是懂得「集」、懂得「散」；而你身爲菩薩能夠懂得集與散的緣故，是因爲你住於法性中，如實了知這個法性，這時你擁有智慧的意識心就稱之爲「攝心」。那你這樣知道了以後，就知道眾生如果能夠攝心，就是一定要證什麼才能夠稱之爲攝心？（有人答話，聽不清楚。）欸！就是證如來藏，你講對了！

所以「無盡、無不盡」是函蓋兩邊的，一定是函蓋現象界也函蓋實相界，不能單從一邊來說這一句「無盡、無不盡」，否則就會有缺漏，那就是不圓滿，甚至是自相矛盾，那麼人家就可以挑你的毛病。挑毛病的意思懂嗎？叫作吹毛求疵。一定是有讓人可以吹毛求疵的地方，因爲講的不圓滿，偏在現象界一邊，或者偏向實相界一邊而缺了現象界的事相，說出來時就會有過失，就會讓人家挑毛病。

這是 世尊的開示，諸位有沒有注意到：凡是舉出《般若經》來時，不管大品、小品《般若經》或哪一部《般若經》，總而言之都離不開須菩提，有沒有發覺？就是離不開須菩提。可是第三轉法輪諸經爲什麼須菩提的分量很少？喔？這時你們就知道了，怪不得 佛陀授記他要多久成佛？奉覲三百萬億那由他諸佛以後才能成佛；所以除了富樓那因爲對所攝受佛土的願太大而成佛晚以外，須菩提是十大弟子中成佛時間需要最久的人。

接著再從《大方等大集經》卷十七的經文來談談這個「無盡、無不盡」：

「涅槃者無盡，所謂空故、無性故。如涅槃無盡、無不盡，一切法亦復如是，以是故言一切法與涅槃等。」

諸位有沒有注意到咱們正覺開始弘法之前，有許多法師講到無餘涅槃時，說就是斷滅空，這是第一種人；第二種人說無餘涅槃的境界中就是覺知心一念不生，這兩種人豈不是標準的斷見與常見呢！可是涅槃不是他們講的那樣，現代佛教界講涅槃最多的人大概就是我；我說的涅槃散見於諸書，那裡也講，這裡也講，到處都講。這樣講還覺得不夠，再專門寫一套書叫作《涅槃》。爲什麼要這樣？因爲佛教界誤會涅槃由來已久，我們得要有一個具體的整合式的由淺到深、從粗到細、由狹到廣一一把它說分明，免得後世的佛弟子又被那一些邪知邪見所誤導，所以我們得要特地寫這一本書。

涅槃本來就不是斷滅空，大家要先認知到這一點。以前大法師們怎麼說都不理會它，把它丟掉，因爲他們講的東西不值得你保存於心中。如果要保存在你的如來藏中，要有一個觀念：就像世俗人一樣，不拿石頭放在保險箱保管；放進你家那個密室中的保險箱裡面，得要是珍珠而且是要上好的珍珠，最好是一寸直徑的黑珍珠，還得要是天然生成的；不然就是冰玉、翡翠、鑽石等；要保存這種珍貴的東西，不要去路上撿一些石頭瓦塊，就拿去保險箱裡面保管。同樣的道理，你的如來藏中──心田中，那些大法師們給你的諸法的種子都可以丟棄，不值得你保存，因爲那些只是石頭而已；如果哪一天覺得可惜，出門再去撿幾顆放著也行！不怕撿不到啦！所以盡可把它丟了！

現在《大方等大集經》裡面怎麼說這個涅槃？說祂「無盡、無不盡」。先來說涅槃爲什麼「無盡」？在我們弘法之前，沒有人敢拿大乘經典來逐字逐句宣講，爲什麼？因爲看到大乘經典裡面的那一些字句，腳底都冰涼了，滿腔的熱情頓時化爲冰凍，因爲不知道要怎麼講。涅槃無盡，不是斷滅空！爲什麼說涅槃不是斷滅空？因爲入無餘涅槃時，把五陰、十八界全部滅盡了，不再接受後有，不於人間投胎也不去三惡道中受生，也不去欲界天、色界天、無色界天受生，就在三界中永遠消失了；不再生於二十五有中，三界六道中再也找不到這個有情。但「他」住在無餘涅槃中，並不是斷滅空，因爲他滅掉五蘊、十八界，不再領受五蘊、十八界以後，還有如來藏獨存，如來藏就是《佛藏經》講的這個「無名相法」。

這個「無名相法」離見聞覺知，無形無色，滅了五陰十八界以後單獨剩下祂，這時祂究竟到哪裡去了？不知道！因爲祂無形無色，你不能指稱祂在娑婆世界、祂在極樂世界，不能指稱祂在欲界、色界、無色界。有色之法才能指定處所，祂無形無色而繼續存在，但不是三界中法。所以這個永遠常駐不能壞滅的金剛心如來藏，永遠不再示現於任何一處的三界中；祂又是不可壞法，那就表示涅槃是無窮盡的，不是斷滅空。

單從二乘涅槃來說，這樣的無餘涅槃雖然不是斷滅空，可是阿羅漢所入的這個無餘涅槃中，無名色，無五陰、十八界，無十二處、六入，什麼都沒有，一切法滅盡，所以叫作「無不盡」。那麼涅槃爲什麼又叫作「無盡」？「所謂空故」。是因爲空，可是空不是空無那個空，而是說祂這個法是空；雖然空而有性，所以又叫作空性。雖說是空性，但是卻告訴你「無性故」；無什麼性？無眾生性、無五陰性、無識陰性、無意識性、無三界一切種種性。因爲祂的法性不是五陰、十八界三界範圍所含攝的諸法，祂的法性是在三界萬法之外的法性，叫作空性；猶如涅槃「無盡、無不盡」，一切法亦復如是。

涅槃其實就是如來藏，這一、兩百年來的佛教界沒有人講過，就只有我十幾年前在桃園演講時講了出來，以前沒有人講過。可是我講出來以後，整理成文字，也請打字行打好了，卻把它放了一年才出版，就是那本《邪見與佛法》。因爲打字好了還不能出版，我得先要作預備功夫，所以我提筆開始寫《宗通與說通》。我剛開始寫時是在什麼地方寫的？記得是三芝的某個地方，那是一個泡湯的地方，我同修進去泡湯，我在客廳外的陽臺寫。在那個陽臺上面有個小桌子，我拿著稿紙寫；那時我還沒學習電腦打字，拿著稿紙就在那邊寫。「宗通與說通」五個字寫好，然後開始寫第一行。她泡完湯時我已寫了二十幾張。全寫完了交給打字行打字出版，直到這本《宗通與說通》出版以後，再過一個月才敢出版《邪見與佛法》，否則當年佛教界會鬧是非的。

那你想，我在《邪見與佛法》中說「無餘涅槃中就是如來藏」，表示無餘涅槃是依如來藏獨存而立名的。這個法以前有人講過嗎？沒有啦！即使如此，有人讀了稱讚說：「哇！太棒了！佛法我終於懂了！」於是有人在大陸影印而印了二千冊寄去各寺院。你們知道嗎？他看了好興奮：「啊！這才是眞的佛法！」然而各寺院讀了說：「這是邪魔外道！收起來別看。」有一個寺院甚至收了十幾本在寺院中庭當眾燒掉。你想，那本書容易讓人信受嗎？不容易啊！因爲眾生、即使是大法師，都還無法信受。直到今天十幾年過去了，現在臺灣眞正在學佛的大眾反而讚歎說：「這本書講得好，簡明扼要。」所以涅槃「無盡」是很難令人理解的，我們十幾年前第一次講出來。

那麼由於什麼緣故而說祂「無盡」呢？因爲祂就是空性，祂沒有世間法的法性；所以涅槃之中這個眞如心是「無盡」的，是不可壞的。既然「無盡」，可是涅槃明明又是滅盡一切法，正因爲涅槃中滅盡了一切法，所以祂才叫作無餘涅槃，一切諸法來到無餘涅槃時全部滅盡而「無不盡」。二乘菩提之一切法，即使是最勝妙的無上法，所謂佛菩提，來到無餘涅槃中亦復全部滅盡，因爲祂心體「無盡」而祂所生一切法「無不盡」。既然「無盡、無不盡」，顯然祂可以滅盡一切法，但祂也可以使一切法永遠不斷地生生不息。當祂使一切法永遠不斷地生生不息，那又變成一切諸法「無盡」了；可是一切諸法生生不息時，卻都是依附在這個涅槃法如來藏心體上運行，不斷地存在然後消滅；而消滅也是因爲這個無盡之法而消滅，消滅之後一樣由這個「無盡」之法、由這個涅槃繼續把諸法出生。

那麼這樣看來，顯然一切諸法就是涅槃中的一部分，一切諸法是依附於涅槃、爲涅槃所有，所以一切諸法其實就是涅槃中的一部分；這一切諸法與涅槃其實「不一不異」，就是「非一非異」，這就是中道。那麼從這樣來看一切諸法時當然要說亦復如是，因爲一切法跟涅槃如來藏這「無名相法」是一體的；由於這個緣故，就說一切法與涅槃平等平等。假使不信，你去問問所有證得本來自性清淨涅槃的菩薩們：「請問老哥！老姊！你這個五陰、十八界一切諸法，跟你的涅槃心如來藏誰比較大？」你去問問看，他也許一時對你的問題意會不過來：「怎麼會問我這個問題？」然後他說：「容我思惟一下。」五分鐘後他會告訴你：「如果沒有涅槃心就沒有我，看來涅槃心是比較大，我比較小。可是如果沒有我，涅槃心在三界中就什麼都不是，這時我比較大，祂比較小。所以各有大小，兩個不分彼此，沒法說誰大誰小，因爲涅槃就是我，我就是涅槃，切割不開啊！那就沒有辦法分大小。」所以結果就是「一切法與涅槃等」，這才是「無盡、無不盡」的道理。

如果不能觀察到「無盡、無不盡」的眞實義，他就沒有資格去瞭解「一切法與涅槃等」的道理，無法理解生滅的一切法爲何與不生滅的涅槃平等。

因爲這一也是二，二也是一；一而二，二而一，是不可分割的。那麼這樣藉這一段經文，從另一個層面又更多的瞭解到「無盡、無不盡」的道理。而這一段經文我不必作很詳細的解釋，因爲我一開始就講了很多「無盡、無不盡」的道理，那麼這樣略說略解，諸位就能勝解了。

再來看下一部經的經文，《佛說大乘入諸佛境界智光明莊嚴經》卷四：「復次，妙吉祥！云何是菩薩所行菩薩勝行？謂若菩薩無盡無不盡，無生無不生。於畢竟盡相無所領受，然亦不壞畢竟無生。妙吉祥！菩薩若如是行，是爲菩薩勝行。」

妙吉祥是哪一位菩薩？知道嗎？是文殊菩薩。我記得有一家密宗假藏傳佛教信徒開的餐廳，它的店名叫作妙吉祥；我曾去那家吃過兩次麵，它的麵還不賴。當然他們不知道我何許人，你看我去光臨捧場過了，人家都還不知道我曾去過。佛陀對 妙吉祥菩薩說：「什麼是菩薩所行的菩薩勝行？」因爲菩薩的所行有劣行也有勝行，在凡夫位的菩薩所行大多是劣行，這都是正常的，因爲這是五濁惡世。可是菩薩也有勝行，那麼菩薩所行的菩薩勝行究竟是什麼？世尊開示說了：「就是指菩薩如果已經知道『無盡、無不盡』，已能現量觀察無生、無不生。那麼在畢竟盡的那一個相貌之中無所領受，雖然無所領受可是也不毀壞畢竟無生。」世尊最後就說：「妙吉祥菩薩！菩薩如果是這樣子行，就是菩薩勝行。」

這樣的菩薩勝行看來不容易！諸位想想看，來到正覺之前，你曾經想過「我也可以行菩薩勝行」？有沒有想過？說實話，那時還沒那個膽子啦！可是來到正覺學法久了，這就是你的本分。如果不是爲了求開悟而能起勝行，你來正覺幹嘛？繼續待在原來那些大山頭混就行了啊！不過話說回來，有的人是很安分守己的，發了願說：「我雖然不求開悟，可是我要賴在正覺裡面，打死也不走，因爲我不想跟那一些亂說法、大妄語破壞佛法的大山頭眾生共業。」有沒有道理？有！而且大有道理！因爲至少未來世不會再跟他們混在一起。所以各有各的想法，但我們應該要像大海一樣容納百川；清淨的川水流進來也接納，污濁的黃河水流下來也接納，慢慢把它變清；應當如此才能撐起大量，量大了利益眾生才會廣。

話說回來，菩薩所行的勝行，是說菩薩已經親證了這兩個智慧，第一個「無盡、無不盡」，第二個「無生、無不生」。「無盡、無不盡」已講了很多，不再重複了，現在把這段經文大略說明一下「無生、無不生」。這個涅槃之法，也就是「無名相法」，又名「無分別法」，又名第八識；這個法不但「無盡、無不盡」，而且祂從來「無生」。所以經中每當有人證得這個「無名相法」時，就說他是證得「大乘無生」；證得大乘的無生法而能夠不退轉、能夠安忍，就稱爲「大乘無生忍」；有了大乘無生忍就說他是「不退轉住」，就是十住位裡的七住位，叫作不退轉住。如果證得這個「無名相法」以後，心中懷疑說：「這個是眞如嗎？我懷疑，我不信。」那就叫作「退轉」。退轉以後還能不能稱爲第七住位菩薩？不行了，因爲他變成退轉住，已經是離開第七住位了；即使他自己宣稱是更高的證量，其實本質仍是退轉回去識陰境界了。

證得這一個法而能夠安忍於祂的本來無生，就表示他能夠現觀這個「無名相法」是本來無生的，那他就有大乘無生智。可是這個無生智之前，先要有無生忍；也就是能夠接受這個法本來「無生」，心中眞的能安忍。能安忍時無生智才能生起，否則智慧就壞掉，會退回識陰境界中。知道祂「無生」而轉依成功時，接著就能夠觀察祂「無不生」；因爲一定會去推究：「我是從哪裡來的？」剛開始會認爲是父母生的，但是又想：「父母如何能生我？父母又沒有今天幫我製造一根頭髮插好，明天製造一根指頭裝上去，哪能生我？眞的沒有啊！」你們不論誰，都可以去問父母，不管你父母幾歲，四、五十歲或八、九十歲都好，甚至一百五十歲還健在的也行，你就問他們：「你們當初生我時，有沒有一天天製造我的指頭，製造我的指甲，製造我什麼器官？」他們一定說：「你這個傻孩子（腦袋瓜就這麼一槌下去）！眞的夠傻，已經爲人父母、老大不小了還問這個問題！」

然後或許被敲了腦袋，或許沒有被敲；回頭來看看說：「當年入胎時，曾經帶了什麼來？我到底是以什麼來入胎的？」事實上接著就會想到：「不過就是我的意根、我的如來藏，藉著中陰身來入胎，入胎以後我中陰身消失了，剩下我的意根與如來藏；那麼其中的意根能不能生我這個身體？不可能！意根不能生我這個身體。如果意根能生這個身體的話，我現在下個決定：我要再生一個複製人，應該也可以出生的。可是明明生不出來，顯然意根不行，那就是如來藏了。」對啊！就是我的「無名相法」生了我這個身體，藉父母因緣來出生的，父母只是藉緣而已，能生的還是我這個「無名相法」。我這個「無名相法」生了自己這個五陰、十八界以後，再由五陰、十八界開始發展而衍生出一切法來。

小時候住鄉下，有個天主教的傳教士跟我老奶奶講：「**上帝創造萬物。**」我當時在旁邊，大概十歲左右，好像是小學三年級還是四年級吧，聽了很不服氣。那時我們家剛剛買一臺收音機，當時覺得好新奇；大家都覺得很新奇，因為那時臺灣才剛剛出現收音機，我就說：「**你看我們牆壁上掛的那個收音機**（因為怕小孩子翻弄而掛得很高），**是上帝創造的嗎？**」他說：「**對啊！也是上帝創造的。**」我說：「**你亂講！明明是人類創造的。**」然後我阿嬤就在我頭上這麼一敲：「**小孩子！別講話！**」可是今天問我的話，還是說：「**對啊！收音機是上帝創造的。**」上帝是誰？上帝叫作如來藏。

怎麼說呢？譬如說你要製造那個收音機，你得要去大地攝取那些原料來製造各種零件，那些原料還是共業眾生的如來藏所生的。原料拿來以後要不要運輸？要不要去製造成零件？由誰來製造呢？全都是八識心王和合製造，而如來藏就在裡面參與。那你說，假使沒有如來藏，能夠出生這些零件嗎？不可能！這些零件生產好了，運到一個工廠，工人把它組裝好了叫作收音機；那收音機，假使工人們都只有七轉識，還能製造嗎？單有他們的身體能製造嗎？也不行！結果還是要如來藏共同配合才有辦法製造出來。那你說，那個收音機是不是如來藏造的？是啊！那麼如來藏又名上帝，所以收音機也是上帝製造的。因此說，眞正的造物主就是如來藏。

好啊！既然這樣子，顯然一切法莫不從這個「無名相法」而出生，可是祂自己無生，無始以前到如今，從來沒有出生過，法爾如是，本來就在。所以你證得這個「無名相法」時，可以從所證上面一一去作深入觀察，最後你會發覺：「這個無生之法無不生。」因爲一切法莫不從這個無生法直接、間接、輾轉出生的，所以禪宗也有人講過「實相無不相」，有沒有聽過？因爲實相雖然無相，可是實相卻能生一切法相，因此實相無不相，所以「無生、無不生」。菩薩這樣實證以後能夠安忍，就叫作「無生忍」。

證得這個無生忍以後，轉依成功而不退轉，然後可以再繼續詳細觀察，智慧當然越來越深妙，接著就是「於畢竟盡相無所領受」。這是爲什麼呢？因爲已經轉依於這個「無名相法」，不再以五蘊自我爲中心了，那麼你這個五蘊自我不斷地領受一切諸法時，不以五蘊爲眞實我，而以背後的這個「無名相法」如來藏作爲眞實我；而你背後這個眞如「無名相法」於一切諸法都不領受，所以當你能夠觀察無餘涅槃是一切滅盡時，你觀察到這個盡相就是涅槃，然而你自己這個「無名相法」依舊不領受一切相——不領受一切法的盡相，所以說「於畢竟盡相無所領受」。雖然你這個「無名相法」——你這個涅槃，對於「畢竟盡相」都「無所領受」，「然亦不壞畢竟無生」：卻不會去牴觸到、毀壞到一切諸法的畢竟無生；因爲一切諸法就是如來藏，一切諸法就是涅槃，一切法與涅槃等。所以 世尊作了個結論說：「文殊師利！菩薩如果是這樣來行道的話，就叫作菩薩的勝行。」你看這個「無盡、無不盡」有這麼多道理。

接著再來看一段經文，《大集大虛空藏菩薩所問經》卷四：「世尊常演說，四種法無盡：有情及虛空，菩提心、佛法。如諸世間物，可說有窮盡，無物無所盡，是故說無盡。究竟滅盡法，盡法無所盡；無盡無不盡，是故說無盡。若人聞此法，名菩薩覺悟，則知如是人，速住菩提道。」

你看這個「無盡、無不盡」重不重要？太重要了！想要很快進入菩薩道中安住的話，你得要懂得「無盡、無不盡」。這段經文是說：「世尊常常爲大眾演說，有四種法是永遠無盡的，這四種法就是有情、虛空，菩提心、佛法。」

有情永遠無盡，不要以爲有情會滅盡；天魔就是想不通，所以看見 世尊講《不退轉法輪經》，心裡面非常驚恐，害怕眾生會被 世尊全部度盡，率領軍將來迫害 世尊，沒想到射出去的箭反而都變成香花來供養 世尊，他覺得太驚恐了，所以身體不能動彈，就變得好像一個幾百歲的老人一樣，背也彎了，策著拄杖才能走路，來到 世尊面前：「世尊啊！您不要把眾生都給度盡了，留一些人來扶持我，讓我可以行路，你看我如今連走路都走不好。」他就是想不通這一點。世尊告訴他說：「眾生無盡，就算我每一天都度一個恆河沙數的眾生入涅槃也不會度盡，你別擔心！」他說：「我雖然不用擔心，可是眼前連一個幫我扶著身體不跌倒的人都沒有。」因爲他手下全都不能動彈了，世尊爲滿他的願，所以就告訴他：「好！我答應你，我不度眾生入涅槃，我也不度眾生出家，也不度眾生出三界，我也不度眾生修菩薩道，全部都沒有。」他不懂 世尊所說的實相境界，心中很高興，馬上回復強健的色身而禮拜 世尊：「世尊眞是大悲的佛陀！」他就歡喜回去了。

世尊有沒有騙他？沒有？可是 世尊明明繼續在度眾生啊！爲什麼你說沒有騙他？是因爲度了一切眾生以後，眾生其實並沒有得度。眾生得度了以後，五陰依舊繼續在人間，而眾生即使得度成爲聲聞阿羅漢以後，入了無餘涅槃之中，這時阿羅漢有沒有得度？也沒有得度啊！因爲阿羅漢五蘊都消滅了，哪有阿羅漢得度，能度到哪裡去？並沒有啊！阿羅漢只是五蘊自我全部消失而已，並沒有阿羅漢得度啊！也許有人心中生疑，那不然來問菩薩們，菩薩得度以後還有五蘊住在人間，對不對？這時可以來問菩薩：「菩薩！你有沒有得度？」菩薩說：「我沒有得度。」明明已經可以出三界了，只是他不出三界而繼續利樂有情。

菩薩繼續說：「我是得度了，可是我並沒有得度。」爲什麼呢？因爲得度的是五陰，是捨壽後滅掉五陰而不再受生，就沒有五陰度到無生死的彼岸去，只剩下如來藏「無名相法」獨存；但如來藏本來就不生不死，又何須得度？所以如來藏沒有得度，五陰也沒有得度，而五陰是假的，如來藏是眞的。如來藏本無生死也就沒有得度，所以菩薩就說：「我沒有得度，所以佛沒有度我。」天魔波旬如果去質疑的話，不然就找菩薩來作證：「你看！你都度了這麼多菩薩。」結果沒想到一大群菩薩都會這樣說：「我們都沒有得度。」天魔波旬也無可奈何。這意思就是說，有情不管有沒有得度，其實都是「無盡」的，因爲即使得度成爲菩薩摩訶薩，也還是有情，還是繼續生在人間，哪有得度？難道菩薩不是有情嗎？翻譯成中文就叫作覺悟的有情。

菩薩是有情，所以你悟了以後若變成無情，那就說你這個人不是菩薩。菩薩怎麼可以無情，對不對？那麼　佛陀是有情還是無情？非有情非無情。因爲　佛陀的本際就是如來藏，如來藏全無喜怒哀樂等情緒，怎麼能叫有情呢？佛陀斷盡了一切習氣種子，再也不能說祂是有情；若是說祂無情卻有情，說祂有情卻無情；因爲祂不掛念眷屬，全無眷屬欲，可是又時時掛念著眾生，想要利樂一切有情。那諸佛到底是有情還是無情？眞不可說、眞不可說！因此說有情是無盡的，因爲即使成佛了也不是完全無情，否則　釋迦如來入滅前已經預見天魔波旬會派徒子徒孫入到佛教中來毀壞佛法，祂爲什麼爲末法時的眾生掉下兩行清淚？可見不是無情。就是會可憐末法時的眾生被魔子魔孫誤導，所以顯然不是無情，那你就不可以說有情有盡。

有情是無盡的，不管是從體性來說或者從數量來講，都是無盡的。光是一個地球，細菌就有多少？且不說地球，單說一個人身上的細菌就好了，有多少？醫學家也算不清楚，何況十方法界的有情，所以有情無盡。因此不必擔心說：「我未來行菩薩道還要將近三大阿僧祇劫，哪有那麼多有情給我度？」不用擔心，有情太多了。有情無盡，虛空也無盡。虛空有沒有範圍？沒範圍！因為虛空是無，所以就無盡。虛空如果有範圍，到了那個範圍的外面會是什麼？外面是水泥牆嗎？不會，外面還是無，依舊是無。一無就抵萬有，所以虛空也是無盡。那麼菩提心呢？一樣無盡；一旦發起了菩提心，未來永遠都不會斷滅；即使有退轉，依菩提心說他退轉了，但退轉菩提心之後，未來因為生命無盡，所以未來世還是會有因緣再遇到佛法，於是又發菩提心，所以世俗菩提心也是無盡的。那麼勝義菩提心就是如來藏這個「**無名相法**」，祂也是無窮盡，因為無法可以滅祂，所以祂無窮無盡，因此說這個勝義菩提心也是無盡。

第四、講「**佛法**」。只要眾生在，佛法就在；只要有情在，佛法就在，所以佛法也「**無盡**」，世尊常常演說這四種法無盡。那麼再來看看世間物，世間所有之物，不管哪一種物品，也都可以說有窮盡，因為都是生住異滅無常之法。人們喜愛鑽石，因為它不容易壞；喜愛黃金，也是因為它不會壞失。若是鑽石，你拿鐵鎚把它搥搥看，也會壞啊！黃金不會壞嗎？也會啊！你把它熔了倒進沙地裡面去，再也不叫黃金了，你會叫它為金礦，金礦就是熔化在泥沙裡的黃金。但是你不會把鑽石搥壞，也不會把黃金再熔進沙子裡面去，因為已成之物，你一定珍惜；可是不管怎麼珍惜，終究會壞，因為地球也會有壞滅之時。當地球壞時，鑽石、黃金也全都會壞，所以說「**如諸世間物，可說有窮盡**」。

那如果是「無」，沒有任何一物，這個無，你能不能壞它？沒有辦法壞，因為無是不存在的東西，你怎麼壞它呢？所以無物就無所盡。那這個「**無物無所盡**」到底講什麼？就是說你這個涅槃境界中的「**無名相法**」自己的境界中無一物可說——無形無色也沒有任何一物存在。那你就沒有辦法壞它，不能壞它便叫作「**無盡**」。

「**究竟滅盡法，盡法無所盡；無盡無不盡，是故說無盡。**」究竟滅盡之法就是說：你轉依於這個「**無名相法**」之後，對一切法的繫縛全部斷絕了，這就是究竟滅盡之法。當你對於一切諸法全部都能滅盡，就說你證得盡法。滅什麼時候是一切諸法滅盡？大聲一點啊！對！成佛時就是一切諸法滅盡。滅盡時你就沒有什麼法可以再滅了，這時就叫作「**無所盡**」。可是這個「**無所**

盡」卻函蓋了一切可盡之法，所以說「無盡、無不盡」。由於這個「無盡、無不盡」的緣故才說這「無名相法」叫作「無盡之法」。回想一下我剛上座講的「無盡、無不盡」，是不是這個道理？正是這個道理。

那麼接著作一個結論，也就是作一個定義：「若人聞此法，名菩薩覺悟，則知如是人，速住菩提道。」如果有人聽聞了這個法，並且依於這個法而住，也就是能夠觀察現象法界、實相法界混同一起，結果卻實相與現象各皆歷然分明，毫不混亂，但是卻不一不異；你聽聞了這妙法以後能夠這樣觀察，就叫作「菩薩覺悟」。以這樣的定義來觀察所有善知識，百無一失。你去觀察所有的善知識，如果有誰能夠聞此法；這個「聞此法」是有勝解的聞，不是意識思惟而且還思惟錯誤的聞，才叫作「菩薩覺悟」。用這樣的標準來判斷一切大小善知識，不管他們山頭大或小，統統一體判斷，你就知道：這個人是不是眞的菩薩，他有沒有覺悟菩薩法。那麼你如果有這樣的智慧，得到這樣的「菩薩覺悟」，佛說：「大家都應該知道這樣的人，他很快的安住菩提道中。」所以你看「無盡、無不盡」的道理是這麼深妙，懂得這道理，你能夠爲人解說，才可以說是善知識。如果不懂也不能爲人如法解說，不能夠說是眞的善知識。

這五個字講完了，接著來說「無行、無行相」。我本來想：能不能引用一些經文來說明，讓大家更瞭解；結果查不到任何其他的經文有這五字，就只有《佛藏經》中有這五個字，但是我們仍然得要講。行總有三種，叫作身行、口行、意行，諸位琅琅上口。問題來了，這身行、口行、意行都是五陰、十八界的事情，如果沒有色陰，請問你能不能有身行？作不到。就好像一個人要打人家巴掌，他一定得有手，沒有手就打不了巴掌；沒有身體而說有身行，天下沒這回事。剛剛講了這個，一定有人心裡面打個問號：「不可能吧？你看那鬼屋裡面有些東西明明沒有身行，他就這樣被丟來丟去。」是誰丟來丟去？鬼嘛！所以說見鬼。好了，請問鬼有沒有身？有的，鬼有身，有陰陽眼的人就會看得見鬼身，就說：「鬼在那裡！鬼在那裡！」爲什麼他看得見？因爲鬼有身啊！所以凡是身行都要有身，那身行是要經由色陰的運作才能作出來。

「無名相法」如來藏有沒有色身？沒有色身，那麼祂哪來的身行？沒有身行就叫作無行。問題又來了，有人說：「我參禪參了很久，後來我看到公案就悟了：你看！如何是佛？那徒弟進前三步。我知道了！進前三步，這個就是佛啦！」沒想到禪師一棒就把他打出去了，爲什麼？因爲那是身行。他的認知落在身行中，離不開身行，所以禪師就打了。明天又上來：「如何是佛？」他不進前，這回退後三步而立，禪師說：「今天打不得你，且記著。」以後還是要打他。後天又上來站得遠遠的：「如何是佛？」不進前也不退後，站在那邊杵著不動，禪師就罵：「你這個瞎眼阿師，給我下田去！」只好乖乖下田去。

所以，懂的人看門道，不懂的人只能看熱鬧：「唉呀！昨天進前三步挨打，今天退後三步沒被打到。」（大眾笑⋯）他就看這個熱鬧。所以一般人都落在身行上面，根本不懂得那裡面的機關，所以落到身行裡面，自以爲悟，產生了大妄語業，死後眞的不好玩。如來藏又沒有色身，哪來的身行？那沒有身行總有口行吧？問題是如來藏無背無面，連面都沒有，哪來的口？因爲祂是「無名相法」。如果祂有口，顯然就有名相：那個叫作口。如來藏從來不講話的，怎麼可以說如來藏有口行？可是問題來了，有人上來問：「如何是佛？」雲居禪師說：「六六三十六。」那不又是口行了嗎？可是雲居是在講六六三十六嗎？不是啦！

也就是說一般人不懂，都落在行陰裡面，不然就落到色陰裡面；更可憐的是落在識陰裡面，然後一天到晚在識陰的意識層面說：「我這個離念靈知就是如來藏。」不信的話，咱們看看：有人去見雲門，雲門都隨便跟你答，在戶外看見綠瓦時，「如何是佛？」「綠瓦。」看見狗拉的大便乾掉了，人家問：「如何是佛？」「乾屎橛。」如果看見綁驢子、綁馬的木樁，就告訴你：「露柱。」反正他就隨便跟你答。「啊！我知道了，胡言亂語就是禪！」（大眾笑…）那不又是口行了嗎？對不對？可是明明告訴你「無行」啊！接下來再說，有沒有心行？心行，就要記下，等下回再來分解吧。

《佛藏經》上週最後講「無行、無行相」，那麼上週我們這個「無行」先解釋了「行」中的身行、口行。但是口行還有另外一個解釋就叫作「覺觀」。《阿含經》裡面講過「覺觀名爲口行」，（編案：《雜阿含經》卷二十一：「覺觀已，發口語，是覺觀名爲口行。」）爲什麼說覺觀會是口行？覺觀只是對六塵境界主動覺察以及被動的了知，這應該屬於心行吧，怎麼會變成口行？其實這不難理解：因爲眾生之所以會有言語，正因爲有覺觀。覺觀是言語的源頭，所以

《阿含經》中才說覺觀就是口行。

《阿含經》這樣的講法，對口行的函蓋面就具足了。一般的說法不太具足，我們都說用嘴來表示意思，說爲言語；講話時就說那是口行，可是這樣的口行只函蓋了人類，而且不完整。譬如幼稚的小兒一歲多，甚至於都還沒有一歲，他沒有言語，因爲他還不會講話；但你不能說他沒有口行，特別是孩子大了結婚成家，爲你們生了孫子，那麼孫子是你的媳婦兒子在帶，或者你的女兒女婿在帶；有一天帶回來看爺爺奶奶，那兒子媳婦會教導孫子說：「叫爺爺、叫奶奶。」他會不會叫？他還不會叫，可是他嘴巴也是咿咿嗚嗚發出聲音的，那到底孫子有沒有口行？有。有時候他剛開始學講話，你根本聽不懂他在講什麼，可是你兒子媳婦聽得懂，知道他的意思，這表示他有口行。所以不一定有言語才叫口行。

又譬如動物，動物也有牠們的口行，只差不是人類的語言而已，所以你如果跟一群野狗作鄰居作久了，你就知道牠們在幹什麼；因爲有時候，譬如說你有一對烏秋當鄰居，你每天聽牠們在叫，去觀察原來這個叫聲是什麼意思、那個聲音是什麼意思，你漸漸會分清楚。牠們那個聲音並不是人類的言語，但是牠們可以表示出來某種意思。就像狗如果覺得危險會有一種短促的聲音，聲音比較小比較急；但是遇到惡人來，牠叫起來那個聲音是連續的、不斷的很大聲；如果你聽到牠的聲音是咿咿嗚嗚、咿咿嗚嗚，就知道牠的主人回來了；牠們有很多種聲音的意涵各不相同，那聲音也有十幾種。即使是狗，也有十幾種語言，那狗群聽了就知道現在是什麼緣故；甚至於蛇爬過來，牠們也有另外一種叫聲，其他的狗聽了就知道有蛇，大家就離開；顯然牠們也有十幾種語言，所以不能說牠們沒有語言。那既然能以不同的叫聲顯示出不同的意思，那就是「口行」。

但有時候一群野狗用身體的動作來顯示牠們的意思，你不能夠說那不是口行，因爲牠們是在告訴你某一個意義。就好像啞巴用手語，那也是口行，所以口行的界定範圍不能太狹窄。因此，如果我們界定說，人類說話才叫作口行，那麼對口行範圍的界定就不夠寬廣，而且有許多的遺漏。如果像《阿含經》說的「覺觀就是口行」，這個函蓋面就具足了；從地獄道一直到色界天全部函蓋，就全部具足了。那麼這一些口行不論是畜生用身體來表示意思，或者啞巴用手的動作來表示意思，乃至用叫聲表示意思，雖然不是說話，全都屬於口行。而這個口行之所以產生的原因正是因爲「覺觀」，「覺」是比較粗糙的了知，而且是主動性的尋找而加以了知；「觀」是比較細微的了知，但屬於被動性的了知。由於覺觀的緣故口行就會出現，所以這個口行應該包括覺觀在裡頭，《阿含經》這個說法是最正確的。

身行、口行之外還有心行，也就是「意行」。意的行，也是很多大法師們都迷糊的一個項目，在他們的想法中往往都說：「**當我們心中用語言文字在思惟很多事情時叫作意行。**」這是正覺同修會弘法以前以及初期，大法師們常常講的一個定義。但其實不對，因爲那個範圍太狹窄。太狹窄的緣故，就漏掉很多的意行，也就是心行；是把大部分的心行給漏掉以後，誤以爲那時已經沒有心行，誤以爲那就是無餘涅槃，說那樣的境界就是解脫的境界。其實不然，依舊是在識陰的範圍裡面。也就是說，心行其實有許多的不同，一般人所知的心行就是心中打妄想，打妄想而有語言文字時叫作心行；其實不打妄想時了了而知也是心行，因爲已經了知的緣故。由於有覺有觀所以能了知，有所了知就是心行。

譬如有人說眞如佛性的境界是什麼呢？就是清清楚楚、明明白白、處處作主。處處作主已經等而下之了，我們就不管它，單說清清楚楚、明明白白好了。心中清清楚楚、明明白白時，是不是已經了知了？是啊！諸位都知道那是了知，如果沒有完成了知，怎麼可能清楚明白？所以清楚明白的本身就是了知已經完成。既然是了知已經完成，請問他的了知有沒有完成一個過程？對喔！一定有完成一個過程。既然有那個過程完成了，表示那個心是有一個行爲完成，所以叫作「心行」。即使他心中了無一言一語，乃至了無一音，一個聲音都沒有，也已經了別完成了。那麼了別完成了就是心行，表示他的心有運行，運行的過程已經完成了便是心行。

這道理就是說，假使有人宣稱說：「我離念了了而不分別。」那他是不是胡言亂語？是啊！你就戳著他的鼻頭說：「你這個人胡言亂語！」他一定要問你：「你爲什麼說我胡言亂語？」如果你沒時間或者覺得他的機緣還沒有到、根基還太淺，不想跟他講，你就告訴他：「三十年後自然有個多嘴阿師會告訴你！」你如果想要爲他說明，那你就告訴他心行的這個道理：「當你清楚明白時就是了別完成，如果沒有了別完成，你不可能清楚明白。既然已經了別完成，就有個了別的過程，那就是心行，不因爲沒有語言文字而可以說爲無心行。」大家這樣來看，身行的境界是在人間，不然就是在這個欲界天、色界天，等而下之就是三惡道中有身行，所以身行在下二界之中存在：色界跟欲界。

那口行呢？口行就包括覺觀在內。可是「覺觀」的定義，有禪定方面的定義，也有了義法上的定義。如果以禪定的定義來講，就是離開五塵的覺觀稱爲無覺無觀，就是第二禪等至位，稱爲無覺無觀三昧，不再領受五塵的境界。可是如果從了義法方面來講，只要有覺知心在就有覺觀，有覺觀就是有口行，依這樣來看無色界天，也依了義法來講，他還是有覺觀；因爲他的覺知心剩下了意識而沒有前五識，可是仍然有細意識繼續住在四空定之中，在了別四空定；其中只有一個入而不住的非想非非想定不對自己作了別，其他三個定都有了別。那這樣表示無色界仍然有心行，口行也存在；因爲只要有心行，他有那個覺觀在，就會有口行。無色界有這個口行，那色界呢？他們需要來往溝通，當然也有口行。那欲界天跟人間、三惡道，就有更多口行了，最具足的是人間。那麼心行，心行是遍三界六道的，遍四生二十五有的，所以心行遍一切三界。

可是「無名相法」、「無分別法」沒有這一些行，身行、口行、心行都不存在。因爲心行、口行以及身行，在如來藏自己的境界中完全不存在，所以祂離一切行。因此，如果有人來見禪師：「如何是佛？」禪師說：「近前來。」這個人眞的走近前來，禪師一棒就把他打出去。走這麼近不打，要等什麼時候！（大眾笑…）一棒打出去了。明天又來：「如何是佛？」照樣近前來，禪師又打。第三天再上來還問、依舊告訴他：「近前來。」這回他提防著：「師父！你可別再打我。」禪師說：「我今天不打你，近前來。」徒弟近前來，禪師拉著他的耳朵跟他講：「不可以告訴別人喔。」爲什麼？因爲他落在身行中。好，有一天又上來問：「師父！如何是佛？」師父說：「打你也打夠多了，今天不打，跟你扯葛藤吧！你再問。」他就問：「如何是佛？」「好一個雲門說綠瓦。」良久之後徒弟不會，「參著去！」明天上來，都用雲門的東西去答他：「好一個雲門，又講乾屎橛。」就這樣一個一個一直講過去，雲門的講完了，就換別的禪師：「好一個雲居六六三十六。」

就這樣子，有一天他想：「我知道，原來是這樣喔！」禪師要問了：「你怎麼會？」他就說：「一切都不執著。不管講什麼，反正都放下，所以隨便說什麼都好。」禪師這一下子，一棒又打出去了！因爲他落在口行裡面。他把什麼都放下，反正隨便應付一下說這樣叫作禪，當然這樣就要打。你們可別說這是個笑話：「您蕭老師還眞會杜撰。」我說：「不！不杜撰。」咱們的鄰居大禪師一生不就這樣講禪的？「胡說八道一頓就可以交差了」，他的書中就是這樣講的，對不對？

那有時弟子們說：「這樣也不對，那樣也不對，不問師父，我自己來吧！」每天打坐，像一根枯木一樣杵在那邊，一上座待一個時辰、兩個時辰才下座。師父有一天說：「欸！這個徒弟這麼多天沒上來參問，到底搞什麼鬼呢？」去看看，啊？原來搞這一隻鬼，於是拄杖往徒弟禪床頭敲了幾下說：「人家一天到晚在打坐，出坡時打坐，擇菜時打坐，沒想到這個人坐在這裡睡覺！」罵開了！後來這徒弟說：「我才不信邪，我自己打坐。」結果他就一直坐，坐到後來他認爲：「離念無念就是證悟，因爲經中也說『無覺無觀是名心性』，我靜坐時都不再了別外境了，憑什麼我這樣不算開悟？」去找師父印證，沒想到話都還沒說完，師父已經將他打出去了，爲什麼？他落在心行裡面。

這種事情古來太多了，你如果眞要去找的話，禪門公案裡面到處都找得到，大概就不離這三類：身行、口行、意行。所以某甲徒弟上來被打出去，某乙上來也被打出去，某丙一樣上來，師父卻跟他印證。奇怪呢？問題在哪裡？因爲這某丙上來是以大人相相見；某甲、某乙上來是用五陰相見，不離五陰境界，也就是不離三行。所以表面上看來是一樣，其實內涵不同。不能夠單看人家表面就抗議說：「欸！他那樣是，我這樣應該也是，師父您爲什麼不可我？」師父繼續不可他，因爲表面一樣，骨子裡不相同。所以這個「無名相法」本身的境界是沒有任何行的，身行、口行、意行都不存在。可是話說回來，身行、口行、意行卻全部都在祂裡面，而祂自己本身沒有行的境界，所以說「無行」。

既然沒有行，就沒有行的法相。凡是有行，全都是三界中法，三界中法有五陰四陰，才會有行的法相。所以徒弟上來，他自認爲開悟，因爲祖師的公案都是這麼寫的，所以進得方丈室，他往東邊站，師父問他：「作麼生？」他又走到西邊站，師父又問他：「你怎麼回事？」他就出去了，這便是休去。明天換師父找他來：「你倒告訴我，你這一招哪裡學得來？」他要是懂，就拿大人相與師父相見也就罷了，他卻說：「祖師向來就這樣啊！」一句話還沒完，棍子又打上身了；原來是從公案裡面學來的，表示他又落在三行裡面了！他不離身行、口行、意行，當然得打，不打就耽誤他一生了！

可是正當他進得方丈室東面而立，然後又去西面而立，最後休去，這當中「**無名相法**」本身無一切行，沒有絲毫的行可得。沒有行就沒有行的法相。身行的法相是如此，那麼口行有法相，而這個「**無名相法**」一樣沒有法相，所以人家上來問：「**如何是法？**」雲居禪師說：「**六六三十六。**」「**如何是法？**」雲門說：「**東山水上行。**」「**如何是法？**」這蕭平實說：「**七七四十九。**」「**如何是法？**」明天又來問，我換個答覆：「**果皮三兩片。**」好生奇怪啊！你這些明明都是口行呀！作麼生說個無行相？

問題就在這裡，所以有一篇文章敘述花木蘭，不是講什麼雄兔雌兔嗎？「**雄兔腳撲朔，雌兔眼迷離**」，對不對？就像這樣子。所以慧眼未開時眞的無可奈何，正是撲朔迷離，只好看祖師在那邊搞鬼。那你如果照子夠亮，一眼看見那一隻鬼、一把抓過來，天下太平。參禪就是抓鬼，每一個人身上都有一隻鬼；這隻鬼長壽到無以復加，根本就是無量壽。因爲禪師就這樣把玩著祂，所以我說他們搞鬼。這樣說如來藏有點不敬，應該叫「自性彌陀」，叫作「自心如來」。那麼這一些人各有門風，德山入門便棒，臨濟入門便喝；臨濟義玄接人，徒弟前腳才剛剛進來，後腳都還沒有進來，他就大喝：「**出去！**」每天就是這樣喝。

我說，跟了這樣的師父可也眞慘，何年得入？想要入室都難啊！就有老趙州和雲門都很不錯，他們溫文儒雅；雲門雖然有時候講話比較鄙俗，可是不罵人、不打人，是不是幸福多了？是啊！是幸福多了！可是也更難悟，因爲他們每天就是跟你耍嘴皮，所以：「**如何是佛？**」他剛好正在看他那株花藥長得好不好？就隨口告訴你：「**花藥欄。**」圍著芍藥的欄杆。看見什麼隨便跟你答個什麼，總是有爲你之處。可是內行看門道，外行看熱鬧，看熱鬧的人看來看去就是看到禪師耍嘴皮，眞的無可奈何伊。而這些看來都是口行，都不離口行，可是禪師就是這麼搞鬼。

其實身行中，這如來也在，口行中如來也在；可是心行，心行中如來也在啊！最有名的公案就是 釋迦如來跟那個外道的公案了。那外道來到 佛前問佛：「**不問有言，不問無言。**」「**我不問那個有言說的，也不問那個無言說的，請世尊開示。**」沒想到 世尊踞坐默然，動也不動，講也不講，什麼都沒有作。如果這樣接引人可眞輕鬆，只是良久。那個良久，以我們現在來講，如果要說是三分鐘、五分鐘，我想是太短一些，有可能是半個鐘頭。這個良久完了，外道突然間會了，好高興！他先讚歎說：「世尊大慈大悲開我迷雲。」好高興！禮佛三拜，歡喜而去。

一般人看見這個公案會怎麼說？一定會像那個公案，那個瑞巖師彥禪師，他認爲就是離念靈知。他爲了修離念靈知很拼命的，每天坐在磐石上不許打瞌睡，心中呼喚著：「師彥！惺惺著！」然後又自己答覆：「諾！」吩咐自己：「久後莫受人瞞。」惺惺著就是要清醒著，不可以打瞌睡，然後自己答應：「好的。」就這樣每天坐在磐石上，爲了保持離念靈知而沒有昏沉；萬一昏沉了，那就喚醒自己，他就這樣打坐。可是後來就被檢點，有人檢點他算是不錯了；就是因爲被檢點以後，然後揚棄了以前的所知，後來才能在宗門下悟入。

那麼這是落在心行裡面，坐在那邊一動也不動，很清醒著，但這只是心行而已；心行是三界境界，怎麼可能是實相法界？可是那個外道厲害，來到佛前，佛陀只是踞坐默然，良久之後他會了，不是落在心行裡面，他就會了。

這裡面到底有什麼奇特？佛陀也沒有一言一語爲他，他竟然會了。阿難尊者那時正好在旁邊當侍者，看著也是弄不清楚，就問 世尊：「這外道來了，世尊也沒有爲他開示一言一語，他到底會了什麼？就這樣讚歎、禮佛而去。」世尊告訴他：「如世良馬，見鞭影而行。」就好像世間最好的馬，看見皮鞭的影子一晃，牠就開步走了。一般的馬得要皮鞭打上屁股才會走，若是更笨的馬，得要皮鞋撞一撞牠的肚子；最笨的馬，例如美國西部片穿著馬靴後面還加馬刺，用刺去刺牠才要走，那已經可以送去屠宰場了。你看 世尊也沒有告訴阿難什麼，只告訴他兩句話：「如世良馬，見鞭影而行。」到底 佛陀葫蘆裡賣什麼藥？所以無門慧開常常說 佛陀掛羊頭賣狗肉。掛著的是羊頭，應該就是賣羊肉吧！然而賣給你的卻是狗肉；因爲你看起來祂就是身行、口行、意行，可是祂給你的卻不是身口意行，祂給你的是這個「無名相法」，那你得要有慧眼才行！

所以在三界中，身、口、意三行是普遍存在之法，可是身、口、意行不能離開「無名相法」而存在，一定依附於「無名相法」而存在。那你想要找到這個「無名相法」，你得要從身、口、意行去下手，因爲「無名相法」如來藏與這三行同時同處。不可以像以前有一些迷糊蛋說：「證涅槃就是出三界去證。」我告訴你，出三界就沒有涅槃可證了！你得要五蘊這個我具足存在，才能去證祂，否則，沒有一個我存在時有誰能證？這也就是說，你想要證得實相般若，要證得諸佛寶藏，雖然祂「無行」也「無行相」，可是畢竟一切行都與祂同在一起，當然不應該往外面去找。

以前達賴喇嘛有一本書，陳履安的眾生出版社幫他印的，說要往虛空去找，原來他是個虛空外道。打一個比方，譬如你想要找水，到海邊去，絕對沒有先看到水，一定是先看到浪，那水就在浪裡頭，是跟浪在一起的。你要設法分清楚：這是浪，這是水。分清楚了，你就知道原來浪是水的一部分，水才是體，浪只是水的表相。身、口、意行都只是個表相，骨子裡還是「無名相法」，可是「無名相法」本身沒有身行、口行、意行。

所以，自從我們弘法以來，會外常常有人寫信來，甚至於近年也有寄e-mail來都有，總是落到身行、口行、意行裡面，卻要我為他印證開悟，那我要怎麼印證他？我不想害人，他逼著要我害他，你說麻煩不麻煩？因為我若幫他印證，這是害他下地獄，使他變成大妄語，而他也會到處去張揚！我不幫他印證是保護他，他卻上網去罵我，只因我不為他印證開悟。那我怎麼辦？無可奈何！只有留著，看看未來有什麼因緣，使他遇到個多嘴阿師為他拆拆那個理，讓他瞭解那是大妄語。所以行與行相都是身、口、意的事情，不外於五陰，這個五陰就跟「無名相法」同在一起，而「無名相法」的本身無口行、無意行、更無身行，這就是「無行、無行相」的道理。

接著講「無道、無道果」。道，有人說可道，有人說不可道；其實都有道理，也都沒道理。道就是方法，就是一條路；如何能夠達到你所要的目標，那個方法也叫作道。佛法這個道，我們說有菩提道、聲聞道、緣覺道。但是外道也有很多道，惡道就不必說了，善道之中總而言之叫作人道與天道。如果為非作歹甚至於利用宗教騙人自殺奉獻錢財：「反正你要去天國了，去了那裡留著人間的財產也沒用，就交給我。」例如飛碟協會、上帝飛碟會……等，一大堆都是這樣。一神教常常有旁支的機構就是這樣搞。甚至於有一次震驚社會，就是他們約定好：「我們在同一個約定的時間自殺，等候上帝來接我們。」吃毒藥自殺或吃安眠藥自殺，認為自殺以後上帝就來接他們。既然大家都信受了，反正人都要走了，留下這些財產幹嘛？就留給那位大師來運用，可以讓上帝接收更多人。這種說法也冠冕堂皇，可是雖然很不合理、很沒有邏輯的說法，竟然也會有人信。

那些相信者都笨嗎？不笨，裡面有博士、有教授，你說他們笨嗎？笨的話，哪能拿到博士學位，哪能去大學當教授？但就是有人信啊！所以，什麼樣奇奇怪怪的事情，什麼樣荒唐的說法都會有人信。主謀者就藉這種方法傳揚他所謂的道，那個道既不是佛菩提道也不是緣覺、聲聞道，不是人道也不是天道，那叫作三惡道；因為將來死後只有下三惡道一途，沒有別的路。那一些糊塗蛋自殺死了，到了中陰身時，一定一天到晚罵：「你騙我！你騙我！你騙我！」但是罵有什麼用？他又聽不見。那騙子聽不見罵聲，還洋洋得意繼續騙。而那個也是道，道只許他一個人知道，不能告訴人，這叫作騙子之道。

所以道有很多種，但是有的道可以說，有的道根本不該說，因為說出來只是把人教壞而已。可是比那一種三惡道更壞的道叫作密宗假藏傳佛教道，密宗假藏傳佛教道是天底下最壞的，而且一騙千年，這是個千年大騙局！從天竺騙到西藏，早先還騙到唐朝、騙到日本去，然後騙到西藏，現在又騙到全世界去了；但那個不叫三惡道，而要叫作地獄道。所以這些道，唉！你說到底什麼樣的道才是我們佛法中的道？這要分清楚，不能把那些外道、三惡道、地獄道當作是佛道。等而上之，把緣覺道、聲聞道當作佛道那也不行；甚至把次法五停心觀當作佛道正修，也一樣不行。那麼，即使是眞正的道，譬如說行於人道就是得受持五戒，不爲非作歹，這叫人間道。如果持五戒之外，再加上修十善業道也叫作道，這叫作天道；如果再加上修學禪定得初禪乃至以上，那也叫天道，死後生色界天；乃至四空定是無色界，也算是天道。

但這些都是三界中法，如果有的人因緣好，遇到聲聞道，證初果、二果、三果等，也是道。如果遇到了正確的因緣法，告訴你依十因緣法去修十二因緣得成就因緣觀，這叫作因緣道。甚至於佛菩提道，像諸位之所證，這佛菩提道，也叫作道。可是這個道有一個特性，同樣都是意識之所知。修人道有人道的方法，一定要去瞭解五戒、十善的道理是什麼？然後持五戒之道，先要瞭解人倫之道；對父母尊長應該如何、對師長應該如何、對子女應該如何；對眷屬，譬如古時候有長工，長工也是家人，雖然沒有親屬關係，但他們是家人；以終生共同生活爲目標，那就算是家人，民法也承認這一點。那麼這是他必須先瞭解的，然後要守持五戒，這就是生而為人保住人身的道、保住人身的方法。至於天道等乃至聲聞道、緣覺道、佛菩提道，這一些全部都是方法；你要達到目標的方法，便叫作「道」。

然而道的了知，以及把道付諸於實行，全都是五蘊的事。主要是意識，可是意識不能外於色、受、想、行，所以，總而言之，道就是五蘊之所有，在「無名相法」自己的境界中沒有這一些道可說，當然是「無道」。所以你如果證得聲聞初果了，斷三縛結時：「唉呀！好不容易，待到正覺五年才混到一個初果。」真的可喜可賀！可是問題來了：「我證得初果了，那我的『無名相法』、我的如來藏有沒有證初果？」你證初果時，你一定知道證初果是由於斷三縛結；三縛結應該要怎麼斷，你知道這個，你心中有證初果之道，以後才能度人證初果，可是你的如來藏依舊不知這個道。也許你抗議說：「蕭老師！這個我不服。」「為什麼不服？」「因為我證初果了，但我仍不知道我的『無名相法』在哪裡啊！」嗯！說的有道理，那不然我們來問問這些證得「無名相法」的人好了，又不是只有一個人、兩個人證。

比如已經知道有哪個師兄、師姊在增上班，哪一天遇見了就說：「來！

來！我問一下，你開悟明心了，那你的如來藏有沒有明心？」你可以這樣問。那明心之道，你既然已經知道了，因爲已經走過這個過程了，明心之道你曉得了：「請問你的如來藏懂不懂明心之道？」那位師兄或師姊一定告訴你：「無道。」對你五陰來講，如何開悟明心是有方法的，就是你已經知道這些次法應該怎麼樣圓滿具足，然後懂得要怎麼樣去參禪，參禪的方向、方法都瞭解了，那你就知道參禪之道、證悟佛菩提之道；可是你證悟了以後發覺：「悟是我的事，參禪也是我的事，跟我的如來藏無關，我的如來藏才不管我參禪不參禪的事。」所以這時你會怎麼樣回答他？你會回答他說：「無道。」沒有道可說啦！因爲所謂的道是你五陰的事，不是「無名相法」的事。所以悟了以後，修行時依舊是五陰自己修行，如來藏還是不修行。每一個人自家都有一尊如來，那一尊如來都不修行；不論悟前或悟後，修行都是你家的事；所以你需要懂修行之道，你的如來不需要懂修行之道，因此對祂而言「無道」可說。

那麼回到世俗面來講，不管是哪一種道，那一些道終究是五陰所有；既然是五陰所有，而五陰是生滅無常終歸壞滅，不能去到未來世，那你從世間層面來看，到底有沒有道？也沒有。所以從事相上來說沒有道，從實際理地來講也是沒有道，眞的「無道」。所以哪一天假使有人上門來：「聽說你在正覺開悟了，我告訴你，你們正覺『無道』。」你就回說：「對啊！我們正覺眞的『無道』，你們那裡才會有道。」他一定眼睛睜得大大的：「爲什麼眞的無道？」一定睜大眼睛反而問你，因爲太訝異了！這時候你再告訴他爲什麼是「無道」，他聽完了，如果他有智慧就會說：「啊！原來你們正覺有道！」你說：「有道就是無道，無道就是有道，是名非有道非無道。」這時候可以跟他踐個文。

再從「無道果」來說，實際理地既然沒有道，那麼修道而證果顯然也跟祂無關；因爲因果就是這樣：修道的人去證果，不修道的人當然不證果；你不能期待路上一個凡夫，他完全不修道也可以證初果，不可能的啊！一定是修道的人才能證果，這個因果律是永遠打不破的。既然修道是五陰的事，那麼修道而獲得的道果，也就是證果，當然也是五陰的事！如果哪一天你開悟了說：「我現在是開悟的菩薩了。」頭上隱隱有一個光環。如果，哪一天你的如來藏跟你說：「欸！我也要開悟，你開悟了要分一點給我。」你給不給？

給不給？不好答，是不是？不給的話，就被說：「這麼吝嗇，還叫開悟聖者？」問題是你沒辦法給，你無從給起啊！因為祂不修道，你怎麼給祂道果？

可是你這麼說，人家會說：「原來開悟以後還會這麼吝嗇。」你就該為他解釋了：「因為祂不修道，所以祂不能得道果；不是我不給祂，因為因果就是這樣的，我可得要執行因果。」「喔！你變成因果執行者了。」你說：「不！我不執行因果，因果會自己執行；因為祂不修道，所以祂不得道果，所以成佛時，祂也不成佛。」因此，成佛的到底是誰？依舊要五蘊來顯現成佛，總不能叫無垢識來顯現成佛。若是無垢識示現成佛，誰看得見祂在哪裡、成的什麼佛？那又怎麼度化眾生呢？所以說，祂的境界中沒有道果可說，因為祂不修道。所以修道的是你五陰，悟後起修還是你五陰的事，不要期待說：「我找到祂以後，叫祂為我修道。」祂才不理你。祂不理你，不是故意不理你，而是因為祂根本不懂道，也從來不理會什麼是道；你會修行，祂不會修行，祂笨得不得了，你怎麼能叫祂修行？

我告訴你「祂怎麼笨」，祂已經那麼多歲了，你無法說祂有幾歲，祂是無始劫、無始劫、無始劫一直無始下去而不可盡的以前就存在了，你到底能說祂幾歲，沒辦法說，祂老到無以復加！可是你想要教祂學會一句話，根本教不會；那你要叫祂修道，祂怎麼懂？若是談到證果，祂更不會跟你爭，因爲什麼叫證果祂完全不知道。所以從祂的境界來說：沒有所謂的道可說，也沒有所謂修道所得的果實，因此「無道、無道果」。

我們再來看補充資料《佛說佛母出生三法藏般若波羅蜜多經》卷十五〈賢聖品〉：「無量是一切智。須菩提！若無量即無色，無受、想、行、識，無得無證，無道法，無道果，無智無識。」

我們藉這個機會多講一些般若，因爲往年外人常說：「這蕭平實懂的法，有密宗假藏傳佛教的、有唯識的、有禪宗的，有阿含，嘿！他怎麼懂這些？可是般若甚深極甚深，他會懂嗎？」我說：「更深的唯識增上慧學可以通達的人怎麼會不懂般若呢？」但他們就是不懂，把唯識打作一邊，般若又打作另一邊，認爲般若跟唯識是兩個不同的東西；唉呀！眞的只能嘆一口氣！無法說他們什麼。本來我想不講般若，眞的不想講。我覺得講唯識系列的經典，這法味好香好濃，講般若會覺得有點淺；沒想到他們竟說我不懂，那我本來是想要留給別人講的，人家一直客氣沒接上來講；既然人家客氣不講，那我就不客氣，自己來講，不然要拖到什麼時節才講呢？所以我才講《金剛經、實相經》；可是《金剛經、實相經》講完時，覺得有點意猶未盡；雖然說般若很淺，其實也真的不淺，因爲有很多東西是現代佛教界聞所未聞的法；諸位上過增上班以後，都會覺得般若太淺，可是對他們來講眞的太深，依舊太深！

你不說般若，人家會說你不懂；比如我們老師們在十方法界衛星上講「學佛釋疑」等，那都是基本的次法，甚至有些都還不屬於次法的知見；我相信有的老師在錄影時，心裡面會閃過一些念頭說：「唉呀！爲什麼叫我來講這麼淺的東西？」可是佛教界有很多人自視甚高，有時同修們建議他們：「現在法界衛星有我們正覺的節目，你看看吧。」沒想到他們說：「唉呀！可以在電視上播出的，那麼淺的東西有什麼好聽的？」有一天好奇，正好也閒著，打開來聽聽看：「呦！怎麼我都聽不懂？」老師們都認爲那是淺得不能再淺的法義，但佛教界那些自認爲修行很好的人，實際上聽了以後都還覺得太深。依照這樣來看，顯然般若對他們來講就是非常深了，所以我對般若的看法又回到十幾年前人家在流傳的一句話說：「般若甚深極甚深。」對他們而言，還眞的甚深極甚深！那我們就藉這個機會來多講一點般若的內容，因爲末法時代的佛教界眞的很需要這個，我們以往講那些唯識系列的東西都太深了，他們根本讀不懂，那我講了就是白講。

現在這一部《佛說佛母出生三法藏般若波羅蜜多經》說，證得賢聖果位的人，到底是怎麼回事？我們節錄了這麼一小段下來：「**無量是一切智。**」一般人聽到「無量」會怎麼想？就是非常多、非常多，數不清楚，其實不是這個道理。無量是說「**沒有量**」，沒有量的意思就是不可測量。「量」，譬如體積：一材、兩材、三材，一立方公分、一立方公寸、一立方公尺。而面積：一平方米、一百平方米等，或者幾平方公里的面積，這都是可以測量的。可以測量就有量，因爲有一個範圍、一個數目字在那邊。那如果說秤重呢？一斤、一公斤、一噸、一公噸，也是有量，因爲你可以測量。又譬如說紙張，一張、兩張、十張、一萬張，都是有量。

三界中法大約都是有量的，所以一個人、兩個人，一千位菩薩、一萬位阿羅漢，都有量。也許有人想到說：「**嗯！那如果是覺知心呢？覺知心無形無色，你總不能夠說祂是有量的吧？**」我告訴你：「**覺知心還是有量。**」爲什麼有量？因爲你這個覺知心不同於他那個覺知心；你如果見到張三時叫他李四，他甩你嗎？不理你欸！如果見到了王五，你叫他趙六，他也不理你。這表示覺知心是可以指得出來一個、兩個、三個、四個，也可以施設名字，都有量啊！

可是如來藏呢，你見到張三叫：「張三如來藏！」見到李四時你叫：「李四如來藏！」祂們會不會答腔？不會，祂不了別。那不然反過來，遇到張三時叫：「李四如來藏！」祂會不會跟你抗議？不會，不會給你白眼。你遇到李四時叫：「張三如來藏！」祂也不會跟你白眼，完全同一性。完全同一性時你可以說一個、兩個、三個嗎？不能嘛！那不然來秤重好不好？如來藏有幾斤？沒辦法秤啊！不然量量如來藏長多高？也不行，祂無形無色，小時小到像病毒那麼小，大時像色究竟天的諸佛如來，那身量我們很難想像。所以第八識到底是多大？沒有一個定準，因此說祂沒有量。「無量」講的是這個，而不是說很多而不可數。沒有量，當你瞭解了以後，這叫作一切智；爲什麼叫一切智？因爲沒有量的這個法遍一切四生、二十五有，一切有情莫不是祂。所以你這樣證時這個就叫初分的「一切智」，所以說「無量是一切智」。

然後就告訴須菩提說：「如果沒有量的話就沒有色，沒有量的話也就沒有受、想、行、識，沒有量的法才是離色，離受、想、行、識的法；祂不在色、受、想、行、識之中；沒有量的法無得也無證，有量的法才能得才能證，沒有量的法不得也不證。那麼祂的境界之中，沒有所謂修道之法，也沒有修道所得的果，在祂的境界中沒有智慧也沒有識別。」

有人說：「大乘經典不是佛陀講的，那是後人長期創造編輯出來的。」主張大乘非佛說。現在有個問題他們必須要解決，否則他們就不能夠講這一句話。他們必須要去解決一個問題就是：「如果是很多人編造，長期編造，而且是不同時代歷經了幾百年編造出來的，那麼一定有互相衝突、互相矛盾的地方。也一定會產生一個現象：《阿含經》跟《般若經》衝突矛盾，《般若經》跟唯識系列諸經衝突矛盾。」可是我們加以實證之後發覺，竟然都沒有衝突、沒有矛盾。這是什麼道理？他們得要交代啊！他們要能夠交代才能夠說大乘非佛說；交代不清楚，那他們就不能夠這樣主張。他們的主張是沒有道理的，不能夠隨便而沒有理由就提出一個主張，說這樣就算數了。你看這一部經這麼說，看看《金剛經》怎麼說？《心經》怎麼說？講堂佛龕裡面《心經》現前寫著，講的有沒有衝突？都沒有啊！如果般若部這麼多的經典是前後期幾百年陸續編造出來，一定會有衝突矛盾的地方，可是顯然都沒有！

這意思就是說，眞正的佛母就是經由實證「無名相法」而產生的智慧；由這個智慧能夠到達無生無死的彼岸，所以這個智慧叫作佛母。那麼佛母是智慧之所以出生的根源，是因爲這個無量之法、沒有量的法，才是一切諸法的實際。一切諸法的實際其實就是第八識如來藏，而這一個法的實證可以使人最後得到一切智，究竟出三界生死，可以使人最後得到佛果。但是這一個無量之法的境界中沒有色，沒有受、想、行、識，無得無證，無智無識，當然也就「無道法，無道果」。因爲修行之道或者修道而得果，那都是智與識的範圍，一定是你有智慧了，但有智慧一定是你有識陰能夠作識別，若沒有識陰作識別，你就不會有智慧。有識陰作識別時，表示你是個修道之人；所以修道時得果也是你的事。如果你修道，祂得果，你要修嗎？你一定不要，對不對？這時也許有人想說：「如果我修道，我的如來藏得果，我還是願意的。」可是我眞告訴你，那將會變成什麼情形時，你一定不願意的，因爲這個衍生下來的問題很複雜、很複雜，複雜到後來你一定絕對不願意。我只要先提出一、兩個必然會產生的現象，你就不願意了，更不要說全部都講出來。

所以因果必然如此：能修行的，懂得修行之道、修行之法，這個懂得修行之法、修行之道的人，得果時當然也是由他得。可是你的如來藏從來不修行，你的如來藏既然「無量」，沒有量就表示祂不在一切量之中，顯示祂所住的境界不在量之中。「不在量之中」是什麼意思？就是沒有境界。祂所住的是沒有境界的境界，那祂怎麼能修道？祂沒辦法修道，你不能要求祂修道。所以你悟了以後不能夠抓著如來藏說：「欸！換你來修了，我已經開悟，換你了！」因為在祂的境界中，無道法也無道果，所以得果還是你得，很公平。

那你該不該厭棄祂？不該喔？打個比方說，譬如有個小孫子，他很努力學這個、學那個，阿公在旁邊就是設法安排環境讓他自己去學，阿公都不親自拉著他的手去作什麼，而是準備好了一切讓他去作；那麼學會了以後，這個成績該歸誰？歸給孫子，不該歸阿公所有。對不對？可是如果孫子夠聰明，是不是要感激阿公？對喔！如來藏就是你的阿公（大眾笑…），所以祂安排很多的環境給你去學、給你去修，修了以後就該你得，所以證果就是你的獎品。就好像那個阿公，弄一些機關，裡面有糖果、好吃的東西在那邊等著；孫子知道某些法學完了就可以拿到這些獎品，就努力學習，而如來藏就是那個阿公。這樣子你是不是該感謝祂？是啊！雖然修還是你修，但是你還得要感謝祂，因爲得還是你得，祂又不搶你的果。

這樣看來祂好像又不笨，對不對？但祂只是在搶功德、搶名聞、搶利養等事情上很笨，可是祂在爲你所作的很多事情上面，非常伶俐，一點兒都不笨。而祂的境界裡面無色，無受、想、行、識，祂的境界裡面無得也無證，得是你得，證是你證。譬如你得初果、得阿羅漢果是你得，你證得阿羅漢果、證得出三界的果報也是你得證，所產生的智慧也是你所得，祂不證；因此在祂的境界中沒有所謂修道，也沒有所謂道應該如何修的方法，因此就沒有修道之果。因爲祂的境界裡面沒有所謂智慧，沒有所謂的識別。這樣從這一段經文的理解中，對「無道法」與「無道果」又有更多的瞭解了。

再來看《大寶積經》卷七十九〈答難品〉第七：「象手！是名常住諸法實相。是中無有憶想分別，無垢無淨、無來無去、無道無道果、無長無短、無方無圓、無形無色，是故說諸法一門，謂是定門。象手！是名見法門。入是見法門，名爲能見佛。」

這跟《金剛經》講的一不一樣？一樣啊！所以完全沒有矛盾牴觸。因此，那一些人一天到晚口裡嚷嚷「大乘非佛說」，我說他們都是糊塗人，糊塗了幾十年。如今正覺弘法也有二十來年（編案：這是二〇一四年四月八日所說），寫的書很多，講的也眞夠多，他們應該醒醒了！在《大寶積經》裡面說：「這個叫作常住諸法的實相。在這個常住諸法實相的境界之中，沒有憶想分別，」這都是在告訴你無心相心的境界，就是如來藏的境界。在祂的境界之中不會回憶或者追憶、或者去想起什麼東西來，祂不會回憶往事，也不會突然想到什麼事情來，祂絕對不會。一位大法師教禪說：「學禪有好處，譬如你在打坐時，有時會想起一些事情：十五年前，某甲向我借了五萬塊錢去，到現在還沒有還給我。」說這就是生起了智慧。這是我親耳聽到的，大法師就這麼開示，稱讚說學禪有這個好處！（大眾笑…）原來學禪的目的是這樣子，無怪乎他的四眾弟子們，如今大家都覺得很慘！因爲自從正覺弘法講出眞正佛法以後，他們心裡都很難過，你說慘不慘？慘啊！眞的是慘。

但不管你打坐時坐多久，功夫好或壞，你的諸法實相、自心如來根本不會想起什麼事情，會想起事情的永遠都是你這七轉識。不要去怪如來藏，人家本來就沒有憶想分別，爲什麼要去怪：「都是如來藏你含藏種子，所以突然給我一個妄念，我就打妄想。」祂沒有故意要給你種子，是因爲你意根心動了，所以祂就流注那種子給你，眞的不能怪人家。好，既然沒有憶想分別，就表示祂對什麼都不了別；不了別時就沒有「垢與淨」可說了，對不對？

且不說祂都不了別，當妄心意識有了別時，有時也沒有垢淨可說；譬如嬰兒剛會坐，一時突然尿了一地，他就坐在地面尿液中用手拍啊拍的；他拍得很有趣，對不對？表示他意識是有了別的，可是他此時的了別還沒學習這個部分，還不知道液體的清淨與不淨；因此，父母就一直教他：「這個髒啊！這個髒啊！」想出很多的方式讓他瞭解這個叫作髒，以後不要再玩了。當他學會以後，看到某些東西時，只要你說髒，他就會趕快離開。好了，以前尿尿時他自己用手拍打著玩，現在不同了，尿出來了就哇哇大哭了，要父母來擦乾淨，原來父母是自找麻煩。（大眾笑：）對啊！就是你們自找麻煩。那麼當時九個月的小兒意識覺知心有沒有了別？有啊！怎麼可以說沒有了別？但是有了別時都還不一定能分垢淨，等到他長大以後，總是要學習各種世間法的，不斷的學習，學懂了以後就能分辨各種事情是有垢有淨、有善有惡。這樣看來，有智慧的人，也就是說能分別垢淨的人好像比較不純眞；因爲不純眞所以不可愛，這個道理諸位要瞭解，因爲不再天眞了。

沒有垢沒有淨，是因爲祂從來不分別。只要會分別，遲早會分別垢淨，剛出生不能分別，是因爲新生的意識還沒有經過垢淨的學習過程，學習以後就會分別了。可是「無名相法」從來不分別，所以祂沒有垢淨可說。也因爲分別才有來去，你知道自己來到正覺講堂了，是因爲你知道，知道就是分別。可是如果他無法分別，對任何事物都無法分別；譬如有一個人沒有學過佛，你也沒有告訴他說今天要帶他來正覺講堂，他剛好又是個瞎子，耳朵又沒聽見，你把他帶到正覺講堂來，他知道這是正覺講堂嗎？不知道。那是誰？（有人答：如來藏。）對了！這樣瞭解了嗎？（大眾笑…）每一個人來正覺聽經都是如此，你每天帶著你的「無名相法」來到正覺講堂，你沒有辦法問祂說：「欸！我們來到正覺講堂了，你知道嗎？」祂無法了別；當祂無法了別時，祂能夠知道說「我們來了、去了」嗎？不知道，所以祂的境界中無來無去啊！

你們可別說這是我杜撰的，這其實是古禪師杜撰的；那禪師是玄沙師備。有一天他問弟子：「我問你，假使有一天有個人來，他要求開悟、要求佛法，但是這個人，眼既盲、耳既聾，而且又是啞巴，那你怎麼幫他開悟？如果你能幫他開悟，我說你是個好手；如果這個人來了你無法幫他開悟，這佛法有什麼厲害？」有道理啊！但是那個人畢竟是個五陰。若有個人眼盲耳聾又兼啞巴，如來藏正好像是這樣；但那個三種病具足的人，我們有辦法幫他開悟，可是他身中那個眼盲耳聾又兼啞巴的「人」，祂叫作「無名相法」，永遠沒有辦法幫祂開悟。

我智慧再怎麼好也沒辦法，不然請　如來幫忙好了，如來也會說「沒辦法」。因爲祂從來不了別六塵境界，不了別的緣故，祂就沒有來去可說，連憶想都不會，分別也都不會，更不懂得垢淨，也不知道來去，這樣的「無名相法」顯然不懂得修道的。不懂得修道當然就無道可說，那也就沒有修道所得的果可說了，所以說「無道、無道果」。而這一個法，沒有長、沒有短，沒有方、沒有圓，沒有形、也沒有色，這個就是「無名相法」。

由於這個緣故說「諸法一門」就把這個叫作「定門」。也就是說諸法這一門、這個定門是不可改變的，窮溯到無始劫之前，推及於無量劫之後，乃至於現在這一刹那，都是如此，不得改變，這個叫作定門。而這樣的定門就叫作「見法門」，是你親自證悟時就看見了，不是經由修行一分一分累積起來的。所以證悟時突然間就整個證得了，如來藏自心整個證得了；不是那些人想像十牛圖所畫那樣，那是胡說八道。如果有人在讚歎十牛圖，你就知道那個人是個凡夫。這樣見的法門，假使你已經進得來，「入是見法門」就是進得親見的法門中來，這個才叫作「能夠見佛的人」。《金剛經》也是這麼講的，你得要這樣見才是眞的見佛，否則見到應身如來時仍然不稱爲眞實見佛。這樣子就瞭解說「眞實如來的境界中無道、無道果」，因爲修道是你五陰的事，所以你有道而證果，修道與證果都是你五陰的事，所以你有道果可得，而祂沒有道果。

接著再來看《摩訶般若波羅蜜經》卷二十五〈實際品〉：「須菩提！過去十方諸佛道所謂性空，未來現在十方諸佛道亦性空。離性空，世間無道、無道果。要從親近諸佛聞是諸法性空，行是法不失薩婆若（一切種智）。」

這段經文是說：「過去十方諸佛所弘傳的法道，就是在說這眞實的法性是空，而未來以及現在十方諸佛所傳的法道，所說的也是這一個自性是空。

那麼，離了自性空，世間就沒有道也沒有道果可得。」這就告訴我們說：有一個法的自性是空，因為不是三界有；過去、現在、未來一切十方諸佛都是傳這個法，這個法的自性是空。這個法性是空，所以名為「空性」；離開了這個法性的空，世間就沒有道可說，也沒有道果可證了。接著又開示說：「得要隨從、親近於諸佛來聽聞諸法背後有一個性空的這個法，然後運作在這個法裡面努力修行，才能夠一直都在一切種智的範圍之中修行，不會失去一切種智。」

所以「有道、有道果」是五陰的事，但是往往有人誤會了又作別說，他會來問你：「聽說你在正覺同修會開悟了，你有沒有證初果啊？」你說：「開悟了怎麼可能不證初果？」他聽了就會告訴你：「經中明明說沒有果，為什麼你還有證果？你悟錯了。」原來他要把五陰放入「無名相法」的境界中來說為無道果，所以他接著告訴你：「我都不談什麼證果的事，沒有道果可得，這樣才是實證。」他的言外之意是告訴你說，你沒有證果，他才有證果。可是他在五陰的層次之中卻放下證果這回事，以為說這樣叫作證果了。其實他根本不懂果是什麼，更無所證。

他只是把經文中說的「無名相法」的境界套在五陰頭上用，結果只是誤會一場。這簡直就是「聚九州之鐵，鑄成天下大錯」；遇到這種人，你跟他沒得談，因爲他的知見差太多，和你沒有交集；兩人永遠是平行線，你說你的，他說他的。他說的法不對，你告訴了他，他也不聽，繼續講他的，所以你跟他沒有交集，這種人不可度。這經文中告訴我們的是說：凡是有所證的，一定是能證者，能證者是五陰，五陰才會有道，才會有道果。可是「無名相法」的境界中「無道、無道果」。

接著再來談「無離、過諸離」。「離」諸位現在當然知道這又是五陰的事，因爲前面講了這麼多，以此類推、舉一反三，當然知道：既然有離，當然是五陰的事；既然有「過諸離」，知道已經超過了種種的離，這個知道也還是五陰的事，這就已經證果了。證果以後知道超過了「諸離」，也是五陰自己的事，是五陰知道「無名相法」如來藏「無離、過諸離」。以此類推，當然就知道了。所以諸位聽到這裡就變得很有智慧，能夠舉一反三而可以如此類推了！搞不好有人聽我說完已經能舉一反十了，因爲這個離是不變的。「離」，修行之人要離的是什麼？離三界；目的是要「跳出三界外，不在五行中」。可是大法師們想的是什麼？是要把這個五陰跳到三界外，要把這個五陰離開五行境界。問題來了，這個五陰是三界中的法，三界外沒有五陰，他的五陰怎麼能夠到三界外去？

他們都不瞭解這個道理，所以我們說的現觀將來入無餘涅槃時的境界，他們不能接受，到現在依舊不接受。我們《邪見與佛法》印出來多久了？十幾年了，到現在沒有看見哪一個道場、哪一個大法師、哪一個大居士出來說「入無餘涅槃就是五陰永滅，就是如來藏獨存」。至今沒有一個人講，表示他們都不接受。所以他們現在心裡面還掙扎著說：「我還是要想辦法用這個覺知心去到三界外安住。」還有人是這麼想的，那就是想要把三界中法變成三界外法。然而，既然可以把三界中法變成三界外法，那個三界外法顯然依舊是三界中法，結果他們修行證得解脫的結果，所謂的出三界，其實還在三界中。

可是若遇到這種人時，你應該要度他。怎麼度他？你就告訴他：「你這樣的道理與境界其實是在三界中，不在三界外。我教你一個方法，可以在三界中同時就在三界外。」他一定會很好奇：「既然我這個三界法不能到三界外去，你怎麼可能在三界中就已經在三界外？」你就說：「有啊！就有這個法。」「到哪裡去學？」「到正覺嘛！」對，這就是菩薩的所證。在三界外已經是焦芽敗種了，那種人 佛陀一點都不看重，佛陀向來不認那種人是兒子，即使有三明六通大解脫也沒用。可是菩薩在三界中同時已經在三界外了，佛陀說：「這才是我眞正的兒子。」所以我這麼一想起來就說：「我還是居功厥偉，幫佛陀生了這麼多兒子。」這才是眞的佛子。

爲什麼這麼說？因爲當你實證了如來藏時，看見祂是無名相、無分別之法，這個如來藏本身就不住在三界的境界中。祂只是陪著你在三界內、在人間欲界，可是祂自己的境界是在三界外。祂不生不死，那就是涅槃，有生有死才是三界內。而祂生了你這個五陰，讓你在三界中有生有死，祂自己依舊不住於三界境界中，那你悟了以後看來看去說：「原來我這個五陰是在如來藏裡面，不在祂外面；而祂從來不曾生死於三界境界內，眞是在三界外，我只是在祂心中存在著，那我不就已經在三界外了嗎？」那對方聽了能把你推翻嗎？不能！他只好將信將疑。然後你可以告訴他：「生也在如來藏中生，死也在如來藏中死，那到底有沒有生死？沒有！因爲如來藏沒有生死，既然如此又何須離生死？」所以這樣實證了以後，你這個意識可以說：「不需要離生死了！」所以下一世乘願再來，再來就再來，該入胎就入胎，雖然三賢菩薩這時候也不免有些愁眉苦臉，可也還是接受了，對不對？你還是接受了！要不然你將來怎麼成佛？這是唯一之路，就這樣子修。

這時你就知道原來「無離」，因爲如來藏「無離」。「那我在如來藏之中生老病死時，我修行而離貪離瞋離癡，我有種種的離；可是我住在如來藏之中，如來藏無離所以我就無離。」你也可以說「無離」，不單是如來藏自身「無離」。但自己這個「無離」其實是因爲如來藏的無離，所以自己就沒有離。這樣無離的道理就很容易理解了，如果你要以意識的境界來解釋這個「無離」，那眞是很困難的事情！而且沒有辦法隨意而說，得要施設一些道理而轉過來再彎過去，那是怎麼兜都兜不攏，最後只好照本宣科：寫好了，一個字一個字唸。那樣講經很痛苦欸！諸位，不要效法那一種人，我們得要有實證以後自心流露，那時你要怎麼講都可以；從現象界講過來，從實相界講過去，再把它融合起來，如此講出來就圓融了。好，今天講到這裡。

上週《佛藏經》講「無離、過諸離」，我們講了「無離」，但是爲什麼又

「過諸離」？如果單單說「無離」，一般人大概會誤解說：大概就是沒有遠離的意思。那麼再講「過諸離」時意涵就很不同，從字面上來看，「過諸離」是說還有很多種的離要超過，所以叫作「過諸離」。很多種的離既然離了，也就沒事了，爲何還要「過諸離」？難道前面的離不是很多種，所以還得要用「過諸離」再來作一個宣示，來表達另外一層意涵？離可以有很多種，譬如人間可以說是離開了五欲，在欲界天你也可以說離五欲，在三惡道中你也可以說離三惡道的業種或者種種行，是有各種的離。乃至於離開色界的境界，或者離開無色界的境界都叫作離。但是有個問題，這一些離，從文字表相上來看，其實仍然只是意識的遠離；然而《佛藏經》「無離」這兩個字講的卻不是意識的離，而是說「無名相法」如來藏自心本來就離，無始劫以來從來不曾落在意識修行時想要離的那一些境界，所以祂本身不需要離什麼，沒有所謂的離可說。

凡是有離的都是因爲在某一種境界中而希望離開，所以才叫作離，但如來藏本身沒有任何境界需要離，沒有離可說。可是對於一般人而言，他們不能瞭解如來藏從來不在境界裡面而沒有離可說，因此還得要爲他們說「過諸離」。

在意識或者七轉識的境界中，若不是三惡道的境界，就是人間的境界，或者欲界天、色界天的境界，乃至於無色界定境中的境界，那麼有能力離開這一些三界所有境界的人，我們稱之爲阿羅漢或者稱爲諸地菩薩。但是不管怎麼說，這畢竟只是意識所離而已，畢竟不是無始以來本來就離。對意識來講，是可以離開這些境界，滅除五陰自我而出離到三界外，成爲沒有生死的境界稱爲涅槃。但這是由離而得，本來未離而在修行以後得離；可是依如來藏來說，如來藏從來沒有住在三界境界之中，所以祂不需要離，當然就沒有離之可說：「無離」。既然沒有離之可說，就表示意根或者意根再加上識陰六個識，所離的境界祂也不需要離；既然都不需要離，就表示祂是超過種種離的境界，所以叫作「過諸離」。

有離就會有「趣向」，趣向某一個境界之後再轉到另一個境界中住，這個叫作離。可是如來藏從來不在境界中，祂的境界中不是三界境界，所以稱爲「非境界、無境界」的境界。既然是這樣的境界，顯然祂不需要離，所以沒有離；既然沒有離，祂也不需要超越種種的離；因爲任何的離都是七轉識的境界，與祂無關，所以祂超過了種種的離。因此如果有人跟你說：「我修行很好，已經離開色界境界了。」當然其實他連欲界都沒有超過。那我們不管他，不追究他，就由著他說；當他宣稱：「我超過色界境界。」甚至於他誇大口說：「我超過無色界境界。」暗示說他是阿羅漢，那你就說：「啊！原來你不是菩薩！」他一定會跟你爭辯：「我是眞正的菩薩啊！我都已經超過三界。」你就說：「果然不是菩薩！」那他要問你：「欸！爲什麼我這樣子你還說不是菩薩？」你說：「原來你是個自了漢，你所證的法只能了斷自己的生死，那你就是『有離』，這個境界太差了！」你就殺一下他的威風：「你這個境界太差了！」那麼他當然要追問：「那你的境界是什麼？」你說：「我從來沒有離，因爲從來不住在境界中，不需要離，而且我超越種種的離。你還有離，但我沒有離可說。」他一定聽不懂，然後也許腦筋轉了很多圈以後，迸出一句話說：「你這是什麼境界？」你就告訴他：「菩薩境界。」那他要不服氣說：「菩薩哪來這個境界？我從來沒聽過。」你可以告訴他：「你沒聽過的太多了，回家請出《佛藏經》讀一讀。」那麼最後他問：「你那是什麼菩薩？」你就告訴他：「這個菩薩來頭可大了！祂是眞正的長老，祂的名字叫作如來藏。」他一聽就傻眼，再也下不了嘴了。

也就是說，凡是有離的其實都是五陰的境界，有五陰在人間修行所以他需要離，離惡業、離善業種的執著，離欲界……等。可是諸佛的本際從來不需要離，因爲本來就不在三界的境界中，那又何需再離什麼呢？本來就住在「無境界」之中，就沒有境界可離，所以是「過諸離」。當然他要問：「那這是什麼境界？你別騙我。這種境界是怎麼樣？快告訴我！」你就告訴他：「好好聽了。」然後你就走了。他一定懷著很大的疑問，左思右想，保證那一天晚上睡不著覺；第二天早上你都還沒起床，他已經電話在吵你了：「你昨天要告訴我的，爲什麼沒講就走了？」你當然可以告訴他：「誰說我沒講？只是你聽不懂。」也許因此你就度了這個人，菩薩僧團就多增加了一個人，聲聞法中就少一個人，這就是眾生的福氣。只要菩薩越多，眾生就越有福氣。從這樣來看，到底宣稱說他已經離什麼又離什麼，是多麼清淨的人，他是不是眞清淨？不！因爲他還有離；有離時，通常會落入六塵境界中。只有從來不在六塵境界中的，才是不需要離的。如來藏永遠沒有離可說，祂才是超過諸離的；那祂根本就不需要離什麼，這樣就是永遠的清淨，這才是「無離、過諸離」。

那麼這個「無離、過諸離」，我們也有補充資料來跟大家講一講，讓大家可以更深入地瞭解：《佛說佛母出生三法藏般若波羅蜜多經》卷十二〈顯示世間品〉：「復次，須菩提！如來因般若波羅蜜多故，如實了知無量無數眾生離染心。云何如來知眾生離染心耶？須菩提！所謂了知染心自性，即離染心中無離染心相。是故如來因般若波羅蜜多故，能知無量無數眾生如是離染心。」

你們看這「無離、過諸離」五個字，我不打草稿一直講下來，然後現在來看經文講的跟我講的有沒有衝突、有沒有牴觸，你就會知道我講的對不對。這一段說：「菩薩們之所以成佛是要有一個智慧，那麼這個智慧叫般若波羅蜜多。這個智慧般若波羅蜜多就叫作佛母。」現在這是如來與須菩提的對話：「如來是因爲智慧到彼岸的緣故，如實了知無量無數眾生的離染心。」一般人讀了這兩句話一定落入境界裡面去，會怎麼解釋呢？一定會說：「須菩提！如來因爲智慧到彼岸的緣故，所以如實了知非常多而難以計算的眾生，他們的離染之心，知道眾生的心都是清淨的。」一定會這樣解釋，然而事實上不是這樣。世尊說的是：「諸佛如來由於智慧到彼岸的緣故，所以如實了知眾生有一個沒有數量可以講的，沒有重量材積或者長短方圓可以計量，而且沒有辦法用數目來計算的離染心。」是應該這樣講。

這樣講跟一般的解釋有什麼不同？可能有人還聽不太明白這裡面的差異，我們不妨再講一下。一般所認知後面這一句經文，是說 如來了知非常多沒有辦法計算的眾生的離染心。但是世尊這句話不是這個意思，祂講的是說：去如實了知眾生所有的沒有染污的心，其實那個心不能用量來衡量的。「量」譬如說一斤、兩斤、三斤或者幾噸；或者以這個立體來算的話，說它有幾立方公尺、立方公丈或者立方公里(大概沒有人用立方公里在計算)；或者說它有多麼廣大達到多少平方公里等等，甚至於說它是一個、兩個、三個，那麼總共有過恆河沙數或者五個恆河沙數的眾生心，結果都是有量，因為有量所以可以數。如果是沒有量的，你就不能數。那麼沒有量的如來藏跟意識心到底有什麼不同而說沒有量？我剛才這樣說，言外之意也是說：意識心是有量，是可以數的。所以譬如說，意識心了知的都是有數有量的；除非你在佛菩提中證道，否則的話，即使是三明六通大阿羅漢的意識心所知還是有量，有量就有數。譬如意識心的所知，若是以人類來講，都是人間的諸法；那麼人間的諸法都是有數有量的，因此意識心就各自認知不同，各自認知不同時，意識心就可以計算了。

這樣講也許有些抽象，我們舉個例子來講好了。譬如張三的意識心，他所認知的是他的家庭、他的工作、他所居住的環境，他在社會上工作的環境，以及他的親朋好友等；那李四所認知的是另外一個不同的內涵，因此你就說這是張三的意識，這是李四的意識，這樣就可以算了，是兩個意識了。好了！有人可能還不太明白，我們再轉個彎來說個明白：假使張三的意識所有的認知，和李四意識所有的認知完全相同時，你能不能夠說他們是兩個意識？能不能說？不能說喔！因為假使張三的意識所有認知都跟李四一樣的話，也許李四剛好離家，而張三正好來了：「喔！我又回家了！」然後家裡人也認為李四就是張三，認為李四離家而張三來時也是李四回家了；家裡人會把李四當作張三，因為所知完全一樣所以講起事情來將會完全一樣，那你能夠說他們的意識心是兩個嗎？如果我們大家的所思所想所認知完全都相同，那就沒有數可以說了！我就不能夠說：「這裡兩百多個人、三百多個人的意識都在聽經。」不能講了，因爲大家都一樣的所知、一樣的勝解了。親教師們有沒有意見？對啊！你不能數了。

事實上，因爲意識都住在「有」的境界裡面，所以認知會有不同。因此我說剛才講的叫作假使，事實上不可能的。施設這個假使來說，是讓大家可以明白說：「原來意識無形無色但還是有量的，所以意識可以分別，這是我的老爸、老媽、兒子、女兒、孫子、孫女。」李四分別說：「這是我的堂上二老……。」各不相同，不相混淆。假使每一個人意識都相同時，那也許你想：「今天蕭老師講經太晚，我乾脆住隔壁家好了！」那隔壁家就不把它認知爲隔壁家，你說：「這家離講堂最近，就住這一家。」他們家人也都歡迎你，因爲意識都相同、認知都相同，所以你也不會被拒絕。這樣好不好？很好啊！世界大同啊！不好？因爲那不是你的家人。可是，如果意識，每一個人的意識完全相同時，那時你不會說不好，是現在相互不同，你才會說不好。所以如果大家意識都相同時，雖然依舊是有境界法，但也已經無量、不可數。

意識還有六塵境界作爲所依所住的境界，那如果是如來藏呢？根本沒有境界，不管誰的如來藏都一樣，全都沒有境界。所以你的如來藏無境界，我的如來藏也無境界，螞蟻的如來藏、餓鬼的如來藏、地獄有情的如來藏，乃至諸天天人的如來藏全都無境界。沒有境界時自然不認知任何的「量」，譬如在佛法中修行講三量：現量、比量、非量；我們弘法時要講聖教量，沒有實證的人講了佛法，依比量而講錯了就說他是「非量」。現在說這三量：現量、比量、聖教量，這聖教量等三量，你的「無分別法」、「無名相法」都不了知，都是你的意識在了知。

既然都是意識在了知，所以每一個人經由各自聞慧、思慧、修慧、證慧、得慧等差異，依於這三量的認知和智慧就有很大的差異；所以即使每一個人都成為大阿羅漢，都是三明六通了，或者都到八地、九地、十地了，他們的意識依舊有量。既然有量，就可以區別說：這是張三菩薩，這是李四菩薩。那麼如果菩薩們大家都成佛了，意識依舊有這三量，但「無名相法、無分別法」如來藏從來不理會這三量。即使成佛了，在意識的認知中，依舊有所不同：「我是在娑婆世界利樂眾生，我是釋迦牟尼佛。」「我在極樂世界利樂眾生，我是阿彌陀佛。」「我是在東方琉璃世界利樂有情，我是藥師佛。」你看各不相同，還有南方、北方、上方、下方、東南、東北、西南、西北等，每一尊佛的意識在世間法的現量上也各有方位……等不同的認知；雖然證量都相等，但是：我認知到我現在是在極樂世界，我是極樂世界的化主；我認知到我是在琉璃世界，我是在琉璃世界的化主。所以諸佛與諸佛之間互相都不混濫、不會混淆，因爲意識是在六塵境界法中存在的。

可是諸佛的無垢識又稱佛地眞如，或者說菩薩們的正行眞如、清淨眞如，乃至說凡夫眾生或是三賢菩薩六住以下的邪行眞如、流轉眞如（也就是講第八識如來藏），祂的境界中沒有這些認知可說。既然沒有認知可說，就沒有「量」可說，不論現量、比量、聖教量，都與祂無關，因爲不落在境界法中。不落在境界法中時，大家都一樣，你要怎麼去計算有幾個如來藏？你也無法區分張三的如來藏、李四的如來藏、王五的如來藏……等。現在可以區分是因爲各自出生而受持五陰顯現在人間了，那如果不是各自依於五陰而顯現在人間時，譬如說大家都同時入無餘涅槃，我們四個講堂坐滿一千兩百人（編案：這是二〇一四年四月十五日所說），這一千兩百人全部入無餘涅槃去，你要怎麼算？如來藏還存在，但你無法算！可是意識存在時一定可以算，所以就有數。如來藏無數，因爲祂沒有量，所謂現量、聖教量、比量祂根本就不了知，所以祂沒有量可說。那沒有量時你要怎麼數祂？所以叫作「無量無數」。那麼如實了知「無量無數眾生離染的心」是指哪個心？（有人答：如來藏。）對啊！三句不離本行，就是如來藏，這就是眾生的「離染心」。所以依文解義時，那就差得很遠了。

接著又開示說「**云何如來知眾生離染心耶？須菩提！所謂了知染心自性，即離染心中無離染心相。是故如來因般若波羅蜜多故，能知無量無數眾生如是離染心。**」換句話說，如來了知眾生的離染心，其實就是因為已經了知染心的自性。染心就是七轉識，所以我剛才就先用七轉識的這個染心講給諸位瞭解，然後來跟離染心作個對比，諸位就可以聽懂。一定是要先了知染心的自性，知道染心自性以後，當你找到離染心了，在這個離染心之中你會發覺到祂是離開染心之相的；可是雖然離開染心之相，祂卻又不落入離染的心相裡面。因為如果有離染的心相，那就是意識了，但祂沒有染污，也沒有染污心的心相，卻又沒有離染的心相，因為祂完全不了知染或離，也不了知離染或者不離染。如果純粹要從意識層面瞭解，雖然我講到這麼詳細、這麼明白，聽起來還是會很難懂；不過別灰心，難懂是正常的！因為一向都說般若甚深極甚深，可是你若觸證到了如來藏時，我這麼講，你當場就理解了，不必思惟。

所以結論是說：「就因爲這個緣故，如來由於智慧到彼岸的緣故能夠知道無量的、也是沒有數的眾生這樣的離染之心。」這就是講第八識眞如，說眞如是無量無數的。可是這些字句裡面沒有一個地方告訴你叫作第八識如來藏、阿賴耶識，全都沒有，看起來好像是在講意識心的離染；所以末法時代好多的大德們眞是虛有其表、名實不符。權且稱他們爲大德，結果他們解釋《般若經》時，已經偏差很遠了，但是講者聽者俱無所知，這就是末法時代正常的現象。

這個「無離、過諸離」，再來看《大品般若》卷四百五十五〈同性品〉：「善現當知！眞如無盡、無離、無滅、無斷，不可作證。若菩薩摩訶薩於眞如如是學，是學一切智智。」一切智智是 如來的智慧境界。善現是須菩提的另一個譯名，這是告訴善現：「你應當要知道，眞如沒有滅盡時，也沒有所謂的遠離；眞如也是無窮無盡，祂不可能斷滅，祂也沒有辦法拿出來作證。」這句話怎麼說，這是吩咐須菩提說：眞如是無窮無盡的。意識都有盡，一世就滅盡了；入了胎或者受生以後，意識就永遠不再現前；下一世出生已經是另一個全新的意識，不是這一世的意識了，所以意識有盡。

那麼意根仍然有盡，凡夫眾生和菩薩們的意根都不盡，諸佛如來的意根也都永遠不盡，因爲要繼續無窮盡輪迴生死，或是盡未來際要行十無盡願；但阿羅漢們是可以滅盡意根的，入了無餘涅槃也就滅盡了。可是眞如，永遠無盡！這裡所謂的眞如講的就是第八識如來藏。在《大品般若經》裡面很多地方以眞如來稱呼第八識如來藏；可是末法時代很多大法師、大居士們，不知道這些經中裡面說的眞如是指第八識如來藏；而且他們縱使知道是指第八識如來藏，也無法瞭解第八識爲什麼叫作眞如。所以他們對《大品般若、小品般若》乃至《金剛經、心經》全都誤會了，這是末法時期正常的現象。可是《大般若經》裡面常常講到眞如，然後說這個第八識眞如沒有窮盡。

這裡接著第二個部分說「無離」，沒有窮盡跟「無離」到底有什麼關聯？沒有窮盡是因爲祂於三界境界都無所了知，都無所了知的心就不會有生滅變異，於是祂就永遠無盡。可以永遠無盡就表示祂是對三界一切境界不了知的心，那祂就不需要離，所以「無盡」的就「無離」、「無離」的就「無盡」。

接著說「無滅、無斷」，這個眞如心從無始劫以來就一直存在，你無法去推溯出祂究竟什麼時候出生的，因爲祂本來就有；本來就有的就沒有一個開始，所以叫作「無始」。祂是無始就存在的，法爾如是。既然無始而沒有生，未來就不會有滅。有生的一定會有滅，那祂既然無生無滅，而且從一切現證者的現量觀察也是永遠找不到一個滅祂的方法，所以祂當然「無滅」。

既是「無滅」當然就永遠「無斷」，不論是誰，永遠不可能使祂中斷。一切實證者都找不出一個方法可以使祂中斷，連一刹那都不行。也許有人想：「那可能是因爲菩薩的證量還不夠，無法使祂中斷，諸佛應該可以吧？」但是我告訴諸位，雖然我還沒成佛，但我可以向諸位保證，諸佛都會告訴你：「這個眞如心無法中斷一刹那，集十方諸佛的大威神力成爲無法譬喻的偉大力量，想要用來消滅一隻小螞蟻的眞如也作不到！」且不說消滅，單說把祂中斷一秒鐘就好，也是作不到，連一刹那也作不到，所以祂「無斷」。

那麼因爲「眞如無盡、無離、無滅、無斷」，這就是因爲眞實而如如的特性，所以祂不了知一切法，祂根本不關心。三界要滅了，也許有人說：「那我不關心，因爲我就是眞如。」他不關心是因爲他放下了。可是他的眞如心從來不了知，而他是有了知的，這不一樣。祂是不了知，所以我們說祂不關心；你能了知，所以其實你很關心，但是因爲解脫而放下了，反正要入無餘涅槃，三界滅了也無所謂，但畢竟你已經有所了知，就是意識，就是生滅法，所以眞如不一樣。那既然眞如是這樣子，你有沒有辦法請眞如說：「**現在眾生都不信我證眞如，那麼眞如啊！你來幫我證明一下。**」你能不能請祂爲你證明？不能！不然請對方的眞如爲你證明也行，對方的眞如也在啊！行不行呢？不行！爲什麼？因爲你拜託祂時，祂聽不見，祂都沒聽見聲音。也許你說：「**沒聽見，那我用寫的。**」可是祂又眼盲。「**不然我就抓著祂，在祂身上打摩斯密碼或者什麼信號，好不好？**」祂也不瞭解，祂也不了知觸覺，那你怎麼樣請祂來跟你幫忙？祂完全不了知你要祂作什麼？從這個部分來說，祂是完全不了知的。

可是從另一個部分來講，就是不需要語言文字的部分，不是三界六塵境界的部分；這時你要祂幹什麼祂都了知，無一不知。也許你說：「**怎麼可能有一個心是這樣？那可眞怪。**」事實卻是這樣。那我這樣講是不是自己編造的？不！如果是我自己編造的，你左鄰右舍也有實證的人，他們可能馬上站起來抗聲說道：「欸！老師！您講錯了，您不能這樣講。」爲什麼？他是爲了救我，因爲妄說佛法有因果的，那因果還不小呢！可是我說的是如實語，因爲我是現觀眞如，是一面看著祂的自性一面告訴諸位，所以十年後再講出來時，還是跟現在一樣，不會前後矛盾。雖然我的記性不好，但我不用腦筋來記，因爲覺得不需要記，記了也沒用。所以即使二十年後再講時也將是這樣，你們也可以找找我二十年前寫的書來比對，一定不會有矛盾牴觸。

因爲祂是永遠不變的，我看著祂來講時，當然內容也永遠不變，但誰都無法要求祂出來講話證明我說的是事實，所以說「不可作證」，這也是因爲祂不見、不聞、不嗅、不嚐、不覺、不知。所以你告訴祂，請求祂說出來爲你作證，祂不理會你，因爲祂根本不知道你要祂作的這個事情。那麼可能有人說：「有一天祂也許會聽我的話而出來爲我作證吧？」我告訴你：祂永遠不作主，所以祂不會下決定說：「我出面幫助你，證明你的說法完全正確。」也許你講句嚴重的話說：「拜託啦！佛法都快滅亡了，你得要出來爲我作證。」那是你關心佛法快要滅亡，祂從來不關心佛法快要滅亡了，不會出來爲你作證。

也許你說：「拜託！佛法都是在擁護你，都是在讚歎你，大家依你而成佛；現在佛法弘傳都快滅亡了，為什麼你還不出來為我作證！」祂也不會出來作證，因為祂根本沒聽見。「不可作證」，很奇怪嗎？可是法界的實相就是這樣，一點都不奇怪。也許有人今天第一次來，聽了就說：「欸！這個說法我以前沒聽過，聞所未聞，是不是你創造的？」不！經文裡面的意思就是這樣。將來你悟了以後，如果有想到我今天所講的，一樣會這樣講；而且將來你成佛以後，一樣會像 如來這樣講，因為這是不可改變的，這是實相。

接著 世尊作個結論說：「若菩薩摩訶薩於眞如如是學，是學一切智智。」說「菩薩如果是這樣子來學眞如，那麼這樣才叫作眞正在修學諸佛如來所證的一切智智」。換句話說，所有否定眞如的人，不論他道場多大，徒眾多廣，名氣多響亮，都不是在學一切智智；他只是在學世間法的表相來獲得名聞利養而已，只是藉著佛法來顯示他的崇高，如此而已，無足道哉！

再來看《大品般若經》卷五一二〈善友品〉：「善現！一切法皆以無合無離為趣，諸菩薩摩訶薩於如是趣不可超越。何以故？無合無離中，趣與非趣不可得故。」道理還是一樣的，只是從不同方向講過來，這仍然是跟須菩提對話：**「一切法都以不相合聚、不相乖離作爲眞實的趣向，而諸菩薩摩訶薩對於這樣的趣向是不可超越的。」**一切法其實就是講如來藏，就是眞如。世間的一切法都含攝於眞如之中，一切法是眞如之所有，所以《般若經》中常常說的**「一切法」**，往往講的就是眞如，不是一般人所認知的三界一切法等表相。

現在說**「一切法都以無合無離作爲最究竟的趣向」**。換句話說，三界一切法全部要攝歸於眞如，而一切法與眞如無合無離，永遠都在這樣的狀況中住，永不改變；「有合」是因爲於三界中六塵境界有所了知，所以才有合；比如現在住在這個境界，與此境界合；後來離開了就說，離開這個境界，與此境界離。有離有合都是意識心的事，然而一切法攝歸眞如來看時，一切法都與眞如同時同處，就沒有合也沒有離。那麼一切大菩薩（凡夫菩薩不算，這裡講的是菩薩摩訶薩，也就是說至少要證悟了，《楞伽經》裡面說菩薩摩訶薩指的是實證了眞如的人；有的經典裡面講的菩薩摩訶薩是入地以後，是已經通達般若，定義不一樣。但至少得要是明心，悟得正眞也轉依成功了，才算是菩薩摩訶薩），所有的菩薩摩訶薩，對於**「一切法皆以無合無離爲趣」**的這件事情是不可超越的。所以假使有人發明新佛法、創造新佛法，想要超越《般若經》，他去創造後講出來時就不是佛法了，表示他一定落到三界境界裡面去，不能超脫於意識的範圍。接著作一個總結說：「何以故？無合無離中，趣與非趣不可得故。」就是說，在眞如不與諸法合、不與諸法離的這種狀態之中，沒有所謂趣向或遠離的事。趣向或遠離其實都不存在，因爲祂是離六塵境界的。

再來看《道行般若經》卷八〈守行品〉：【佛言：「如須菩提所言，不用得般若波羅蜜故得佛也，亦不用離無離得作佛；亦不可離般若波羅蜜得作佛，不得般若波羅蜜者，不得作佛。」須菩提白佛言：「菩薩行般若波羅蜜，甚深難及。」佛語須菩提：「汝所言：『菩薩行般若波羅蜜，甚深難及。』菩薩所言勤苦行、深奧之法，不在取泥洹。」】

這些般若部的經文我以前沒讀過，也沒引述出來講解過，那我二十幾年來的主張，諸位今天就來印證，看我說的有沒有矛盾？世尊說了：「猶如須菩提所說的，不需要得到般若波羅蜜的緣故才來作佛；也不需要離無離而能夠作佛；也不可以離開般若波羅蜜而得作佛，但不得般若波羅蜜也不能作佛。」你們看 世尊爲什麼跟大家繞口令？可是你證如來藏、證眞如時，這樣讀起來感覺沒有繞口令啊！祂只是從不同層面來敘述，讓我們從不同層面去觀察，使我們不會遺漏掉不同層面的觀察而已，不是繞口令。

這意思，我們要來解釋一下，須菩提說的是眞實。世尊只是把它複述一遍說：「不需要得到般若波羅蜜的緣故，而能夠作佛。」那麼這樣看起來好像很矛盾，對不對？明明須菩提說成佛要得般若波羅蜜，沒想到這一句是這麼講的。可是經中的所說，有時候在講眞如自己的境界，有時候又從意識證得眞如的境界來說，可是沒有實證的人聽不懂，這是唯證乃知的事。實證的人聽了就會知道，這一句是從實相講過來，這一句是從意識講實相的，一聽就懂。

爲什麼「不用得般若波羅蜜故得佛」？因爲實相從來不得般若波羅蜜，眞如永遠不得般若波羅蜜。不管誰證眞如以後，觀察眞如的境界中，沒有般若波羅蜜可說，證般若波羅蜜是你意識的事，與祂無關。如果你證的心是懂般若波羅蜜的心，那你就違背這一句聖教，已經落入意識境界了。往常都有大法師說：「我離念靈知眞實而如如不動，所以我這樣就是證眞如。」這樣會了知的這個覺知心，他們心中有沒有般若波羅蜜？有啊！他們自以爲有。

當他們離念靈知心中有般若波羅蜜，他這個心就不是眞如，所知的般若波羅蜜就眞的不是般若波羅蜜了。即使你是證悟的菩薩，結果也是一樣，當你心中有般若波羅蜜時，那你這個心就不是眞如心。可是佛說：「**不用得般若波羅蜜故得佛也**。」換句話說，你所證的心不應該有般若波羅蜜，這樣才能得佛。

可是接著又一句說：「**亦不用離無離得作佛**。」那麼既然說離開般若波羅蜜才能得佛，如果你想要離開般若波羅蜜來成佛，那你又錯了！所以說，也不用離開般若波羅蜜，或是想要繼續住在般若波羅蜜多來得佛。若是依意識的境界來解釋這經文，到底該怎麼辦？離也不行，不離也不行，那你叫我怎麼辦？喔？是喔！可是你如果從眞如來看，都不需要怎麼辦啊！什麼都不用作就好了。對啊！你從眞如來看時就什麼都不用作，所以不需要離。也不需要說：「**我有一個離，這樣不好，我要離開這個『離』**。」或者說：「**我已經離了，但是現在有離，不好，我應該把離也給捨了，不要有離**。」那他不要有離也不對，因爲不想要有離時也是離，因爲那是能離的心，是同樣一個能離的意識心。可是怕人家誤會，所以換另一個層面來講，說「**但是也不可以離開般若波羅蜜而作佛」，爲什麼呢？因爲沒有證得般若波羅蜜的人是凡夫，當然不可以成佛。你看多少人讀《般若經》時都死在這邊，根本不知道要如何去思惟。

那麼以前我親耳聽見陳履安說他把《大品般若經》六百卷半年讀完了，我心中覺得好笑：「你讀得完喔？我告訴你，諸佛都讀不完，你讀得完喔？」因爲諸佛也是一面讀「般若經」一面爲大家講般若，諸佛能讀完是三大阿僧祇劫才讀完的，他半年讀得完，好厲害喔！原來是嚼文字穀；把這些文字的稻穀給吃完，如是而已；可是，有沒有得到那些營養？一粒也沒有啊！所以，這意思不是說不要證得般若波羅蜜而成佛，而是說你一定要證得般若波羅蜜才能成佛，可是當你證得般若波羅蜜時，你知道眞如的境界中根本沒有所謂的離，也沒有所謂遠離第一個離可說，所以沒有離也沒有「無離」。知道眞如是這樣的，現前觀察到眞如是這樣的，那你轉依眞如來說成佛的事，就會說：「不應得般若波羅蜜來成佛。」因爲你這時候講的是眞如，不是在講意識，眞如是發起般若波羅蜜前所應求證之標的，眞如不該也不必擁有般若波羅蜜多。可是如果你從意識的層面來講，那你一定要證般若波羅蜜多才能成佛，不證的話就不能成佛，這段經文就是這個意思。

世尊開示完了，該須菩提回答，就向 佛陀稟白說：「菩薩的心運行在智慧到彼岸的境界中，非常之深奧，令人難以到達！」須菩提說的是眞實語。假使是對舍利弗來講，舍利弗不會這樣講，舍利弗會覺得：「這般若波羅蜜多沒有什麼太深的道理。」他一向觀念是這樣。所以他不拿般若波羅蜜多當一回事來不斷宣講。後來九百多年前當克勤大師時，他怎麼說？他其實比德山宣鑑還要厲害，德山宣鑑不是訶佛罵祖嗎？但他從來不訶佛罵祖，經文來到他手裡時都是他肚子裡的東西，左拈右捧，接下來又壓又攢、又拈又殺。他就是這麼講的，可是他翻來覆去說出來以後，是比原來經文呈現出來的眞如教義更明晰，使人對般若的理解更正確；而且讓人家對般若波羅蜜多的認知更加崇敬，這就是他的手段。可是須菩提得要在這裡面繞，那你看相差有多遠！所以在《大般若經》裡面你很難找到舍利弗，通常名爲舍利子；但較少找到其他幾位大阿羅漢，大部分就是須菩提。

現在，須菩提這麼講，其實他也沒講錯，雖然我好像有一點貶他的味道，其實他講的也沒錯：「菩薩行般若波羅蜜，甚深難及。」你看我們在宣講《般若經》，例如宣講《金剛經》、《實相經》以前，佛教界不都是講「般若甚深極甚深」？對吧？其實我們講的方廣唯識種智比般若還要深，包括一切種智都在講了。所以你看，這幾年好像沒聽到誰在講「般若甚深極甚深」了，因爲在我們正覺同修會裡面說：般若只是第二轉法輪的經典，是還在三賢位裡面的法，一切種智唯識增上慧學才是入地後的事。他們看到我們在書中講清楚這道理以後，把我們的書拿來讀：「嚇！正覺大部分都在講一切種智。」所以他們現在也不再講「般若甚深極甚深」，好像般若又變淺了。可是他們眞懂般若嗎？我說，遇到他們時還是要跟他們說：「般若甚深極甚深。」確實很深啊！因爲這是實相法界的事，雖然只是第二轉法輪了義經典所說，還不究竟，但畢竟是講實相法界的事。而實相法界的內涵是眾生無始劫以來不曾接觸過、不曾聽聞過的，當然甚深極甚深，永遠聽不懂。一直到證得眞如以後才終於開始懂了：「啊！原來如此！怪不得我以前聽不懂，現在聽了卻沒覺得怎麼深哪！」所以深與不深就在證與未證的差別。

因此，以後若有人來跟你說：「般若甚深極甚深。」你就知道他是個凡夫，因爲他眞的弄不懂。但是他老實，就這麼講。可是那些假名大師要裝著一副懂的樣子，就不會跟你講「般若甚深極甚深」。那如果你們遇到了他這麼講時該怎麼說？你問他：「請問大師！您認爲般若甚深或者不甚深？」他不敢答話的，爲什麼？因爲他知道你是從正覺來的，勉強答了怕被你拆穿；可是不答又不好，就只能杵在那邊不知該怎麼取捨了。也許良久以後，他問你：「那你認爲般若甚深或者不甚深？」你就告訴他：「般若。」轉頭就走，天下太平，他再也不敢來問你了。因爲他不知道你意在何處。這樣學會了沒？對啊！你來同修會修行又證悟了，就是要現學現賣；只要你有觸證到，不必等到我印證，你就知道這個緣由。

所以，須菩提說完，世尊當眾認同他，也就印證他的說法：「你所說的菩薩行般若波羅蜜，甚深難及。」還應該要加上一些義理讓大家知道，爲什麼要證這個甚深般若，所以接著說：「你所說的這句話，菩薩所說的勤苦行以及深奧之法，目的都不在取涅槃。」不是要入無餘涅槃，因爲如果要入無餘涅槃不必證般若，把我見斷了，把我執、我所執斷了，就可以入無餘涅槃，不必證般若的。所以說：「證這個般若的目的，不是爲了要取無餘涅槃。」二十年來，我要求你們說：「不可以想在未來斷盡我執時入無餘涅槃。」有沒有道理？有！

你們有很多人知道我這個要求，所以禪三報名表都會明白寫著：「我未來一定不入涅槃！」我讀了至少說：「這不是個聲聞人。」錄取禪三的機會就多一分了。有的人想著就寫了：「我一定努力，將來一定很快斷盡我執。」那我就把他刷掉了，因爲我度他沒有用，將來復興中國佛教需要很多人，結果他竟然想要取無餘涅槃，眞是不懂我的心啊！那我當然要把他刷掉，因爲我度了他沒用。每一個人度了以後未來世都要繼續在正法中，繼續恢弘正教利樂有情。如果他捨報前二十年、三十年幫我作事，縱使很努力也不過幾十年、一世而已，我這個算盤打一打，覺得划不來，因爲生兒子很辛苦欸！眞的很辛苦，我昨天十一點半上床一覺睡到多久？睡到早上八點半，中途都沒有醒過來，顯然禪三四天三夜眞的累死人，體力不如以前了。

這意思就是說，其實證般若波羅蜜多之目的，不是爲了要取證無餘涅槃，因爲取證無餘涅槃不必證般若波羅蜜多，不需要證這麼深的法，只要斷我見與我執、我所執就可以了。雖然說重點是在告訴大家不要取無餘涅槃，可是也告訴大家說「無離」，不需要離——因爲本來就離，你就不需要離一切法、也不需要離涅槃，本來自性清淨涅槃一直都在，不需要特地離五蘊而取涅槃。

接著再來看《小品般若波羅蜜經》卷五〈小如品〉：「須菩提！諸佛從般若波羅蜜生薩婆若智，云何如來離染心，如實知離染心？離恚心，如實知離恚心？離癡心，如實知離癡心？須菩提！離染心中無離染心相，離恚心中無離恚心相，離癡心中無離癡心相。如是，須菩提！般若波羅蜜示諸佛世間。」

凡是已經被我印證或者觸證到眞如了，你用這段經文再來檢驗看看吧！世尊告訴須菩提：「諸佛是從般若波羅蜜、也就是從智慧到彼岸來出生了大乘法的智慧。」但什麼是如來離染的心？又怎麼如實知離染心？這是一個想要實證的學佛人必須要實證的智慧，那麼 如來怎麼解釋呢？如來說：「離染心中沒有離染心相。」我們就跳過來後面這一句來比對：「如何是如來的離染心？如何才是如實知道離染心？」你要知道諸佛如來的離染心，你想要如實印證或者想要檢驗自己眞的如實知道離染心，那麼你就看這一句「離染心中沒有離染心的法相」。爲什麼離染心中沒有離染心的法相？因爲離染心不了知諸法；祂雖然知道你在想什麼，可是祂不了知諸法；祂從來不在六塵境界中，那祂就沒有可能被誘惑而有雜染，永遠沒有雜染就不需要離染；所以這個離染心，祂的心中沒有離染的法相，這樣才是諸佛如來的離染心。《妙法蓮華經》講的就是這個心，《金剛經》講的也是這個心，《實相經》講的也是這個心，《心經》講的也是這個心，《大品般若、小品般若》統統在講這個心。你現前觀察到這個離染心，在祂心中從來沒有離染的心相，那你就是知道如來的離染心，你也如實知道離染心的境界中沒有離染可說，很清楚知道自己不是妄想猜測或者修錯了。

接著說：「**離恚心，如實知離恚心？**」什麼是離恚心？延續前面那一句：「**云何如來離恚心，如實知離恚心？**」用後面這一句來看「**離恚心中無離恚心相**」，什麼是如來的離瞋恚的心？怎樣才是眞的如實知道離恚之心？世尊開示說：「**離恚心中無離恚心相。**」這是告訴我們說，諸佛如來的離恚心就是第八識眞如，這個第八識眞如是本來就離開瞋恚的；那麼當你現前觀察到自己所證的這個心是本來離開瞋恚的，那你就知道如來的離恚心，也就知道，你對這個離恚心就是如實知。「染」就是貪，「瞋」就是恚，也都講過了。

最後一個是「離癡」，癡就是無明：「**云何如來離癡心，如實知離癡心？**」

癡就是無明。貪瞋癡代表三界，人間具足貪瞋癡，但以貪爲代表；色界無貪，還有瞋，但是也不離癡，而以瞋爲代表；無色界沒有貪與瞋，但是具足無明。你看無色界的境界是什麼？就是一天到晚都在定境中一念不生，甚至於非想非非想天八萬大劫一念不生，什麼都沒有成就，最後壽命終了意識心又現前，於是就下墮人間了；八萬大劫中沒有成就任何事情或智慧，這樣生在非想非非想天到底有什麼用？但他八萬大劫下來人間時，諸位大約已經入地了，他還在人間凡夫中繼續打混，而且很可能不是當人類。

這個癡，「**云何如來離癡心？**」究竟哪個是諸佛如來的離癡心呢？當然不是講意識，是說那一個心是本來就離癡的，那個離癡的心中也沒有離癡心的法相。假使是意識，意識離癡時就會有離癡的心相。意識離癡時會知道：「**我現在有智慧。**」那就有離癡相。所以你如果證悟了，意識一定知道：「**我現在眞的悟了，因爲我聽懂《般若經》了，我對《實相經》也聽懂，這《金剛經》我自己來讀也一樣懂啊！**」這時你知道自己有智慧了，就是離癡相。

可是你如果知道自己離癡，知道的這個心就不是如來的離癡心；因爲如來的離癡心，祂心中不知道離癡的狀況，也不會知道自己有沒有離癡，祂心中也不會生起所謂的智慧。那麼這樣看如來的境界，你如果證得了眞如—如來—的境界，現在就略有所知了。當然，超過異熟識的境界而到達無垢識的境界，你還不知道，但是已經略知皮毛了！你證得眞如以後就約略知道如來的境界。然後 世尊作一個結論說：「如是，須菩提！般若波羅蜜示諸佛世間。」告訴大眾說：「由般若波羅蜜來顯示諸佛的世間是什麼境界。」換句話說，諸佛不依五陰而住，諸佛是依眞如而住，依眞如而住時就是住於諸佛的世間。所以如果要見如來時，「不以色見如來，不以音聲見如來」，而是以眞如見如來，如來就是第八識眞如心，這樣才叫作「見如來」。如果以應身佛那個五陰身來當作是見如來，那他就沒有眞的見如來，因爲他實際上沒有見到「眞實如來」。想要求知如來的境界，也不應該用音聲去求，否則他就是不能見如來的人，當面見了 世尊的應身時也是不見「如來」。

那麼從這一段經文來看《佛藏經》中的「無離、過諸離」，也是沒有牴觸、沒有矛盾的。因爲第八識如來心離染相、離瞋相、離癡相，離了以後卻沒有離染心相，也沒有離恚心相，也沒有離癡心相，一切相都無，無任何一個境界相可說，也無任何一點一滴智慧可說，這樣才是「如實見如來」的人，才是懂得「如來境界」的人，那麼諸佛世間就是這個樣子。這樣子大家對於「**無名相法**」、「**無分別法**」，「**無離、過諸離**」應該就有比較深、比較廣的認知了。

接下來說「**無思惟、無雜糅**」。這個「**無名相法**」、「**無分別法**」沒有思惟、更沒有雜糅。「**無思惟**」，很多人讀了會聯想到無分別，誤以為要保持覺知心不動、一念不生；好多人學佛參禪自稱證悟以後，他們認為：「**無分別就是每天要打坐，那麼都不起語言文字妄想。**」說這樣叫作無分別。他們都不知道，只要有覺有知就是有分別。他們不知這個道理，所以以前所謂的證悟，大法師是怎麼印證的？只要你可以長時間一念不生，就跟你印證：「**恭喜！你開悟了！**」

有的大法師比較嚴苛，故意要打禪七，每天都要弟子們盤腿；讓他們盤腿坐到後來，可以不管腿痛、忘了腿痛而一念不生，說這樣也是開悟。問題來了，他們這樣的離念靈知究竟是如來心、還是意識心呢？全都是意識心啊！所以，以前大法師們印證開悟的佛門四眾可多了。那些大山頭，接觸我們的法、知道我們的法最晚的，他們印證徒眾開悟人數的就最多；知道我們的法最早的山頭印證徒眾開悟的人數就最少；因為我剛破參以後，私下裡會演說一些法，有的人聽聞之後回去原來的道場問師父：「那蕭某某這麼講，他是什麼意思？」師父一定會說：「欸！你不管他，你修你的。」因為他也不知道我說的是什麼意思啊！但是他會警覺到：「蕭平實為什麼這樣講？」他會去思惟整理，然後心裡想：「我無法把他推翻。」所以不再跟人家印證了。這樣算不算是我的功德？算嘛！因為我減少了他的惡業。可是太晚知道我這個法的大道場，還在繼續對徒眾們作錯誤的印證；他們那個印章大約是用機器製造出來的，很快，要多少有多少；因為那種印章的原料是冬瓜，機器不停地壓製，當然很快，而且機器都不會磨損，可惜的是一蓋就爛掉。

那我們的金剛寶印就很難壞，因為我們這個金剛寶印是用金剛製作的；你想，能夠用金剛刻出印來有多難。金剛不是無堅不摧嗎？那你要用什麼來把它刻成印？還眞難欸！無堅不摧的金剛，你要刻它還得要用金剛才能刻，用金剛刀雕刻金剛印，是不是要這樣？那雙方的磨損都很大，當然難啊！所以一次禪三能夠拿到五顆、六顆金剛印就很不得了了。我要很辛苦去製造金剛寶印，如果大家都要的話，統統有獎，我只好製造冬瓜印了，那要幾個都可以，平常講經完了一個一個排隊上來領都行。可是那種冬瓜印有什麼用？一點受用都沒有，任何智慧都不會生起。

所以眞正的「無分別法」的實證，不是在離念與否的問題。每天在那邊打坐，熬斷了腿練成一念不生的功夫，縱使給他一念不生一萬年，他的身體都化爲白骨腐朽了，還能繼續一念不生好了，也沒有用啊！終究只是意識境界，不離識陰，正是坐在黑山鬼窟裡。禪師就罵這是冷水泡石頭，泡到一萬年後還是石頭，沒有用啊！所以，「無思惟」或者說「無分別」不是求一念不生，而是你所證的心必定是本來就「無思惟」的心。無始以來沒有辦法用劫的數目來追溯到祂多久以前（因爲不論你說多少劫都還有一個數目，但祂是無始的）；無始以來祂就是「無思惟」的，從來沒任何的思惟，一切思惟之法到不了祂的境界中。

思惟有兩個方式，一個方式用語言文字一句又一句，一串又一串，一天又一天，一年又一年去思惟，那是意識境界。可是還有一種思惟，不需要語言文字而作思惟。諸位來到正覺同修會要學會無相念佛，功夫熟了還要改爲看話頭，看話頭看得很熟了，不必語言文字也可以作觀察分析，那也是思惟的一種。可是即使是這樣沒有語言文字的思惟仍然是意識境界，而這樣的思惟在「無名相法」、「無分別法」如來藏的境界中是不存在的。佛教界往常都說：「開悟得要離念。」我們也認同，但離念不等於開悟，開悟要離念是因爲開悟要有定力功夫作爲憑藉。你得要有功夫，不然開悟了也沒有用，智慧也生不起來，煩惱一樣一大堆，那樣悟了不如不悟，免得壞了法，不然人家會說：「這個開悟聖人，煩惱比我還大，究竟是悟個什麼？」那不是壞法嗎？害他招惹惡業了。

可是離念的功夫只是個基礎，不是開悟之標的。以前商務印書館印了一本書，那已經是幾十年前馬來西亞竺摩老法師的書；他在書中講：大悟是好幾天都一念不生，中悟大概差不多一天、兩天一念不生；如果是小悟，大概可以半天一念不生。好了，如果這樣說是正確的，那麼 佛陀好像就打妄語了，或者說 佛陀好像是壓良爲賤了。因爲人家外道修得未到地定，也可以在未到地定幾天裡面一念不生；如果未到地定不夠瞧，人家外道修得初禪、二禪、三禪乃至非想非非想定的人當年也不少，佛陀都說那只是凡夫境界，跟開悟無關。佛陀明明這樣講，竺摩老法師竟然說一念不生兩、三天就是大悟，那到底他是不是謗佛？我說他是謗佛啊！可是臺灣商務印書館把它印出來流通了。

雖然如此，但我們不怪他，因爲他不懂佛法，也不是出版佛法書籍的機構，無可厚非。但是身爲法師這樣作、這樣寫、這樣說，就有過失，因爲那不叫作文責（一般社會上叫作文責），那要叫作法責，他有法上的責任，誤導眾生了。直到我們出來弘法以後，佛教界開始轉變、漸漸轉變，我們剛開始弘法時被人家罵：「**這個如來藏外道，如來藏神我，自性見外道。**」但是現在沒有人罵我們是如來藏外道、阿賴耶識外道了，因爲不管誰，只要罵說：「**正覺是阿賴耶外道。**」人家馬上就會說他不懂佛法，正是外道。因爲佛陀是證得阿賴耶識，證得以後努力修行，後來改名無垢識而成佛；結果他說正覺是阿賴耶外道，就證明他不懂佛法，那他就是外道。

所以佛法的修行不是在離念、有念的差別，佛法的實證在於有沒有證得眞如心。這個眞如心又名阿賴耶識、異熟識、無垢識，又名如來藏，又名「此經」。但是不管悟前悟後思惟此法，那都是你意識心的事，而祂是你意識心所求證之標的，祂不是修行者。如果以修行者的覺知心作爲所證之標的，那就是自己證自己，那還是自己，自己就是五蘊；所以「**以我來證得我自己**」，結果依舊是生滅輪迴的自己，那又何必證？

「我」是大家都知道的，小孩子都知道「我」，所以被人家欺負了去告狀：「**老師！他打我。**」也許你們小時候也告過狀，只是長大忘了，這證明小孩子也知道「我」。如果依他們的標準，很久都一念不生就是大悟，那要恭喜諸位了，因爲諸位剛出生時就是大悟了！對啊！你剛出生時，那幾天幾個月內，除非餓了哭一哭以外，你有起過什麼念頭？即使哭時有大叫「媽媽、媽媽」嗎？沒有啊！那時還不會叫喚母親，都還沒有學會語言文字，那時豈不是大悟徹底了嗎？那時你們整整半年或八、九個月一念不生，依他們的定義是心中沒有語言文字時就是不分別心；那你們以前生下來後八、九個月都「**不分別**」，豈不是比他們悟得更深？顯然悟得更深啊！然而爲什麼長大後更有智慧了竟然又變成凡夫？沒道理！

所以「**無思惟**」不是說你這個會思惟的心，去把祂壓抑變成「**無思惟**」，而是這個心本來就「**無思惟**」，是本來就沒有思惟的心。而你能思惟的這個覺知心要去證得祂，這樣才叫作證悟。所以我們弘法以後說，要用這個能思惟的心去證得無思惟的心，那是另一個心。剛開始佛教界還有人罵：「欸！他們正覺是二心論者，他們有兩個心。」不但一般學人罵，我們北邊那位大鄰居聖嚴法師，那時正覺同修會還沒有成立，我在三個地方說法；有人好心，因為他們想要報恩，所以就故意去跟大法師講：「師父！人家蕭某某說，我們都有眞心、妄心，要用妄心找到眞心，那就懂《般若經》，就有智慧。」沒想到他大法師說：「那你們不就兩個心了嗎？人只有一個心，哪來兩個心？」如果他問到你，你要怎麼說？你要跟他說：「對啊！人只有一心，但是一心有八個識。」「誰說的？」「馬鳴菩薩說的，《起信論》不就講了嗎？」所以佛教界一向誤會佛法很嚴重，直到我們弘法以後，他們還一直在抵抗，因為我們說的法從來不是他們聽過的法。於是對他們來講，就成為聞所未聞。可是這些聞所未聞的法，三乘菩提諸經中都講過了，我只是把它演繹一下而已。因為大家讀不懂，我把它演繹發揮一下，讓大家可以如實理解。可是他們不能理解，後來就半信半疑，當時他們有好多人在等，等什麼呢？等十幾年後看正覺會不會關門。為什麼呢？因為新興宗教的定義就是不超過二十年，可是我十幾年前就講過了：他們永遠等不到這一天。因為我知道這個法是什麼，而他們不知道，所以他們在等。但我深切地知道這個法本質是什麼，就公開說：「他們永遠等不到這一天。」

話說回來，如來心是「無思惟」，無思惟的才是如來心，但不是意識修定以後壓抑變成無思惟，而是說祂無始以來就離思惟。那爲什麼離思惟呢？因爲祂離見聞覺知，不住於六塵境界中，所以祂「無思惟」；既然「無思惟」，就不可能有各種法摻進祂心中，所以如來心的境界中無一法可得。凡是有法可以進到心中來的，一定是在六塵境界中去作思惟；不管那個思惟是有語言文字的思惟或是離語言文字的思惟，都叫作思惟。在野外有獵物和獵者，譬如一群獅子或者一群野狗想要獵捕一隻獵物，牠們都沒有語言文字，特別是獅子；狗還會叫，獅子不叫的；但那一群獅子各自分工，然後由其中一隻突然發動攻擊，另外一隻在另一邊等著，然後幾隻獅子趕著獵物跑過去埋伏的那一隻獅子前面，牠突然跑出來就咬住了；那牠們有沒有思惟？如果沒思惟，牠們能這樣分工合作嗎？不可能。這表示牠們也有思惟，才能有所聯繫互相合作。

但牠們的思惟並沒有語言文字，所以不能說沒有語言文字時就不叫思惟。所以獵物與獵者之間互相都在觀察，牠們雖然都沒有人類用的語言文字，卻會去分別怎麼樣是比較安全，怎麼樣是比較危險；怎麼樣是比較會失敗，怎麼樣比較可能成功。因此獵物走到某一個地方時，一面走著一面要時時回頭去看；離開那個危險的地方牠就不再回頭看，這表示牠們有思惟。也就是說，牠一定在六塵境界中才會有思惟的功能。

但是有思惟時就有「雜糅」，譬如以剛才那個獵者與獵物來講，有時候獵者同時也是獵物；例如羊、獵狗與獅子，獵狗是去獵取羊作爲食物，但是牠必須經過一個地方，那個地方是獅子的地盤，當牠經過時必須一面走著一面回頭、時時回頭觀察後面有無獅子，這表示牠認爲這是危險境界；過了那個區塊以後，牠完全無所忌憚，努力發揮掠食的本領。可是當牠咬著獵物回程，牠心中都不想什麼，就只想：「**家裡還有那些孩子沒得吃，我得要設法安全回去。**」於是走上回家的路，經過那個危險區塊時，很小心觀察，這便是有「**雜糅**」。牠知道現在又開始危險，然後一直到通過那個區塊，牠又很放心，很輕鬆咬著獵物慢慢走，再也不回頭看。這表示牠是有雜糅的平常心中雜糅著驚恐心。當牠回途經過了危險地帶，安全了，牠想著就是：「**很快**

樂！很快樂！我孩子有得吃了。」牠想的是這樣，牠的心情是快樂的，所以驚恐、快樂、平常心這樣加起來不就雜糅了嗎！

那這個只是一個獵食動物的心境，如果是人，雜糅是不是更多？多到不得了！人類的雜糅比三惡道的有情多了很多倍；人類的雜糅比欲界天的有情也多很多倍，若是比起色界、無色界來，更是多了無數倍。這樣到底好不好？不知道該說好還是不好。因為雜糅多就表示煩惱多，所以不好；可是雜糅多也表示引生的法非常多，那就意味著說：「你在人間可以了知非常多的法。」無生法忍更容易修，所以又變得很好了。那到底雜糅多是好還是不好，還眞難斷。但是以我們正覺的立場來說，應該說好；因為我們證悟了就可以離開雜糅，然後在離開雜糅的境界來看那些雜糅的諸法、來印證了以後，知道我們所學到的法可以更多、進步更快。可是我們從正覺來看那些佛教界的所有道場，我們就說：「雜糅多不好，最好不要有雜糅。」因為他們的心會更亂，知見也會雜糅更多，然後邪見餘毒不斷雜糅進來。

可是不管你說「有思惟、無思惟、有雜糅、無雜糅」，畢竟都是意識的境界。因為意識若離開思惟而入定中，也只是有時離開思惟；有時離開雜糅，也只是有時離開雜糅。然而如來心是本來「無思惟」，是本來「無雜糅」，這才是眞正的如來心。當你證了如來心第八識時，你就有般若波羅蜜多，就有智慧到彼岸的功德；也就是說，當你證得這個如來心時，發覺自己已經在解脫生死的彼岸了，但是解脫生死的彼岸卻是同時在目前這個生死的此岸中，那不就是以智慧而到彼岸嗎？這就是如來心的境界，但是這個如來心自體是沒有思惟的、是沒有雜糅的。今天講到這裡。

關於這個「無思惟、無雜糅」請看補充資料，上週我們已經解釋過基本意思了。那麼現在再由補充資料作演繹，《悲華經》卷十〈入定三昧門品〉：「**一切法無我，心無思惟，不生不滅，是名菩薩不退轉地。以是故，非退非不退，非斷非常，非定非亂。**」

「**一切法無我**」的心，當然不是指六識心或者意根這個心。「**一切法無我**」的心，祂是本來就「**法無我**」，祂無思惟。菩薩證得如來藏本心，是證得大乘的人無我；可是依如來藏心而說，祂是本來就無我的法。（怎麼回事？有問題嗎？請問二樓看得見我嗎？十樓、五樓能看見我嗎？沒看見，這是怎麼回事？請稍待一下，很抱歉喔！如果已經看見我的影像，就請你們舉手一下；有了，十樓看見了。五樓還沒有看見，有沒有？五樓沒有嗎？沒有！五樓沒看見我，那很抱歉，暫時請諸位聆聽我的「妙音」，先暫時不見影像），我們要繼續講這個「**法無我**」的心，祂是從來就沒有思惟的，祂並不是有時會思惟然後偶爾不思惟，而是說祂的法性恆常如是，始終都是無我性，所以從來不思惟。凡是會思惟的心一定會有我性，會思惟而有我性，就一定有諸法的雜糅。所以有時善、有時惡，有時無記、有時中斷，但是如果不思惟的心，祂一定本來就是法無我；本來法無我的心就不會有善、惡、無記之性，永遠都不落在這三性裡面。雖然有時說祂是無記，無記也是相對於世間的善惡法而方便施設來說，所以祂一定是不思惟的。既然不思惟，祂就不會有任何諸法雜糅在祂心中，所以祂始終是本性清淨的，始終是涅槃性。這就是說「**無名相法**」、「**無分別法**」祂本來就無思惟，所以永遠是「**無雜糅**」，這樣的心一定是不生不滅的。

如是實證的人，心得決定而不改易，那麼他就是住於菩薩的不退轉地。菩薩的不退轉地能夠安住下來，那是相當於哪一個位階？菩薩的果位是五十二個位階，不是聲聞果的四向四果，那就是第七住位。就是十信位之後的十住位中的第七住，叫作「不退轉住」，或是說爲「不退轉地」。那麼這樣的人就住於不退轉的境界中。地就是境界，說這樣的人他證得的是「一切法無我，心無思惟，不生不滅」，這就是菩薩的不退轉地。由於這個緣故說「非退非不退，非斷非常，非定非亂」。

菩薩證得眞如時，即使有時覺得很累，所以他可能會休息個半年、一年：「實在很累，所以我想休息一段時間。」特別是在正覺學法眞的很累，雖然學得很快樂，也眞的很累；所以我們也有同修證悟以後，增上班再上個一、二年後說：「我還是告個長假好了，因爲眞的很累。」那我也沒有皺過眉頭，一定馬上照准；但他隨時想回來都可以，也不必寫什麼理由，就向教學組遞一個申請的條子說：「我要回來上課了。」這樣就好了，只說你要回家就行了，沒問題。不必再審核，只要本來是增上班的同修就行，下回來上課時，增上班的上課證就會發給他。這就是說，在法上精進有時會覺得很累很累，那麼他就暫時休息一下；從修行的事相上來看他就是退轉，可是你說他有退嗎？沒有退的，他還是住在不退轉的智慧境界中；因爲他的見地、修行的成果是不會退失的，所以說他「非退」。

可是畢竟在實際的修行事修上面他是已經在開始退轉，已經暫時離開菩薩道，也許在家中休息，也許想一想說：「欸！很久沒有吃喝玩樂了，我再來吃喝玩樂一段時間看看怎麼樣。」也許經過半年、一年後想一想：「不過爾爾。」於是他又回來，又繼續上課修行，想一想還是法樂比較好，於是又回來了。所以到底有沒有退很難講，因此說這樣實證的人「非退非不退」。但這跟聲聞道是不一樣的，聲聞道的退就是退，沒有所謂的非不退；聲聞法中的不退，實際上是不可能的，因爲那一種情況就是會退的，退了以後再回來，也是有典故的。但是在佛法中沒有所謂退轉這個事情，因爲所謂的退轉，除非他的見地退失了，不肯認定所悟的第八識就是如來藏、眞如，另外再覓一個眞如、如來藏，又不肯接受攝受，就是退失了。另一種人也是退失的，是因爲善知識太慈悲，看他垂頭喪氣苦苦哀求而指導他悟入，不是自己眞參實修得來的，只是死記而無理解，解三回去之後久了竟然忘了所悟的內涵，當然也是退失的人。但是悟後事修上面的退轉，你不能夠說他是退，因爲他的見地是不搖動的，只是暫時懈怠罷了。所以證得這個法無我心、無思惟心的人，他是「非退非不退」的。

那麼實證這樣智慧的人，他所證的境界就是「非斷非常，非定非亂」。「非斷」是因爲所證的這個心是常恆、永遠常住而不間斷，所以「非斷」。可是這個法無我心所含藏的種子畢竟還有生滅變異，因爲有生滅變異，所以祂不是常。而我們在因地所證的這個法無我心、這個眞如心，必定得要非斷非常才好；如果所證的這個心內外皆常，那就很麻煩；因爲所含藏七轉識相應的種子、無明、業種等，如果永遠都是常，你深入想一想，一定會覺得很悲慘！爲什麼悲慘呢？還沒想到嗎？因爲如果業種都是常，那就每一世都要承受惡業，那還得了！所以那應該要無常啊！一念無明種子等，也應該要無常才好，否則一世又一世修行，染污種子依然是常，那永遠不可能成佛的。別說成佛，你現在第七住位要上升到第八住位都不可能，更別說成佛，所以應該「非斷非常」才好。那麼這個非斷非常的道理，我們大約在二十年前有一本小冊子，叫作《佛子之省思、眞假開悟之簡易辨正法》合訂本，就已經列出來了。

不但是「非斷非常」，還得要「非定非亂」。如果修學佛法所謂的證悟竟然是永遠常定、一心不亂，那就說他是個外道——心外求法。因爲外於如來心、外於自心眞如而落入意識中，外於眞實心而求眞實法，他就是心外求法者，那就是外道了。所以眞正的開悟應該證得第八識眞如心，祂的境界叫作「非定非亂」。

「非定」是什麼緣故呢？因爲這個法無我心，時時刻刻不斷在運作著，從來不曾一剎那休息，所以你不能夠說祂入定了；祂永遠不曾入定，因爲祂永遠不會住在任何定境中——非定。但祂也永遠不亂，如果說非定那就一定是散亂，祂可從來沒有散亂。所謂「散亂」的定義大家也應該瞭解，「散亂」的定義就是說攀緣於諸法，心不能止於一境。攀緣諸法時同時就會引生貪瞋癡等等心行、口行以及身行出來，打坐時心中念念不斷就叫作散亂。可是法無我心從來沒有這些事情，而且是無始劫以來就沒有這些事情，這不是世間定的境界，所以我們就說這叫作「大龍之定」。

在《楞嚴經》裡面說這個智慧境界叫作金剛三昧。如果有人說：「我修定最好了，一入定三個月，你能比得上我嗎？」你應該告訴他：「你那個定等於是幼稚園的一年級而已。」幼稚園的小班！他一定很生氣：「你這個人敢瞧不起我，你能夠入定三個月嗎？」你說：「我無始劫以來入定，到現在還在定中。」他一定不服氣：「你明明在跟我講話，怎麼在定中？」你說：「我的定就是這麼奇特，我在跟你講話時依舊在定中，沒有一點點語言文字妄想；而且所有世間定都不能與我相提並論，管他什麼非非想定、滅盡定都不能跟我相提並論。因爲我這個定既不出也不入，你作得到嗎？」他這一聽，一定張口結舌，爲什麼呢？因爲凡是世間定乃至滅盡定都是有出有入，可就是金剛三昧這個定沒有出也沒有入，因爲永遠不在散亂中，當然是定。但又不是在世間定裡面，所以又叫作「非定」，因此叫作「非定非亂」。

世間定一定有出有入，不外於六塵境界。即使是二禪等至位的無覺無觀三昧，也是有出有入。禪定的無覺無觀三昧，最高層次就是非想非非想定，依舊不離定境界中的法塵；可是這一個金剛三昧定永遠都不出不入，從來不曾住於六塵境界中。他聽到你這麼一說，一定無法想像這是什麼三昧，這時只好低下心來：「請問您這是什麼三昧啊？」你告訴他：「這叫作金剛三昧！」這時候他也只能聽你說話，再也插不上嘴了，因爲這不是他的境界。老實說，連阿羅漢都不知道這個境界，何況他一個凡夫能夠知道？所以這個定不出不入，因爲不出不入所以永遠都「非定非亂」。因此說這個定無法想像，因爲世間人所能想像的永遠都是在定與亂的兩邊轉來轉去；但是這個定，既不入定也不出定。可是你說祂不是定嗎？又不能說，因為祂永遠離一切散亂、離一切妄想，永遠住於止中，就是永遠住於奢摩他中，所以這樣子證的人就是在般若波羅蜜上面有所實證，這就是不退轉地的菩薩。

這樣的境界當然不可能有思惟，所以你悟了以後，無妨你的意識心繼續思惟諸法，可是你所轉依的「一切法無我心」的境界，就是這個「無名相法」、「無分別法」的境界中永遠「無思惟」，「無思惟」故永遠「無雜糅」。這就是「無思惟、無雜糅」的眞實義。

再來看《大般若波羅蜜多經》卷三七二〈三漸次品〉：【「復次，善現！菩薩摩訶薩不應以緣起之法思惟如來、應、正等覺。何以故？善現！緣起之法都無自性，若法無自性則無所有，若無所有則不可念。所以者何？善現！若無念、無思惟，是為佛隨念。善現！菩薩摩訶薩修行般若波羅蜜多時，應如是修佛隨念，若如是修佛隨念，是為菩薩摩訶薩作漸次業、修漸次學、行漸次行。」】

這段經文看起來是打了六祖惠能一巴掌，對不對？我們來看這段經文怎麼說：「菩薩摩訶薩，」也就是說證悟的菩薩們，「不應該以緣起之法來思惟如來、應、正等覺。」諸位回想一下，臺灣幾十年來，那一些印順派以及推崇印順的幾個大山頭大法師們，他們始終都說「佛法就是緣起性空」，他們認爲：釋迦如來已經過去，入無餘涅槃而不存在了，所以後世的弟子們爲了對祂永恆的懷念，就創作了般若經典、大乘經典。他們這麼講，意思是說：「釋迦如來已經過去了，如來的境界不過如此；祂所說的眞正的經典就只有四大部阿含，除此以外別無所說。所以般若系列經典、唯識系列等方廣第三法輪經典，全部都是後代的佛弟子們，由於對佛陀永恆的懷念而長期創作出來的。」

我說這些人膽子眞的很大，我看世俗人講的那句成語眞可用來形容他們：膽大包天！眞是形容得恰到好處。小小一個凡夫，膽敢如此妄發謬論貶低如來的智慧。但是從我們實證三乘菩提者立場來看，如來豈有灰飛煙滅的道理？但他們就因爲錯誤的認知，說如來說的法就只是緣起性空，別無他法；認爲實相般若諸經講的其實就是把四阿含的解脫道重講一遍，只是換個方式來說，不過就是緣起性空的另一種說法而已，有什麼奇特？至於第三轉法輪諸經，他們就把它拿來對半砍，只剩下「虛妄唯識門」，把「真實唯識門」砍掉，不承認，說沒有這回事；所以他們認為沒有如來藏可證，證如來藏的事是落入外道神我境界中的人所幹的事。

可是從我們來看，就覺得他們的說法很可笑；然而在我們沒有把這一些道理講出來之前，臺灣佛教界並沒有人知道他們說法的錯謬，所以大法師、大居士們都是信受奉行。因此我們正覺剛出來弘法時，海峽兩岸佛教界都有人罵我們是邪魔外道，也有人罵我們是新興宗教。但是我弘法二十幾年，二十幾了？張老師！我們弘法二十幾年了？不記得了，太久了！好像沒那麼久，你說得太久了。從張老師很年輕到現在也跟著我漸漸在老了，所以她已經算是長老老師了。從我們弘法以來佛教界都在看，看正覺什麼時候關門，關了門就證明是新興宗教了；因為新興宗教的定義大概都是十幾年就消失了。沒想到正覺如今二十幾年了還在，我是一九八九年就開始說法，但是實際上我是到一九九〇年才實證的，因此以前那幾年不算。從一九九〇到現在二〇一四年是幾年了？二十三年？二十四年。這證明正覺不是新興宗教。那麼現在佛教界有個現象就是，弟子如果向師父開口說：「**師父！我們出家這**

麼久，也沒有辦法開悟實證般若，該怎麼辦？我們眞的很想實證啊！」師父就說：「那你去正覺。」正覺同修會從新興宗教以及邪魔外道等名稱，轉變成現在這個樣子，這表示什麼？表示此法正眞。

如果法是正眞無訛，那是永遠不怕挑戰的。所以我們十幾年前《邪見與佛法》印出去接受法義辨正無遮大會，到現在也沒看到一個人來。沒看見一個人來倒好，要不然來一個鬼也行，但是都沒有，全都沒有。曾經有個密宗假藏傳佛教的那個某振仁波切的人來電說要來論證佛法，我們派了位老師等他們，結果爽約了也不來個電話取消約會。你們看，就是這麼回事。這就是說，佛法的實證，不能用緣起性空來解釋，因爲緣起性空只是佛法中的一部分，屬於聲聞解脫道。

而那一小部分是針對現象界的五陰、十八界來說的，那只是二乘的解脫道，還沒有涉及到大乘的成佛之道，都只是解脫道而不是眞正的佛法，只能說是佛法中的副產品，但卻有人拿了副產品就說這是眞正的佛法，以外別無佛法了。就好像有人愚癡，人家豆腐工廠製作豆腐時一定會有個副產品，叫作豆渣；譬如有的人沒看過豆腐、沒吃過豆腐，但有聽過豆腐這個名稱，有一天人家豆腐店已經賣光休息了，他不知道而去買豆腐，有人給他一些免費豆渣，他拿了一些豆渣就炫耀說：「這就是豆腐，再也沒有別的東西可以叫作豆腐了。」

同樣沒見過、沒吃過的人也都相信他。因爲大家都沒有看過豆腐，也都沒吃過，但那家豆腐店雖然關門了，可是冰庫裡面還有好多豆腐在那邊，留給預定的人，他都看不見；就算看見了也不知道，因爲他無明遮障，所以等於看不見。後來有一天人家把那個豆腐拿出來時，他卻說：「不！那不是豆腐。」他不相信那才是豆腐，反而認定豆渣才是豆腐。人家開始條分縷析說明：豆腐的特性是什麼？豆腐吃起來如何？味道如何？香味如何？它的軟硬度如何？煎起來如何？炒起來如何？蒸起來如何？都說明了。他剛開始還不信：「你講的不對，你是邪魔外道。」可是講到最後，他只好閉嘴，因爲他只看見豆渣而沒看見過豆腐，根本談不上話。這就是正覺出來弘揚時面對佛教界的模樣。所以我們讓人家吃吃豆腐無所謂啦，反正我們心地也柔軟；可是我們筆鋒犀利，我們的法義很雄猛。最後現在沒有人說我們是邪魔外道，只有外道說我們是外道。對他們而言，我們就是外道，我們跟他們不同道。

所以你看，這裡明明告訴我們「菩薩摩訶薩不應以緣起之法思惟如來、思惟三界應供、思惟正等正覺」，因爲如來之所證，不是只有一個副產品的緣起法。

接著就解釋：「何以故？善現！緣起之法都無自性。」一切藉緣而起之法都無自性，也就是說它不可能永遠常住不壞。那你想想二乘聖者所滅的是什麼？他證無餘涅槃就是滅掉五蘊、十八界。五蘊、十八界函蓋了三界一切有情，那麼這五蘊、十八界滅掉以後何曾有自性繼續留存著？怎能說入涅槃以後還能有了了靈知？所以根本就是無自性之生滅法。眞正的自性是常住法，才能夠說是有自性者。所以大乘法中所有寺院中的出家人都叫作「常住」，這個命名太好了，其實是告訴大家說：「我們出家要證的就是常住之法，不能只證緣起之法。」可是那一些糊塗阿師，教導了一堆的糊塗小師，於是大家都不當常住，可是嘴裡又說：「我們常住如何、如何。」那個眞的叫作口是心非。

話說回來，「如來」難道是緣起之法嗎？三界應供、正等正覺會是緣起之法嗎？不可能是。但他們卻以緣起之法來定義諸佛如來，所以才說「釋迦如來已經灰飛煙滅」。釋迦如來假使已經灰飛煙滅了，爲什麼會對末法時代的正法弘揚作了許多的安排？如果不是 世尊作了這麼多的安排，今天不會有正覺同修會，大家也別期待有了義正法可以實證。想想看，我上一世在江蘇、浙江那邊生活，那時的臺灣，說句難聽的話，正是鳥不生蛋的地方，一窮二白。可是爲什麼我要往生到這邊來？因爲佛菩薩安排指示了，否則我不會來的。安排這樣的因緣，到了這邊終於開放言論自由時，眞的可以百花齊放、百家爭鳴都不會有事，所以我們就可以把這個衆生所不曾聽過的法演說出來，並且書之爲文、梓行成書流通於世，更能持之久遠。

二十幾年下來，眞正的佛法終於被大家重新認識說：「**原來佛法不只是講緣起法，佛法是常住法。**」終於大家開始認識了：如來絕對不是緣起法。不是像印順法師說的：「如來在人間出現只是一個偶然。」他的《妙雲集》在告訴大家的就是這個道理。但 釋迦如來出現在人間絕對不是偶然，如來什麼時候要來人間，在很多劫以前就已經確定了，而且千佛相約同在賢劫中先後成佛，怎麼可以說是一個偶然。那他是用緣起法來解釋，也不懂成佛之道三大阿僧祇劫應修證的內涵，就變成偶然的說法了，因此他的佛法理路就越走越偏。既然叫作「如來」，就表示祂無來無去；無來無去之法不可能是緣起法，因此解釋說：「緣起之法都無自性，藉緣而起的法就是有生之法，有生之法終必壞滅，這是法界中不變的定律。」

所以接著就說「若法無自性則無所有」。如果法沒有常住不壞的自性，這就是無所有的法，因爲它終歸壞滅，當它壞滅時就無所有。如果是「無所有則不可念」，不需要去憶念它，因爲這個終究會壞，應該要憶念的是常住之法。所以又解釋說：「善現！若無念、無思惟，是爲佛隨念。」

「佛隨念」之法，沒有人敢加以弘傳，因爲如果要修學這個「佛隨念」之法，那就要長時間而且要永遠都是「無念、無思惟」；如果他誤會了當作是意識的境界來說，問題可就大了，因爲徒眾跟久了以後有一天會問：「師父！你不是說修行要無念、無思惟，可是我們下座以後要討論很多事情，我們寺院要興建，徒眾要攝受，要接引有情，在在都要思惟，都要討論啊！那我們上座時無念是開悟，下座以後有念就變成沒有開悟了。開悟應該是一悟永悟，怎麼會是有時悟、有時不悟，有時不悟之後上座又是開悟？開悟不是一悟永悟的嗎？」這一問，師父不能夠說他沒有道理！

如果一個人問，唬弄一下、籠罩一下，暫時交代過去了；可是如果這個徒弟認爲師父的答覆他不滿意，又去跟別的師兄弟討論，討論的結果，大家漸漸會產生一個共識：「我們這個法好像不對喔！」那他怎麼辦？所以乾脆不要教導佛學院眞正的佛法，只要求弟子們好好作事情就是修行了。有的道場是這樣：「都不要講話，好好修行；修行怎麼修？就是作事，都不要說話，最好一生都禁語最好，這就是保證悟境。」可是，這樣一來，智慧不是越來越糟了嗎？智慧是應當在修學之中越來越進步，可是修學時不能免除言語，沒有言語時如何能夠聞法請益進修呢？所以，這個法乾脆不傳，那就天下太平，大家作事就好了！

但是「佛隨念」不是他們這回事，也就是說，諸佛的隨念，諸佛永遠存在的作意就是眞實心永遠「無念、無思惟」。這個「無念、無思惟」當然不可能是七轉識的境界。所以應當去實證「無名相法」、「無分別法」，這樣實證的人才是有般若波羅蜜的人。因此又開示說：「須菩提啊！菩薩摩訶薩修行般若波羅蜜多時，應該像這樣子修佛隨念，如果像這樣來修學佛隨念，就是菩薩摩訶薩『作漸次業、修漸次學、行漸次行』。」這告訴我們什麼道理？

告訴我們說：「不是一念即至佛地，不是一悟即至佛地。」只有最後身菩薩下生成佛時，才能一悟即至佛地；其他的菩薩們開悟時，那一念是悟了沒有錯，但只是在因地開悟，悟了只不過是證得眞如而已；若是往世未曾悟過，眞見道位還得要好幾年的學習觀行才能不退的，有的人甚至要好幾世才能完成；至於後面如何把般若的見道加以通達，這可不是三生、兩生的事。所以悟後要修那三品心，也得修那十六品心、九品心；這些智慧全都完成了還要配合伏除性障、福德增長，然後在佛前發起增上意樂，才能夠入地的，哪有那麼簡單一悟即至佛地？

因此說，悟後不等於成佛；得要是最後身菩薩才能夠說悟了就可以成佛，若不是最後身菩薩，就只有一個可能：他本來已經成佛，後來爲了某一個因緣再來人間示現；只有這個可能，沒有第二種可能。所以若不是成佛後再來示現，那就是最後身菩薩位才能一悟就成佛。就像 釋迦如來眞是古佛，因爲無量無邊百千萬億那由他劫之前已經成佛了；可是因爲在因地時是一位轉輪聖王的兒子，那時總共有一千個兄弟，大家學佛之後約定，將來要在同一劫中陸續成佛。可是一千個兄弟之中，有的人要等很久才能成佛，在大家都能成佛時，有的兄弟已經先成佛了，那又何必要繼續等著大家？當然可以先成佛。等到一千個兄弟都能成佛時，也就是等那一位最懈怠的兄弟也可以成佛時，大家再來滿那個願，在某一大劫中，一千個兄弟次第成佛。

所以賢劫千佛之中究竟是哪一尊佛往昔最懈怠，讓大家要等到現在一起來示現成佛？這是他們一千佛才知道的事，也不會告訴我們。頂多只告訴我們說 彌勒菩薩發心比 釋迦如來更早，但是晚成佛，而他攝受的有情也最多。最多就只是講這個，但不會把一千個兄弟誰最懈怠的事情講出來。所以釋迦如來其實是古佛，重新再來娑婆示現時當然可以一悟成佛。要不然就像彌勒菩薩是最後身菩薩，當然下生人間時出家後是一悟即至佛地。至於世間其他的人，才一證悟就能到達佛地嗎？譬如六祖，有人很不服氣說我評論六祖，其實我沒有評論六祖，我只是依法論法而說如實語。例如六祖有沒有一切種智？假使他受生再來了，能不能通達《成唯識論》？這眞是大哉問！好大一個問號，道理很明白，問題就在這裡！

這意思就是說：悟了得要再修行，不是這麼一悟就成佛了。如果一悟即至佛地是實語而不是方便語，那麼六祖也應該已經成佛了！再請問六祖座下的那一些弟子們有沒有悟？有很多人開悟啊！那麼當時世間就應當有多佛同時住世了。可是 如來說一個三千大千世界中只會有一尊佛，不會有二佛並存，那麼「一悟即至佛地」到底是實說還是虛說？當然是虛說，因爲那是六祖慈悲而作方便說，誘引大家努力來修行參禪。但是我們能不能責備六祖？不能。因爲禪宗在那個時候，幾乎都是代代單傳，勢力很單薄，那時六祖要建立佛法，必須要廣傳；要廣傳時當然要講得好聽一點，說一悟即至佛地。大家聽了想：「**一悟就可以成佛，太棒了，我不學還等什麼時候？**」因此六祖那時就這樣子弘傳，也才能夠一花開五葉，否則哪來那禪宗的五大宗派。因此六祖是方便說，是獎導大家努力投入禪宗實證，這樣佛法才能夠遍地開花，否則佛法要廣傳很難，這就是六祖的方便善巧。

回到經文來，說要證悟這個「**無名相法**」、「**無分別法**」，然後就可以有「**佛隨念**」，作意中就一直都知道有一個心：祂是無名相、無分別的，這個心永遠是「**無念、無思惟**」的。雖然不會常常出現，可是一旦有人提到這個，你馬上就會說：「**本來如此。**」你永遠不會退轉於這種作意，這叫作「**佛隨念**」。

那麼這樣修的話，應該要「作漸次業、修漸次學、行漸次行」。意思是說已經成爲菩薩摩訶薩了，卻要「作漸次業、修漸次學、行漸次行」。這告訴我們說，悟了不等於是佛，悟後還得要好好修學，所以漸次所應作的業就漸次去作，漸次應學的法就漸次去學，漸次應行的菩薩道雖然很難行，你也就漸次去行，這樣才能夠次第前進而成佛。可是談到成佛其實還是有一點標榜，爲什麼呢？因爲般若系列的經典你都學通達了，也才不過入地而已；接著還要學一切種智，那就是第三轉法輪諸經所說的法。所以由此看來，沒有所謂一悟成佛的事，除非他是古佛再來示現，或者他是最後身菩薩，否則沒有一悟成佛的事。那這一段把「無念、無思惟」講得很清楚，這其實就是「佛隨念」。一切菩薩摩訶薩莫不有這個「佛隨念」，只是這個「佛隨念」的層次有高低差別，或者是有無究竟的差別而已。

接著再來看《大般若波羅蜜多經》卷三七三〈三漸次品〉：「善現！如是諸法皆無自性，若法無自性則無所有，若無所有則不可念。所以者何？善現！若無念、無思惟，是爲法隨念。善現！菩薩摩訶薩修行般若波羅蜜多時，應如是修法隨念，若如是修法隨念，是爲菩薩摩訶薩作漸次業、修漸次學、行漸次行。」

「佛隨念」講完了再來講「法隨念」，後面再說「僧隨念」。因爲這段經文前面還有一段話，才作結論說：「就像是這樣子，諸法皆無自性，」諸法無自性，當然是說蘊處界等諸法緣起性空，依於非心心眞如法而出生，所以諸法無自性。可是如果你從一切法的根源「無名相法」來看諸法時，其實不看一切諸法，所以也沒有諸法自性可言，因此說「諸法無自性」。那麼如果法沒有常住不壞的自性，也就是無所有，所以在眞如境界中無一法可得，無一法可得就是法無所有，既然無所有則不可念。所以你們可以去看，你的眞如有沒有憶念過哪一法？從來不念一法，永遠不念一法。過去如是，現在如是，未來仍將如是，永遠都不念一法，這樣就說「法不可念」，因爲無所有。

那爲什麼這樣呢？爲什麼要這麼說呢？這就是說，如果「無念、無思惟」，就是「法隨念」。所以佛隨念是「無念、無思惟」，「法隨念」依舊是「無念、無思惟」。那麼證「佛隨念」、證「法隨念」的人，永遠都住於這樣的境界，都是「無念、無思惟」，不該有時住這個境界，有時離開這個境界，因爲這是智慧境界，不是世間禪定。既然「無念、無思惟」是「法隨念」，所以菩薩摩訶薩修行般若波羅蜜多時，應該這樣來修「法隨念」；如果能夠像這樣修「法隨念」，這就是菩薩摩訶薩在作漸次業，在修漸次學，在行漸次行。換句話說，「佛隨念」不是悟了就具足，「法隨念」也不是悟了就具足，而是悟後要繼續進修的。那麼這就叫作「無念、無思惟」，換句話說，「無念、無思惟」不是三界中法，而是「無名相法、無分別法」的眞如境界，只有祂才能夠成爲三寶的本質。

再來看下一段，《大般若波羅蜜多經》卷三七三〈三漸次品〉：「善現！若無念、無思惟，是爲僧隨念。善現！菩薩摩訶薩修行般若波羅蜜多時，應如是修僧隨念；若如是修僧隨念，是爲菩薩摩訶薩作漸次業、修漸次學、行漸次行。」

「僧隨念」依舊是要證這個「無念、無思惟」的眞如境界，三寶本質是這個。後面還有一個「戒隨念」，依舊是如此。總之，一切法都是要依「無念、無思惟」這個法而修而證。所以告訴大家說：「如果像這樣子無念、無思惟，這才是眞正的僧隨念。」意思就是說，眞正的出家人就是這個「無念、無思惟」的心；你證了這個「無念、無思惟」時，就是眞正的出家人。如果不能證這個「無念、無思惟」，那你得要努力成爲眞正的出家人，離開表相出家人那個表相菩薩位。那麼證得這個「無念、無思惟」之後，依於你的菩薩戒，依於你的菩薩體，才能夠說你是實義菩薩，再也不是表相菩薩了。這時你就有了「僧隨念」，因爲所謂的佛、所謂的法、所謂的僧，就是這個「無名相法」，所住的境界就是「無念、無思惟」的境界。這樣實證、開悟了以後成爲菩薩摩訶薩了，繼續再修學般若波羅蜜多時，就是應該要依於這個法來「作漸次業、修漸次學、行漸次行」，最後才可以入地。

接著來看「戒隨念」，《大般若波羅蜜多經》卷三七三〈三漸次品〉：「善現！若無念、無思惟，是爲戒隨念。善現！菩薩摩訶薩修行般若波羅蜜多時，應如是修戒隨念，若如是修戒隨念，是爲菩薩摩訶薩作漸次業、修漸次學、行漸次行。」先有佛，再有法，然後才有僧。證了佛、法、僧隨念以後，依於這樣的作意而住，這就是「佛隨念、法隨念、僧隨念、戒隨念」了。四種隨念都是這麼講，所證的標的全都是這個「無念、無思惟」之法。那麼這樣子證得般若波羅蜜以後，就是應該這樣護持這個「戒隨念」，然後「作漸次業、修漸次學、行漸次行」。

總而言之，歸結到最後就是你要去證這個「無名相法」、要證這個「無分別法」，然後你就有了佛、法、僧、戒四種隨念。有這四種隨念後，你還得繼續次第修學，也就是作漸次業，必須要有身行去「作漸次業」。該有的每一個階段法義，每個階段實修時該有的福德，你全部都去修，每一個階段應該要學的你都漸次去學，每一個階段應該要利樂有情的都漸次去行，都必須這樣子作，才是眞正的菩薩摩訶薩在行菩薩道。可是歸結到根本來，都還是依這個「無念、無思惟」法而來的。而這個「無念、無思惟」的法就是第八識，在《佛藏經》中一開始就告訴大家說這個叫作「無名相法」、「無分別法」。

接著來講「不取不捨」。不取不捨，對於一般人來說很難以理解，所以當他們學佛以後，爲了要符合經中說的佛法，因此他們的身、口、意行就變得很奇怪；因爲，在現象界中永遠都會有取捨，包括修學佛道時，意識心仍然要有取捨，否則你沒有辦法修學佛法；千萬不要把眞如「無名相法」的境界拿來套在意識心自己身上，否則管保他一生成爲一個怪人。眞的啊！就是有這樣的事情。所以當他們遇到任何事情時，很想要取，可是不敢取；因爲若是取了，信徒、弟子眾等都會說：「師父！您怎麼還是要取？您講經不是告訴我們要不取不捨嗎？」那到底該取還是不取？很猶豫了！終於取了回來，弟子說：「師父！既然您取了回來，我們現在若是想要捨，又變成有取有捨了，那您當初不要取就好了嘛！」可是師父說：「我如果不取，咱們道場大眾吃什麼？」眞是兩難！的確是兩難，但兩難的問題出在哪裡？在他把如來藏的境界套在意識頭上，所以問題就來了，因此有不少人出家以後很痛苦。

可是禪師家不管你這一些，因此：「如何是禪？」「吃茶去。」請問吃茶去是不是取？是啊！是取。那你吃了熱茶可別流汗，流汗就是捨了。那要怎麼辦？沒辦法了，所以寺裡上上下下都無可奈何。可是禪師家不跟你講這一些，就像廣欽老和尚坐在涼椅上，看看人家朝山上來了，他就一位又一位招呼：「吃粥去喔！吃粥去喔！」吃粥不是取了嗎？可是對他而言沒有這個困擾，因爲吃粥之中自然就有不取不捨的！佛法應當如是會。

所以說，把實相法界的自性硬要拿來套在現象法界裡面修行，那他們就是自取其擾，永遠沒辦法解決。因爲實相法界與現象法界永遠是並存的，各自運行互不干擾、互相幫忙。本來就如此啊！現在住於現象法界這邊，竟然想要把實相法界拉到現象界來套用，假使眞能拉過來，祂就變成現象界的法了，那怎麼可能繼續維持實相法界的一切？那實相界如果眞的被他拉過來成爲現象界中的法，這一拉過來以後會變成怎麼樣？嗯？會變成怎麼樣？變成全部都是生滅法，那他死了就變斷滅空，因爲不生不滅的實相法界已經滅失了。而且說句難聽的話，一拉過來他就會立即死掉。對啊！因爲他的實相法界竟然變現象界了，那時有兩個現象界，而那個實相法界滅失了，他已經沒有實相法界再來支援他的現象法界，那他當場就得死掉了。

所以「渾沌」死不得，中國有一個神話說，渾沌永遠都是渾渾沌沌，不見不聞不覺不知，什麼都不知道；有一天他的好朋友們說：「**你這樣什麼都不知道，還眞可憐！**」今天幫「渾沌」開鑿兩眼出來，終於能見了；明天再幫他開鑿兩耳出來，能聽了；就這樣一直開鑿，結果全部都通了，七竅都有了，現在見聞了了分明，結果就是「渾沌」死了！因爲再也不渾沌了。對不對？欸！這個寓言還說的有道理，所以後來「渾沌」就死了。「渾沌」爲什麼叫作渾沌？因爲渾渾噩噩永遠不知。所以中國古人還眞有智慧，講出這個寓言來。那我們來看看，你的如來藏是不是每天渾渾沌沌？是啊！渾渾沌沌的卻是裝迷糊，祂會的你永遠不會；凡是祂所會的，你都無法想像祂爲什麼能夠作到？祂爲什麼會這一些法？換了你、你永遠都不會。所以，到底是誰渾沌？其實是聰明的人渾沌；因爲人家渾沌永遠不會死，有許多好朋友把他鑿開七竅以後，結果是渾沌死掉了，這就是愚癡人，多此一舉。

因此「**不取不捨**」不是在講意識心應當如是安住的事，而是說實相法界是永遠「**不取不捨**」的；那麼實相法界其實就是《佛藏經》說的這個「**無名相法**」、「**無分別法**」。爲什麼祂「**不取不捨**」？因爲這個「**無名相法**」如來藏心，祂永遠不住於六塵境界中，雖然祂會出生十八界的六塵給有情，可是祂從來不了知六塵，了知六塵境界是有情自己的事；祂供應六塵給有情，而祂自己不加以了別；既然不加以了別，祂就沒有取可說了。在大乘法中都說眞如離一切名相，言語道斷，也說眞如離見聞覺知；以前佛教界從來沒有人講這樣的法，因爲不敢講。

例如大精進菩薩好不容易父母同意他出家了，他出家時只帶著一幅佛陀的畫像，到了空曠之處掛在樹上，然後他坐下來看著佛像思惟：猶如此佛畫像無覺無知，諸佛亦復如是無覺無知；猶如此一幅佛陀的畫像，無出息無入息，諸佛亦復如是無出息無入息。就這樣去觀察，從觀察佛像來思惟到諸佛的實際。如果不是證得如來藏，讀這一段經文時要怎麼解讀呢？根本沒辦法理解，一定會覺得：「很奇怪！佛的畫像當然不知不覺，可是諸佛怎麼可能不知不覺？佛的畫像當然沒有出息沒有入息，但諸佛怎麼可能沒有出息沒有入息？這到底在講什麼？」百思不得其解！

好在有善根，所以心裡想：「這部經典可能義理很深，以致我不能瞭解，佛陀才能瞭解。」只好這樣想。可是善根不夠的人就會毀謗：「這些大乘經典都是後代佛弟子們長期共同編造出來的，你看裡面的說法跟四阿含諸經不一樣啊！根本就不是眞正的經典，一定是僞經。」他們膽子夠大，敢這麼講；我可是膽小如鼠，從來不敢這麼講，連想都不敢這麼想。所以他們從來不肯也不敢拿這樣的經教來爲大眾演說。

但你只要眞正的悟了，證得「無名相法」如來藏心，再來讀這一段經教時，你會擊掌說：「唉呀！好親切！」那麼諸佛如來無出息無入息，諸佛如來離見聞覺知，當你找到如來藏時，當你看到一切應化諸佛時，很清楚知道一切諸佛的本際都是這個第八識心；那這樣，你就是《金剛經》說的「親見如來的人」了。如果是以色蘊來見「如來」，聽聲音來見「如來」而說：「這位說法的就是如來。」那這個人就是行邪道的人，其實沒有看見眞正的「如來」；因爲他只看見應身佛、化身佛的表相，而一切如來的實際他從來不曾看見，《金剛經》就說這個人不曾見到如來。

所以學佛時一定要弄清楚：學佛人自己的五陰、十八界，永遠都住於現象界中，這個住於現象界中的五陰、十八界不能移轉到實相法界的境界中住；除非你從轉依來說，才可以這麼說。因此「不取不捨」是「無名相法」的境界，不是五陰、十八界所住的境界。而這個不取不捨的境界是五陰、十八界所應該依止的境界，逐步邁向佛地。那麼不取不捨的永遠不是五陰的自己，在修學佛道的過程，乃至將來成佛以後度眾生時五蘊都必須要有取捨；因此不可救度的有情便暫時捨之，留待未來；能救度的立刻先取、先救度之，這也是有取捨。

例如金師之子、浣衣之子，他們的大阿羅漢師父所教的法門不對，佛陀教他們說：「你這個金師之子，應該捨棄不淨觀，取法於數息觀。」「你這個浣衣之子，應該捨棄數息觀，改取不淨觀。」那　佛陀不是叫人家取捨了嗎？是啊！但是無礙於　佛陀自身所住的「無名相法」不取不捨境界。所以取捨的事情對禪師而言，從來沒有困擾，但是對於凡夫的禪師，就有很大的困擾了；因爲遇到某一個居士來，一問之下瞠目結舌，不知道該怎麼答。所以當這一些瞎眼阿師突然間看見有一個實證的禪師出世了，不必幾年他們就開始痛恨那個眞禪師。因此，到了末法之世，被人家廣爲毀謗攻擊的禪師才是眞悟者，被人家廣爲讚歎的禪師往往不是眞悟者，通常都是凡夫。因爲大家都一樣落在離念靈知中，當然要互相稱讚，才能維持既有的名聞與利養，怎麼可能去稱讚一個跟自己證境不一樣的人，那豈不是要承認自己沒有開悟？

現象界中的事情就是這樣，可是這一些毀罵眞悟禪師的大法師們，以及被罵的眞悟禪師兩方，他們兩方的本際第八識依舊不取不捨，所以取捨與否對本際沒有影響。那麼你實證之後，來看自己、看眾生、看辱罵你的那一些眾生的本際，看起來都是無取無捨，永遠「不取不捨」。所以你證悟以後一切好辦，假使哪一天有個大企業家來說：「欸！我聽說你是證悟者，我來供養你就有大福德，但是我得要先試驗看看，你是不是大證悟者？」「好！那你說。」「我帶著一張支票，十億元臺幣供養你，請你不取不捨受供養。」「你欸！我就是沒有遇到這個機會，眞的是。假使哪天眞要遇到了，我說：「你支票先讓我看看是不是眞的十億元。」他才剛拿出來，我一把就抓過來（大眾笑…）：「這可以拿來辦冬令救濟，多好啊！」那他一定抗議：「你不是不取不捨嗎？怎麼就把我的支票拿了，這不是取了嗎？」我就告訴他：「你喚什麼作不取？」然後我帶著支票扭頭就走，不理他了。等他哪一天上門興師問罪，我就告訴他了：「正取時，不取亦不捨；正捨時，不取亦不捨，如是會，方能契如如！」那他一定半信半疑，我說：「你不必疑了，到禪淨班來好好學；等你會了，我告訴你，你一定不再質疑我了，那時候你得再開一張十億元的票子來。」因爲他家有的是錢，他無處花。所以實相心不取不捨時，不妨礙五蘊於一切法中的取捨，這才是眞實的佛法。否則佛法中講「理事圓融」是怎麼談的？正好是如此啊！

那麼這個「不取不捨」一樣也有《般若經》可以來爲大家作補充說明：《摩訶般若波羅蜜經》卷二十一〈方便品〉：【須菩提白佛言：「世尊！般若波羅蜜有法可取可捨不？」佛言：「不也！須菩提！般若波羅蜜無法可取、

無法可捨。何以故？一切法不取不捨故。」】讀到這樣的經文眞叫人傷腦筋啊！因爲你如果沒有轉依於「無名相法」時，這個經文根本沒有辦法理解。

須菩提向　佛陀稟白說：「世尊！般若波羅蜜，」也就是智慧到彼岸，「有法可以取、可以捨嗎？」佛陀說：「沒有！須菩提！這個智慧到彼岸的境界，其中沒有法可取、沒有法可捨，爲什麼呢？因爲一切法都不取不捨的緣故！」對一般人來講，一定會說：「佛陀這樣答了也等於沒答。」看來就是把須菩提的問話重新再講一遍「無取無捨」，但緣由是什麼？就沒有說明。爲什麼不說？這要等你自己來體驗。對須菩提等人來講，這根本不用解釋，須菩提本身也不是不瞭解這個道理，但他特地要提出來問，這樣師徒共同來把道理講清楚，眾生就在師徒的問答之中，一步一步往上提升。般若波羅蜜就是智慧到彼岸，智慧到彼岸對一般人來講，其實很多人的想法都是說：「因爲我們有智慧，所以我們到了另外一個境界之中，那個境界之中是沒有生死的，是沒有取捨的。」都是這樣想，可是實際理地並非如此。

「智慧到彼岸」是你當下就在彼岸了，但是在無生無死的彼岸中無妨繼續住在有生死的此岸，繼續自度度他，這才是「智慧到彼岸」。所以，在這樣的情況下，能取法、能捨法嗎？當你已經證得般若波羅蜜，如果捨棄了這個五陰、十八界，這就是捨；捨了以後是要取無餘涅槃，取了無餘涅槃時還有般若波羅蜜嗎？已經不存在了！所以阿羅漢入了無餘涅槃，沒有般若波羅蜜；因爲那個時候他沒有智慧了，也沒有五蘊可到無生無死的彼岸。這個道理聽起來好像有點怪，是不是？如果是會外那些少聞寡慧的人聽了又要罵：「這蕭平實，又要亂講，又在毀謗阿羅漢。」可是我不曾毀謗過！我說的都是如實語。以前《邪見與佛法》被燒掉了很多，被撕掉了很多，也被拿去環保回收了很多。可是問題來了，都十幾年了，他們能推翻我的說法嗎？不論從聖教量或者從現量，甚至用比量來講都好，都沒辦法推翻！因爲這是法界中的事實。

所以阿羅漢沒有般若波羅蜜，他們都沒有智慧到彼岸，因爲他們到彼岸時五蘊消失了，還有阿羅漢能到彼岸嗎？所以我說阿羅漢沒有證涅槃，因爲他們入無餘涅槃時，他們已經不存在了，怎能叫作證涅槃？雖然這樣還是無餘涅槃，但他們入無餘涅槃時已經沒有實證，因爲他們五蘊都不在了。這個道理我十幾年前說了，也不是讀來的，那時候根本不知道過去曾經有論寫到這個道理。現在如果有人要質疑也沒關係，我把過去世寫的論抄出來：「你看！古人有這麼說。」古人其實就是今人啊！他們也無可奈何。可是他們信我過去世寫的論，我就讓他們信古人，無所謂的。他們不信我這一世都沒關係，只要願意信過去世那個人講的也就夠了。

這意思就是說，其實所謂的「智慧到彼岸」，一定是有一個得到智慧的人現觀自己已經到達無生死的彼岸了；這個得到智慧的人，他可以現前看到自己已經在無生死的彼岸。那麼請已經證悟的諸位，大家都來看看：你現在的五蘊是有生死的，可是這個有生死的五蘊卻是住在沒有生死的如來藏之中；而如來藏是沒生死的，那你有這個智慧可以如此現觀時，就是已經住在沒有生死的彼岸了。對啊！你本來就在沒有生死的環境裡面，然後在這個沒有生死的涅槃境界中死了，下一輩子再出生另一個五蘊，也還是在無生死的如來藏中出生；所以這個張三死了，來世出生另一個李四，李四依往世證悟的種子再重新悟了就說：「現觀我這五蘊住在沒有生死的如來藏裡面，雖然我李四有生死，可是我還沒有死以前就有這個智慧，就知道無生無死的彼岸是什麼。我本身已經處於無生死的如來藏之中，那我李四就是以智慧到達無

生死的彼岸，那我又何妨世世繼續生死利樂有情。」所以生死之中已經無生死了。

但是，這卻不是外道的現見涅槃，因爲外道的現見涅槃全部都是在意識的生死境界之中；菩薩證的這一個境界卻是如來藏的境界，但是五陰、十八界都沒有捨棄，所以擁有這個智慧而看見五陰、十八界住在沒有生死的如來藏中，這就是智慧到彼岸，這才能夠說不取也不捨。這時你不能夠取一切法，也不需要取一切法，因爲一切法本自具足；這時你也不需要捨一切法，爲什麼呢？因爲你不用捨，現在所住的如來藏自身境界中就無一法可捨，那你何必再捨什麼呢？這樣看來，眞的！佛說的絕無虛言：「**般若波羅蜜無法可取、無法可捨。**」爲什麼這樣說呢？因爲如來藏的境界是對一切法不取不捨的緣故。一切法來自如來藏，都歸如來藏所有，所以一切法就是如來藏；以這個「**無名相法**」如來藏來函蓋一切法，而一切法都是如來藏所有的，那麼一切法就是如來藏，所以一切法不取不捨。當一切法不取不捨時，你還有什麼需要取需要捨？這就是大般若波羅蜜。

《金剛三昧經》也有談到不取不捨。《金剛三昧經》卷一〈無相法品〉：

【解脫菩薩而白佛言：「尊者！無生之心，有何取捨？住何法相？」佛言：「無生之心，不取、不捨；住於不心、住於不法。」】這些經典在我們同修會來說都是寶貝，因爲這是支持我們同修會可以矗立正法幢在佛教中永遠屹立不倒的根據。所以我們很感謝白馬精舍印製《大正藏》以成本價流通。不管誰印的我都感謝，雖然印的是日本人的《大正藏》，我們也感謝；然後我們再用這些經典作依據，把東密、西密所根據的那些經典破斥了，所以還是要感謝。因爲他們推廣正法很有功德，如果不是他們廣爲印製流通，我們就沒有根據可以引證了。所以你看臺灣的《大藏經》、《大正藏》這麼普及，太棒了！我一向都讚歎白馬精舍，他們眞是大功德一件。我對他們沒有絲毫輕視之意，只有誠懇的感激讚歎！有誰願意用成本價付出勞力去作？沒有！我二十年前買的那一套《大正藏》才三萬六千塊臺幣，夠便宜啊！但是我們可以運用自如，眞是太好了！

那麼現在回頭來看，《金剛三昧經》中解脫菩薩向 佛陀稟白說：「尊者！無生之心，有什麼取捨？住於什麼法相？」解脫菩薩不是爲自己問，他是爲大眾問的，說：「這個無生的心有什麼取捨？住在什麼法相裡面？」佛陀開示說：「**無生之心，不取也不捨，祂住於沒有心的境界，住於沒有法的境界。**」無生之心絕對不是指一念不生的離念靈知，離念靈知是有生的，是這一世五陰出生以後才有的；如果不是入胎有了這個五陰，不會有離念靈知的。既是有生之心，既然是已經出生了，絕不可能經過修行把祂變成無生。沒有一個法可以說，祂生了以後可以轉變成無生。因爲生就已經生了，再也沒有無生這回事了。那麼既然已經生了，將來就必定有滅；所以無生的法一定是本來就不曾出生，祂法爾如是的存在，永遠住於祂自己的境界中，所以叫作「法住法位」永不改變的。

那麼這個無生之心不可能有取有捨，有生之心才會有取有捨。諸位從自己所證的如來藏「**無名相法**」來看，你的如來藏曾經一剎那取過嗎？曾經一剎那捨過嗎？祂在六塵萬法之中從來不取不捨，這才是眞正的無生之心。證得無生之心而能夠理解祂，對祂有勝解，如實具足眞見道位的智慧，這時才能夠說是眞的開悟了，才能夠說是菩薩摩訶薩。那麼這個心到底住於什麼樣的境界？一般修行人都說：「**心當然會住於一種境界裡面，所以我們離念時住在離念境界中；如果我們有妄想雜念時，那就是住在妄想境界中，就是散**

亂，那就有生。」可是無生之心住於無心的境界中，也就是說「無名相法」這個如來藏心，祂住在沒有世間心的境界裡面。世間心是指什麼？是指眼、耳、鼻、舌、身、意加上第七末那識，這就是世間心。這一些就是眾生所知的心，這些心的境界，無生之心從來不住，所以說「住於不心」，也就是住於沒有心的境界。

而且「住於不法」，住在沒有法的境界裡面。對一般人來講，這很奇怪，他們一定想：「住於沒有法的境界，那簡單嘛！我只要上座一念不生就沒有法了！」他們都如是認爲。可是定境是不是法？是法。那麼住於定境中的那個覺知心是不是法？也是法。而覺知心住於定境時有了知的功能，那時持續運作的五遍行、五別境等心所法是不是法？也是法。住於那個定境中一念不生時，要不要有色、受、想、行、識共同運作呢？要！這五個也是法。所以離念靈知得住於很多法中才能存在，何曾「住於不法」？所以這經典的意思還眞的難理解，你必須要實證了「無名相法」以後，才能夠瞭解：「原來住於不法，住於無法的心，才是眞的如來藏心，而我以前竟然不知道。今天聽了善知識說明，才知道原來這也是法、那也是法，我意識所住的法還眞多啊！」本來還以爲一念不生就是無一法，沒想到一念不生之中還有這麼多法，只好乖乖來正覺修學。

學了以後，終於實證了，再來觀察：「我證的這個『無名相法』如來藏是不是無心之心？嗯！果然如此，還眞不可推翻！」那這個無心之心所住的境界之中有沒有法呢？結果是無一法可得。因爲祂永遠離見聞覺知，永遠不在六塵境界中了別，所以永遠沒有一法可得，所以「住於不法」。那麼請問：「既然祂永遠是無心，永遠是無法可得，祂有沒有取捨？」祂自住的境界中無一法存在，當然不可能取，所以也不可能捨！既然不可能取就無一法可得，那祂能捨什麼法？當然不能捨什麼法。其實祂根本就不必捨，所以也就沒有「不能捨」可說。

再來看《大般若波羅蜜多經》卷三十七〈無住品〉：【如是梵志以離相門，於一切智智得信解已，於一切法皆不取相，亦不思惟無相，諸法以相、無相法皆不可得故。如是梵志由勝解力，於一切法不取不捨，實相法中無取捨故。時，彼梵志於自信解乃至於涅槃亦不取著，所以者何？以一切法本性皆空，不可取故。」】

我說這些般若系列的經典，令那一些錯誤的大法師們心頭眞的惶惶然不可終日！就怕誰來問《般若經》裡面的這一些聖教。可是對於一個實證如來藏的人來講，這是很容易理解的事，因爲這是講解自心的境界啊！當你實證了自心如來藏以後，看見自己的如來藏所住的境界，祂本來就是如此，從來不異於此、不外於此。我們就來說說這一段經文；這是說有一個外道的修行人，出家修行之後遇到了佛法，他就以這個離相門修離相之法，在一切智智上面得到了信解。

「離相」有很多人誤會，但是在我們來講並不把它當一回事，我們拿它來當工具。所以往往參禪時，我會說：「你把這個色蘊捨掉，再把識蘊捨掉，再把受、想、行蘊給捨掉，一一都捨了，捨到最後你看看剩下什麼？」這就是「離相」，離五蘊相。如果這樣太粗糙，不然就如此：你把六根找出來就把六根捨了，把六塵找出來也捨了，再把六識找出來也捨了，那麼看看剩下什麼呢？這不就是「離相」嗎？把我相具足離開以後，一定會剩下一個法，而那個法不是法；但我不是罵祂，因爲祂眞的不是法，祂方便叫作「無名相法」，祂叫作「無分別法」，這樣實證了就是「離相門」。

只要你能夠用這個離相門來修行，而且眞的對一切智智得到信解，這時你轉依於這「無名相法」，對一切法都是不取相的，因爲你轉依於祂，祂對一切法不取相；所以你五蘊儘管取相，但祂仍然是不取相，因爲五蘊背後的如來藏從來不取相。如果不是這樣的話，菩薩怎麼能修行成佛，一定要如此實修才行。如果你說意識覺知心一定要不取相，好了，請問你：你來聽經聞法有沒有取相？你不但取了那些法相，還取了我蕭平實這個模樣的色相，取了好多相。如果意識心可以都不取相，是不是閉眼塞耳？但閉眼塞耳還是會聽到聲音，還是會見到光亮；乃至電燈關了還能見到黑，也是取相！那麼意識要怎麼樣才能眞的不取相？自殺了死掉才能眞的不取相。可也死不掉，因爲意識心死了又會再出生，怎麼辦？對於「離相門」就永遠沒有取證時。但是菩薩不必理會這個，在意識心取相之中已經不取相了，因爲不以意識自我爲中心，而是以無始以來就不取相的「無名相法」爲中心、爲依止；轉依於「無名相法」，所以無妨意識取諸法相，而繼續在佛菩提道中不斷的前進，但是很清楚現觀自己的本際依舊不取相，這樣就說自己是不取相的。

如果不是這樣，諸佛怎能演說這部經典？那麼請問：「諸佛來人間度眾

生，度眾生時有沒有取相？」一定要取相啊！不然看見舍利弗來了知道這是舍利弗，見到迦旃延來了說這是迦旃延，見到 文殊來了說是 文殊，見到 觀世音來了說是 觀世音，怎能不取相？可是實際上仍然不取相，因爲依於佛地眞如所以不取相，這眞相沒有任何人可以質疑。因此說，於「**一切法皆不取相**」。

那既然不取相，亦不思惟無相，因爲都不取相了；不取相就沒有相可說，沒有相可說時，這個無相還能夠去思惟什麼呢？因爲無就是無啊！「有」容有多般，「無」只有一無。如果是有，那就千差萬別森羅萬象了，但如果是「無」，無會有很多種嗎？就好像太虛空一樣，太虛空就是空無，再也沒有很多種，永遠就是一個。所以既然是無，無則不可思惟，那你就轉依如來藏而不必思惟無相了。

接著說「**諸法以『相、無相』法皆不可得故**」，這一繞又繞回來了；剛才說的「**一切法皆不取相，亦不思惟無相**」，你知道這個道理時，畢竟還是你意識層面的所知，是你意識對於如來藏境界的所知。可是如來藏的境界中，「相」不存在，「無相」也不存在；既然沒有相存在，也沒有無相存在，那麼相法、無相法就不可得。而這個出家修行的外道，因爲這樣的勝解，而且對這個勝解也是具足的，所以產生勝解的力量，因此他「於一切法不取不捨」。因爲他已經看見實相這個境界了，而這個境界中沒有取沒有捨可說。他已經瞭解了，就轉依於這個「無名相法」的境界，所以他於一切法不取不捨。因爲他很清楚知道，實相法這個「無名相法」的境界中沒有取捨可說。

由於這個緣故，那位外道修行人從自己的勝解之中，已經知道不但諸法不取不捨，乃至對於涅槃也不取、也不執著了。這是很難得的，這表示什麼呢？表示他成爲眞正的菩薩了！二乘人一定會取無餘涅槃，菩薩縱使能取涅槃，當他有那個能力時偶爾會起念說：「捨壽入涅槃最省事！」但是不必多久他就捨棄這念頭了，也許幾分鐘，最多幾天吧，他就捨棄了，因爲他是菩薩。所以他對於涅槃也不取著。不取著時就表示他會繼續依於這樣的智慧到彼岸的功德，世世繼續行菩薩道，以後再也不會離開菩薩道。是不是要入涅槃，是不是要繼續流轉生死，以及常在生死中是不是有很多的痛苦，對他而言已經無所謂了，討論這些對他而言已經沒有意義了，所以「於涅槃亦不取著」。爲什麼他能這樣？因爲他看見「一切法本性皆空」。一切法的本性都是空性，都歸屬於空性「無名相法」，既然歸屬於空性，你又何必再取呢？連涅槃都不必取。因爲自心如來藏本來就涅槃，阿羅漢入了無餘涅槃以後還是當下這個涅槃，這個涅槃之體就是「無名相法」。今天講到這裡。

有一點弄不清楚我上週講到哪裡。到下午四點出頭才想起來：「奇怪！怎麼我同修今天這麼早去沐浴幹什麼？」然後又過了差不多幾分鐘才想起來：今天週二嗎？一時間也沒想到，就跑去房間問她，今天是週二嗎？她說：「是啊！是週二。」唉呀！我都忘了。趕快上佛堂把今天最後一封信寄出去，然後理髮換衣服準備出門，現在時間好像不是能夠自己控制的了。不過剛才上座看一看，好像我們上週是講到「不取不捨」。這個「不取不捨」還有最後一則經文要跟大家再解釋一下，《摩訶般若波羅蜜經》卷八〈三歎品〉：【爾時諸天子白佛言：「世尊！甚希有！是般若波羅蜜，能令諸菩薩摩訶薩得薩婆若，於色不取不捨故，於受想行識不取不捨故，乃至一切種智不取不捨故。」】

這就是說，「不取不捨」是大乘佛法中、佛菩提道中非常重要的一個知見。可是大部分人不懂得什麼叫「不取不捨」，因爲他們學佛的基礎知見錯誤了，以爲修行是要把意識住在「不取不捨」境界中。因爲這個誤會，所以在學佛的過程中，他們會覺得初轉法輪說的「一切諸法無常、苦、空、無我」，來比對於第二轉法輪的般若諸經說「一切法常住不滅，卻說那樣叫作空」，到底這義理上面有沒有衝突、有沒有矛盾？這是一般的學佛人努力深入第一、第二轉法輪經典閱讀之後會產生的一個疑惑。而這個疑惑，不幸的是從大法師、小法師乃至居士們都同樣有此疑惑，但這很正常。直到正覺同修會弘法以後，大家終於漸漸明白，原來這不是意識的境界，而是如來藏所住的境界，才終於開始明白了！

那些附佛法外道們，特別是他們的首領達賴喇嘛，公然說：「世尊在初轉法輪所講的法義跟第二轉法輪諸經中所講的法義有衝突、有矛盾。」我們說這就是標準的外道。如果不是外道，眞正的佛弟子，當他覺得好像有矛盾，好像有衝突時，他絕對不會說出來，只是放在心中，然後想：「是什麼地方我弄不懂？」只有外道才會公開講出來。然後另一個外道，開了出版社就幫他出版了，叫作眾生出版社。果然眞的是眾生，唉！所以那個出版社名稱取得還眞好，叫作眾生。如果是菩薩設立的出版社，那是有正確智慧的出版社，就不可能爲達賴出這樣的書，所以說那叫作外道。

那麼同樣的這一段經文也告訴我們，這個道理卻是跟阿含諸經不相矛盾；雖然從文字表義上看來似乎是矛盾的，似乎是不同的。那我們來看這個經文說：這時諸天子向 佛陀稟白說：「世尊！非常的稀有啊！這個智慧到彼岸，能夠使得諸菩薩摩訶薩們得到大乘之法，因爲於色蘊不取不捨的緣故，於受、想、行、識不取不捨的緣故，乃至對於佛地的一切種智依舊是不取不捨的緣故。」如果只從文字表義來看，他好像跟四阿含諸經講的有矛盾，因爲四阿含諸經告訴大家的是五蘊、十八界等一切諸法都是緣起性空，因爲無常故苦，苦故無我，所以應當棄捨。棄捨了五蘊、十八界之後，入了無餘涅槃，再也沒有輪迴生死的痛苦了。

但是這一段經文告訴大家說：「這個智慧到彼岸的法，使得菩薩摩訶薩們獲得大乘法的智慧；爲什麼這個智慧到彼岸能使菩薩獲得大乘法的智慧呢？因爲於色蘊不取不捨的緣故，於受、想、行、識不取不捨的緣故，甚至對佛地的一切種智一樣是不取不捨的緣故。」這從字義表面看起來好像跟阿含諸經講的有矛盾、衝突、牴觸，其實沒有啦！因爲四阿含諸經被聲聞阿羅漢結集出來之後，大乘的大部分法義都不存在了，只剩下不到百分之一的大乘法義存在，所以它是偏重於二乘的解脫道。在二乘的解脫道上面，目的是要大家證得無餘涅槃，解脫三界生死的痛苦；然而那是二乘菩提，菩薩修的卻是大乘所證的佛菩提道，這個佛菩提道之所證函蓋了二乘菩提，但超越了二乘菩提，而且是作爲二乘菩提之所依歸，當然不可能被四阿含諸經的二乘菩提之所侷限。

所以這就要說明，爲什麼表面看來似乎是有牴觸、有矛盾，但實際上沒有。原因就是說：二乘菩提的修行人所證，是要入無餘涅槃的，所以要滅盡一切法；當他們滅盡一切法成爲無餘涅槃時，那剩下的無餘涅槃中的本際，其實就是第八識如來藏。而《般若經》這段經文說的是：凡是證悟的大菩薩們，因爲有了智慧到彼岸的功德，所以能夠觀察二乘聖者入無餘涅槃以後的本際就是第八識眞如心。那麼菩薩親見二乘聖者入無餘涅槃以後，那個本際依舊是《大般若經》講的這個心；而這個眞如心，生諸萬法卻不取萬法；菩薩依於這個心去實證二乘聖者所證的有餘、無餘涅槃之後，再起惑潤生，不取無餘涅槃。然後繼續依著十大願在世間繼續受生，繼續輪迴生死，繼續度化眾生，直到成佛也不捨棄一切眾生。

菩薩之所見，在盡未來際的自度度他，和成佛後度眾生的永無止盡的過程中，都是依於這個眞如心來利樂有情。既然依於十無盡願永遠在三界中，特別是在人間來利樂有情時，當然不應該捨棄色、受、想、行、識，否則就成爲無餘涅槃，無以利樂眾生了；那麼因此對於色、受、想、行、識不取也不捨，是因爲已經超過凡夫生死的境界，所以菩薩依於眞如心而對五蘊不取，但是爲了成熟眾生利樂有情，又不能捨棄一世又一世的五蘊。所以依於這樣的智慧到彼岸的功德，繼續受生於人間來利樂有情，對五蘊不取也不捨。

但是觀察二乘聖者入無餘涅槃之後，本質依舊是第八識眞如。而菩薩現前依止於第八識眞如，來看二乘聖者所入的無餘涅槃，就發覺入無餘涅槃是沒有意義的；因爲五蘊存在的當下，那個涅槃就已經現前存在了，根本不需要滅盡五蘊才住於涅槃的境界中，所以就住在本來性淨涅槃之中，直到成佛又成就無住處涅槃；到了成佛時有一切種智，證得「無住處涅槃」。而這個無住處涅槃既不住生死也不住涅槃，結果是跟妙覺位以下的菩薩「不取不捨」五蘊一樣。所以諸佛繼續在不同的人間示現受生成佛，一直持續不斷，一樣不取色、受、想、行、識，但是畢竟已經成佛，有了一切種智，非諸菩薩之所能知；這時依舊不取色，不取受、想、行、識，在表現出來的現象上並沒有分別，同樣是不取色、受、想、行、識；所以同樣示現如同眾生有色、受、想、行、識在人間，也同樣示現有生、老、病、死，實際上則是完全沒有生死，這就是諸佛。

所以，這個般若波羅蜜始從初證之後開始，一直到成佛盡未來際，同樣都是不取色、受、想、行、識，但也不捨色、受、想、行、識。如果能夠如此現觀的話，對於諸佛菩薩的境界便能夠比較如實深入理解。所以這一段經文看起來好像沒什麼，其實含義很多。但是只有智慧夠的人才能瞭解其中有那麼多的含義。由這樣再回頭來觀察，發覺四阿含諸經說一切法苦、空、無常、無我，般若諸經說「不取不捨」一切法，結果沒有絲毫的矛盾。只有不懂的人又自以爲知，才會覺得第一轉法輪、第二轉法輪經典所說有矛盾，並且敢大膽說出來。那就是具足凡夫的外道，就是達賴喇嘛這種人。那麼就用達賴喇嘛現成的例子，來作這「不取不捨」四字的總結。以上是引據般若諸經中的說法，來證明這個「無名相法」、「無分別法」如來藏確實是「無思惟、無雜揉、不取不捨」。

接著說「無得、不可得」。這個「無名相法」無得也不可得。在六識論的邪見籠罩之下而想要瞭解《佛藏經》所說的這一些道理，其實都不可能。以前有一個念佛的道場，他們要求說：大家應該讀《佛藏經》，但是只要讀前半部就好，後半部不要讀。這個主張很奇特，應該叫作奇怪。佛經可以割裂嗎？如果割裂了就不叫作完整的經典，因爲「經」是表示前後貫串而有一個具足的理路，如果割掉一半，那就表示經的本質不能完整存在，因爲沒有前後貫串。所以那樣的主張眞的很奇怪，那他們爲什麼會那樣主張？當然背後有原因。這裡就先賣個關子，等諸位聽到後半部時，當然就會知道什麼原因，我也就不必講出來了。

那我們回來講這句「無得、不可得」。「無得」是佛教界之中常常聽人家在講的話，也有人連著在講「不可得」三個字，或者有人乾脆就用更常用的三個字叫「無所得」。但是，如果以六識論的前提來講「無得、不可得」或者講「無所得」，遲早都會被我們拆了他的檯子；他一定要垮臺，只是遲早的差別而已。因爲「無得、不可得」或者「無所得」，是依於第八識如來藏的境界來說的，不能依本來就有所得的意識境界來說成無得。換句話說，「無名相法」、「無分別法」這個第八識心，祂在一切境界中從來都「無得」。當人們在人間接觸六塵，藉由六塵來領受人間的五欲，全部都是要依六塵才能成立；如果不依於六塵，在人間就無法成立五欲；五欲不能成立就沒有所得，就談不上各種的執著，不管是我執或者我所執。

可是五欲在六塵境界中才能成立，如來藏卻不領受六塵境界。諸位想想看，在人間所貪著的無非就是色、聲、香、味、觸，進而在這五塵上面去領略其中的韻味，我們就稱為法塵。那麼這一些境界被眾生所貪著，不論是嚴重的貪著或是微細的貪著。若說嚴重的貪著，那就是喇嘛們最貪著，喝酒吃肉，目的是在色、聲、香、味、觸的貪著，在這上面用心；再加上修雙身法，也是不離五塵的境界，然後在這裡面施設種種的假佛法，而他們這樣子去貪著的原因就是因為有所得。

不過，他們很會狡辯說：「**這也是無所得啊！因為這都是本身就有的。**」那我就要問他們了：「**那你這個色身是本來就有的嗎？**」宗喀巴這麼講：「**我們這個雙身法中的樂觸是本來就有的，是生來就有的。**」那我要請問：「**生來就有的是不是出生以來才有的？」對呀！生來就有，就表示生來才有，沒有出生以前就沒有。既然是有生的，那豈不是生滅之法？可是這位文抄公宗喀巴腦筋轉不過來，他認爲：「**我們生來就有，所以淫樂的觸受是本有的，本有的所以就叫作眞如、俱生樂。**」也可以這麼扯啊！都不懂遍不遍三界、有生無生的道理。所以，他們對於「無得」或者「無所得」是不懂的。

可憐的是這種對「無得」的誤會，已經很普遍的存在於末法時代的佛教界，差別只是比較嚴重、比較輕微而已。比較嚴重的譬如說，有些大山頭標榜說他們是「禪、淨、密三修」；但是禪、淨如果通達了，有可能修密嗎？這現在已經變成佛教界的常識了：禪、淨通達的人不可能修密的。因爲不論修淨土宗或者修禪宗，都是不可能與密宗假藏傳佛教扯上關係的，可是他們竟然主張禪、淨、密三修。那麼三修的結果是什麼？當然就把一個山頭當作一個王國，那大殿就是王宮，寮房就是皇帝的內院。這就是因爲落在識陰的境界裡頭，才會產生這樣的情形。

那麼問題是，爲什麼會落在識陰的境界裡頭？是因爲相信了密宗假藏傳佛教的應成派中觀、自續派中觀，被這兩種外道見的假中觀所迷惑，因此認爲沒有第八識如來藏。於是一方面說：「佛法的修行就是要無所得。」口說「無所得」卻要一天到晚從本山打電話到各個分院：「你們這一個月的收入還沒有繳上來，趕快繳，我們本山的經費不夠用了啊！」於是各個分院趕快打給信徒：「某某師兄！你好久沒來了！」「某某師姊！妳這麼久沒來了。」弄到有些信徒後來看到那個電話號碼就不接電話了！那到底是有所得或無所得？顯然是有所得。

這個是白天的事，晚上呢？晚上關起寺門來就修雙身法，也是有所得，怎麼能說無所得？因爲不承認離見聞覺知的「無名相法」如來藏，所以他們會落入這個境界中，無法自拔。一天到晚說無所得，哪天徒弟拿了塑膠製的維妙維肖狗屎，突然間到他的餐桌上一放，看和尚反應怎麼樣。他一定瞪眼，拿眼睛瞪人，那時正好問他：「和尚！您不是說無所得嗎？這個東西雖然醜也不至於臭，您就當作無所得，只管吃您的菜。」能嗎？不能！依舊要瞪人。這表示說：「見聞的當下已經完成六入，已經對境界有所得了。」如何能夠說那是無所得？

所以佛教界這一、二百年來大家睜眼說瞎話，因爲大家都如此，所以你讚我，我讚你，更有一句話廣傳說：「**僧讚僧、佛法興**。」但是結果是興到哪裡去？我問的就是這個問題，原來都興到常見外道或密宗假藏傳佛教的無上瑜伽雙身法的境界裡面去。所以「**無得**」或者「**無所得**」並不是刻意壓抑意識心，或是壓抑六識心去忽略境界而說成「**無所得**」；而是另外有一個眞實的、常住的，恆而不曾生過、未來永遠不滅的第八識眞如心，祂是自無始劫以來就已經「**無所得**」，不是現在修行以後才「**無所得**」！這就是《佛藏經》講的這個「**無名相法**」、「**無分別法**」，祂之所以是「**無得**」的心，是因爲祂從來不落於六塵境界中，無始以來本自如此，所以於一切境界都「**無得**」。

而「**無所得**」就是上一句講的「**不取**」，因爲祂不取六塵中的一切境界，所以祂眞的「**無得**」。那麼《維摩詰經》告訴我們「**法不可見聞覺知**」，告訴我們說：「**眞實的法是不該有見聞覺知的，是離見聞覺知的。**」但是有人不信，不信的緣故，就像《維摩詰經》說的「**若行見聞覺知，是則見聞覺知，非求法也**」。那你看看近代佛教界不論南傳、北傳都一樣，他們都行於見聞覺知之中，當他們的心運行在見聞覺知中時，其實就是見聞覺知，不是眞正在求法！一定是離見聞覺知的才是眞實的法，求這個眞實法而有實證時，會現前看見這個「無名相法」、「無分別法」於一切法中從來都「無所得」，果然「無得」。那麼這個「無得」的境界不是用想像的，不是用思惟的，不是用學術研究所能證得。而這個「無得」的境界，經由參禪去實證第八識眞如才有辦法現觀，不能把意識透過修行強行壓制而離開六塵境界，因爲識陰六個識見聞覺知不論如何壓抑，永遠都有得，因爲六識都要依六塵境界才能生起及存在。六識心離開語言文字妄念之後，依舊在取六塵，既然已知六塵就是已取六塵，那就是有得；即使進入二禪等至位中執取定境中的法塵，依舊是取，取了定境中的法塵那就有得。

所以「無得」的因由是因爲祂離見聞覺知、不取六塵，不取六塵所以「無得」；只要取了六塵之一就已經是「取」，就已經有得了，更何況是具足去取六塵。那麼經由參禪去修學，實證了「無分別法」、「無名相法」之後，現前觀察自己的眞如心永遠無得；不但如此，也現前觀察一切有情，上從無色界下至地獄有情，各自的眞如心永遠都是「無得」。能如此現觀及比量觀察，就稱爲「菩薩證得般若波羅蜜」，可以得到「薩婆若」妙義。於是他有了智慧到彼岸的功德。那麼有些人不相信這個道理，所以不斷地反抗第八識妙義，結果就是他永遠住在有得的境界中。

「不可得」則是說，當你實證以後，你說：「我證得眞如心了，那我得到眞如心了。」可是這話才剛剛從肚子裡來到咽喉時又馬上吞回去，因爲沒有得啊！心想：「我想要得眞如心，可是結果『不可得』，因爲眞如心是我本來就有的，不是誰給我的，師父並沒有給我啊！所以，我想要得這個心也無從得；因爲祂本來就在我家，沒有失去，我怎麼可以說有得？」你如果說有得，一定是去外面賺回來，不是家裡本有的，才叫作賺得；如果是回家把自己家裡的錢拿出來數一數，開口說：「我今天賺到多少錢。」豈不是要被家人敲腦袋瓜嗎？一定是從外面帶回來的今天所得：「欸！我今天厲害，賺到一百萬元！」那才叫作有所得。可是如果這一百萬元是你家裡本有的，你以前老是找不到，知道家裡有這麼一百萬元可以用，但是不知道在哪裡；有個人用他的天眼一瞧：「欸！在某某地方，你從那裡去找就可以找到了！」然後你終於找到了，那時能夠說你有得嗎？你沒有辦法說你有得啊！所以你想得還不可得，因爲本來就是你的，要怎麼得？眞的「不可得」。

這個「不可得」不是用意識去想像說：「唉呀！我得到了，其實我也沒有得，所以我這個得也『不可得』。」那已經是得了還狡辯說沒有得，那是自我欺騙！被別人騙了還情有可原，自己清楚明白竟然還騙自己，那眞是愚不可及！我說天雷要是打死這個人也無罪，因爲他寧願自己騙自己，那不是最笨的人嗎？只要有一點點聰明都不想騙自己，都不想被人騙或被自己騙，結果他故意要騙自己，那就是天底下最愚癡的人。所以你本有的東西，而人家指點你去把祂找出來時，不可以說你有得。所以你覺知心要得，而祂不可得。你去找禪師說：「請師父幫我證得如來藏好不好？」禪師一定一棒打過去，身後撂下一句話來說：「不可得！」因爲本來就在你家裡，你要怎麼得？「得」就是從外來的，本無今有才能叫作得。

那麼「不可得」再從如來藏立場來看，三界中沒有一法可得，所以也說「不可得」。這個道理不難理解，剛剛已經講過，因爲如來藏離六塵境界，不了別一切六塵境界，所以從如來藏立場來看一切諸法，都不可得，沒有一法可得。我記得我們在《金剛經宗通》有講過一位國王，他證得如來藏而發起無生法忍之後，不是脫下他那件價値百千兩金的上妙細氎要供養　文殊師利菩薩，文殊菩薩竟然消失了，沒看見 文殊菩薩了。不論他要供養誰，誰就消失了。還記得嗎？後來他不是回到皇宮嗎？心想，佛菩薩們都供養不著，不然供養我家王后總可以吧！沒想到要供養王后時，結果所看到的只是王后的如來藏，沒有看見王后，原來王后也是如來藏，佛菩薩與王后全都是如來藏，全都供養不上。因爲如來藏一絲不掛，你要怎麼供養？五蘊可以受供穿上妙細氎，如來藏可是一絲不掛，那你要怎麼供養祂？所以「**不可得**」。然後想：「**其他的宮女也行**。」隨便誰要接受供養都行，結果沒有一個能接受他供養，因爲全部都消失了，就只看見如來藏，無法眞的受供。所以最後終於弄清楚了，原來眞正的供佛不是以色法上供。就是這樣的道理，也就是說：在如來藏的境界中無有一法可得，諸法都不可得。

那麼從如來藏的境界中來看，沒有身根、沒有六塵；眞的沒有六根與六塵，也沒有世間諸法，更沒有佛法可說，所以在如來藏的境界中沒有一法可得。你要從祂自己所住的境界中，去找到任何一法都不可得。如來藏是這樣，正因爲這樣子所以回到前一句來，說如來藏「**不取不捨**」——祂不接觸六塵，所以祂不取六塵一切法。

但如來藏的境界中又不捨一切法，怎麼說？當你證得如來藏以後，你來看看自己身中的「無名相法」如來藏，祂雖然不取六塵萬法，可是祂也沒捨過六塵萬法。所以祂繼續護持著你，讓你繼續有種種諸法可以現前、可以分別、可以了知、可以運行，證明祂沒有捨任何一法；但祂沒有捨任何一法時卻不取任何一法，每一法都是給你七轉識來取的。如果要用意識的境界來想像如來藏這個境界時，一定想像不通、解釋不通，除非他是依文解義自以爲知。所以在這種情況之下，祂「不取不捨」時，你怎能夠說祂有得？怎能說祂那個得是實際上存在的呢？那「不取不捨」的法，祂本來就是一個常住之法，常住之法一定是本有的，非從外來，不從緣生；既然是自家本有的，你證實祂與你同時同處時，從何處可以得祂？本來已經是你的，如何能再得呢？當然是「不可得」。

那麼這個「不可得」，譬如一個人實證了以後，這個「無得、不可得」是智慧，這智慧卻是你的五蘊所有，不歸如來藏所有。當你觀察到這裡，你又轉入如來藏的境界來看這個「無得、不可得」時，你說：「原來如來藏中的境界，『不可得』這個法也是空。」所以就說「不可得空」。可是你再進一步從如來藏的境界來看，如來藏的境界也沒有「不可得空」，所以「不可得空」也是空。那你如果沒有實證，讀起《般若經》來就好像空、空、空、空、空，一直都是空。其實不然，那層次是有差別的。所以悟錯了的人讀《大品般若經》時一定讀得很難過，因爲全都要用想像的，那他讀起來就會覺得難過；所以有人讀不下去，因爲好像繞口令一樣，其實每一句、每一段的道理都不一樣。

那爲什麼 佛陀要講到那麼瑣碎？單單是一個「**無名相法**」、「**無分別法**」，不過是第八識眞如，爲什麼要講上二十二年？講成那麼大部頭的經典，大家聽到腦袋打結轉不過來，其實是有緣故的。因爲實證眞如以後還沒辦法入地，實證以後想要入地，就必須要把所有的世間、出世間以及世出世間等法，全部讓大家從轉依如來藏的立場來看，這樣才能夠得到內遣有情假緣智等非安立諦三品心，最後再作個加行，於大乘四聖諦作十六品心的觀察，然後依這十六品心再作九品心的觀察，就是法智、類智的九品心的觀察，然後終於究竟轉依成功而通達，可以入地了，這就是 世尊講二十二年《般若經》的緣故。若是沒有把這一些全都通達而說他入地了，對不起！下一輩子一定被人誤導了還跳不出來，而且是犯下大妄語業而要受報的。

這就是說，「無得」空，「不可得」也空，「不可得空」也是空，「不可得空的空」也是空；因爲你從如來藏中的境界來看一切諸法，不論世間法、出世間法或者世出世間的大乘佛法，都無一法可得。所以《大般若經》要爲大家講那麼多「空」，不是沒來由的，都是因爲 如來老婆心切。這樣理清楚了以後，你詳讀《大般若經》時所讀到的那麼多空，一律從如來藏境界來看，就知道這些空都是有道理的，只是從不同的層面來說空。

那麼這個「無得、不可得」，我們也有其他經文的補充來讓大家有更深入的瞭解。《大般若波羅蜜多經》卷四二四〈遠離品〉：【舍利子言：「若如是者，豈都無得、無現觀耶？」善現對曰：「雖有得、有現觀，而實不由二法證得。舍利子！但隨世間言説施設有得、現觀，非勝義中有得、現觀。舍利子！但隨世間言説施設有預流、有預流果，有一來、有一來果，有不還、有不還果，有阿羅漢、有阿羅漢果，有獨覺、有獨覺菩提，有菩薩摩訶薩、有菩薩摩訶薩行，有諸佛、有諸佛無上正等菩提，非勝義中有預流等。」】

一般人自以爲悟，讀到這裡時腦筋就打結了，因爲無法印證，然後就誤會說：「啊！我知道啦！佛陀的意思是說『你證得初果時要把初果放下，乃至你成佛時要把成佛也放下。』」他就這樣講。所以佛教界有一段時間很流行的說法叫作「放下」，也流行好幾年，不管什麼事情都放下、放下。但是，佛陀教導下來，舍利子、須菩提他們去演述出來時，都不是放下的意思，而是從實際理地—也就是從諸法背後的那個本際妙眞如心的境界—來說這一些法空。

舍利弗說：「如果像你須菩提這樣講的話，難道都沒有得、都沒有現觀嗎？」因爲須菩提是從這個眞如心自己的境界來說，那麼舍利弗怕大家誤會了，故意提出這個問題，讓須菩提作一個說明。所以須菩提就答覆說：「雖然有得也有現觀，但不是由於這二法來證得。」爲什麼不是呢？馬上就解釋說：「舍利子！只是隨順於世間的言說，而施設說這樣叫作得初果、得二果、得什麼三昧，而施設說他這樣是有某一種的現觀，乃至有幾種的現觀，並不是在勝義之中有得有現觀啊！」也就是說在如來藏的境界中，是沒有得也沒有現觀可說的。勝義就是如來藏的境界，勝義諦就是講如來藏境界的眞實理；所以勝義之中無諦亦無觀，無智亦無得，那是勝義。可是勝義諦畢竟可以現觀，畢竟可以實證而說你有得；因爲勝義與勝義諦不同，勝義是如來藏的境界，勝義諦是在解說如來藏的境界；因爲那個道理是不可推翻的，因爲祂是法界眞實相，無可推翻所以稱爲諦。而這個眞實理是在說明如來藏的境界，所以叫作勝義諦；但是被現觀、被解釋的如來藏「無名相法」，因爲祂是法界的實相，所以稱爲勝義。

那麼在勝義之中，也就是在眞如心的境界之中，沒有得、沒有現觀可說；可是依於世俗言說，爲了教導眾生實證，爲了讓眾生瞭解什麼樣才是實證勝義，就應該說有得、有現觀，就告訴眾生說：「當你證得這個『無名相法』眞如時，就稱之爲證得；當你依於所證的眞如心，而去觀察眞如的境界時，就說你有第一義諦的現觀。可是這一些眞實理全都屬於你的意識覺知心之所有，稱爲勝義諦；但如來藏的境界就是勝義，在勝義之中沒有得也沒有現觀。」所以有得、有現觀是五蘊中的事。五蘊去證得勝義時，卻說勝義之中沒有得也沒有現觀；因爲現觀到勝義之中無得也無現觀，所以才了知勝義中「無得、無現觀」。這樣的人才有資格說證得無得也無現觀。也只有這樣的人才能教導別人於勝義諦中有所證、起現觀。這樣講又像繞口令，但其實不是，因爲事實就是這樣。所以勝義之中沒有得、沒有現觀可說，但是依於實證者，他用意識的現觀以及世俗言說來爲人解說時，那就「有得、有現觀」。

接著須菩提又說：「只是隨著世間的言說而施設有初果、有初果的境界，也有所證的初果；有一來的境界，有證得一來的果位；有不還的境界，也有不還的果位；有阿羅漢，也有阿羅漢的果位；有獨覺的境界、有獨覺的菩提；有菩薩摩訶薩，也有菩薩摩訶薩的正行；還有諸佛，也有諸佛的無上正等菩提。這全部都是依於世俗言說來講。」因爲你如果不依世俗言說來講，眾生無從理解，那麼想要實證就不可能。所以依於世俗言說來講，說初果人斷了三縛結，那麼斷三縛結就是預流的境界，而這個證得預流境界的人，可以七次人天往返得出三界，這就是預流果。但這都是依世俗言說來講，從菩薩實證了眞如境界，了知「無分別法」的境界以後，來看勝義之中其實沒有一法可得；莫說預流、預流果，莫說一來、一來果，乃至連諸佛無上正等正覺都不存在，因爲勝義之中沒有一法可得。

那麼，「法」說到這裡，接著問題就來了；曾經有人寫信來質疑：「般若經裡面說無一法可得，你蕭平實講這麼多經、寫那麼多書幹什麼？」對啊！

我就接過這樣的信，所以我在《楞伽經詳解》第十輯不就作出回應了嗎？因為剛好剩下一些篇幅，為了教育那些不懂又存有深厚慢心的人，而我剛好把他寫進去就湊成第十本，十全十美。

如果眞要依文解義說「**一切法都不可得**」，那佛陀何必講這二十二年般若諸經？就只要一句話說：一切皆空，都無所得。這就好了，八個字講完便可以下座了，何必講二十二年？原來那個一切法不可得是從實相法界勝義之中來說的。既然一切諸法都不可得，那諸佛叫人家證初果、二果、三果、四果幹嘛？又何必教人家說，修菩薩道得要從十信位開始，然後十住、十行一直到等覺、妙覺、成佛。何必這麼辛苦？反正就是一句話—都無所得，一切法空—就好了！對啊！沒有錯啊！

勝義之中是一切法空，一切都無所得，這個沒錯啊！但問題是眾生要如何理解？那你要讓眾生從證得初果開始，然後迴小向大到佛菩提道的第七住位，然後轉到初地乃至成佛，你應該要怎麼解說？你必須要有這些法說明：「**勝義中固然無一切法可得，可是你要到達究竟的勝義境界，也就是到達諸佛境界，仍然必須依於世俗言說，從諸法的有所得現觀之中，次第前進。**」

不能把勝義中無一切法可得，拿來套在現象界中說：「你大和尚講那麼多法幹什麼？」和尚不說法也行啊！每天等大家辛辛苦苦出坡完畢洗個澡，上堂坐定把撫尺一拍——下座！對啊！一切諸法都無法可得呀！反正勝義中無一切法可得，所以他上來把撫尺一拍就可以下座了。因為無一切法可得，你叫他老人家講什麼？如果有人請我這樣去當禪師，我可樂歪了，反正每天不論大家作得多辛苦，我晚上上堂來也不必像講堂把燈點這麼亮，只要一根蠟燭就夠了，然後上來，對大眾看一看，大聲說：「大家好！」一拍就走了。因為無一切法可說啊！勝義中無一切法可得，你叫我說什麼？可是這樣大家便能成就佛法嗎？不行！因此，你必須要有世俗言說，從初果人的道理講到緣覺，然後再來從初信位講到等覺、妙覺位，最後如何成佛，這個是弘法的過程中必須要知道的。

但是，學法的人不應該把勝義中無一切法可得的那個勝義境界，拿來套在修學階段的意識境界來說，否則永遠就是一團漿糊。他是個無腦人——沒有腦袋，因為永遠弄不清楚，實相法界與現象法界老是混在一起。那他往往會在心裡面自生矛盾：「這和尚腦袋好像有問題，有時候說無一切法可得，有時候又講一大堆的法，那不是自相矛盾嗎？」於是他永遠沒辦法受學。所以，勝義中是指如來藏自己所住的境界，可是有情是五蘊之身，五蘊之身想要證得勝義的境界，卻必須要把自己跟勝義劃分清楚，也要把勝義跟勝義諦分清楚。自己五蘊、十八界以及勝義諦都屬於現象界，勝義卻是實相法界。修行是現象界的五蘊、十八界該修的，參禪要證的是實相法界，而不是證得自己，也不是把自己變成勝義。如果參禪是證得自己，大家都來加強我見、我執好好作自己，那就不需要斷三縛結，因爲大家都來把握自己就好了。那麼便請他們把握看看吧！能把握多久？一百年好不好？終究還是要放捨，把握不住。所以那個把握自己叫作自欺欺人，說要作自己、把握自己，眞能把握得住嗎？今天晚上過了又老掉一天，你能夠叫自己不要老嗎？連這一天也不許老，行不行？不行！他就是會老。

所以「把握自己、當自己」都是自欺欺人的話，自己是永遠都會老，而且老了死後永遠都會再生，有出生就會生病，這都是正常事。但是勝義中都沒有生老病死這回事，所以勝義的境界無老也無死。那麼你如果是個畫家，當你證得勝義了以後，有一天你畫了一幅圖，落款時刻個章子蓋上去——無老人。人家說：「你不是已經活到七十、八十好幾了嗎？怎麼還叫『無老人』？」你回說：「對啊！我本來就無老。」人家說：「我看你就已經七十好幾、八十好幾了。」那你怎麼回答？你就告訴他：「原來你沒有看見『我』。」對啊！他就是沒有看見「我」，才會說「我」老到七十、八十。如果他眞的看見「我」，就不會說「我老」，他就會承認：「唉呀！你這個章子蓋得好啊！」所以意思就是說，有預流、預流果乃至有佛、有佛地，其實都是就勝義諦依世俗言說而言，如果你從勝義的境界來看時就無一法可得，所以這一些都不存在，所以無佛、無法亦無僧。

可是，這樣講被一個自以爲懂的傲慢的凡夫聽到了，他又罵：「你這個蕭平實敢毀謗僧寶，竟然說無佛、無法亦無僧。」他就會這樣誤會了。可是等到他哪一天（當然沒有那一天），我說假使等到有那麼一天他證得勝義了，他從勝義的立場來看時，果然無佛、無法亦無僧。勝義的非境界中哪有佛、法、僧？佛、法、僧也是依世間相，依世間言說勝義諦而說的，眞正的勝義中無一法可得，何況有三寶？這樣才是如實的般若波羅蜜多。

接著再來補充一段經文：《大般若波羅蜜多經》卷五五六〈善現品〉：「如

是梵志以離相門，於一切智智得信解已，於一切法皆不取相，亦不思惟無相諸法。如是梵志由勝解力，於一切法不取、不捨、無得、無證。時，彼梵志於自信解乃至涅槃亦不取著，以眞法性爲定量故。」諸位有沒有想起一句話——「以眞如爲定量故」？

《般若經》中還有這麼一句話，這就是說：「這一位梵志用離相的法門，於一切智智得到信解之後，他在一切法中都不取相，也不思惟無相的諸法。像這樣的梵志，他由於勝解而產生的智慧力，所以在一切諸法中不取、不捨，也是無得、無證的。這時，那位梵志對於自己現在所產生的信解，甚至於對涅槃也不攝受和執著；因爲他改變了，他以眞法性作爲定量的緣故。」那麼這跟剛才所講的道理是一樣的，在勝義中，也就是在「無名相法」自己的境界之中，沒有一法可得，這就是勝義。當你用「離相門」來修行，於一切相皆離之後，發覺有一個空是不空的，這個空之所以不空是因爲祂眞實存在；祂之所以稱爲空，是因爲祂無形無色，沒有三界法，但祂眞實存在所以不空，那你可以把祂叫作「眞空」。

當你證得這個勝義時，於一切法皆不取相，是不是說證悟之後，結果就沒有看見路、沒有看見電線桿、沒有看見水溝，因爲於一切法都不取相啊？應該都看不見了才對啊！而經中那位國王不正是悟了以後什麼都沒看見了嗎？其實不是這個道理，而是自己轉依於那個沒有看見的勝義境界來看待一切諸法時，一法也不可得；但是五蘊的自己依舊對一切法看得清楚明白，諸法全都繼續一一存在。如果證悟了以後什麼都看不見、什麼都聽不見，那麼那些禪師們是不是都變成瞎子、聾子了？諸佛如來有沒有證悟？有！那諸佛如來是不是也要變成瞎子、聾子了？所以不是什麼都看不見了，而是說證悟之後，現見那個勝義的境界中是離見聞覺知的，所以在勝義境界中是離一切相的，當然不取一切相；是說一切諸法雖然同樣繼續都存在，但「**無名相法**」的勝義境界中對一切法相統統不取。

那麼這個勝義境界也不會思惟有相無相的諸法，所以證悟的智慧還是歸你意識心所有，而「**無名相法**」勝義境界中依舊沒有智慧，這樣跟《心經》有沒有衝突呢？都沒有。要不然，開悟變得很有智慧時，那《心經》的「無智亦無得」要改爲「有智亦有得」了。所以一定要區分兩個區塊：一個是實相法界，一個是現象法界。現象法界是有情自己，那麼有情自己修學佛法去證得實相法界的「無名相法」，就是證得勝義境界，證得勝義這個非境界的境界後，再從現象法界的五陰來看待實相法界，現觀勝義實相法界中是沒有一切法的，所以不取一切法、不思惟一切法，當然更不思惟無相諸法。那麼由於這樣的緣故，轉依於勝義時就對一切法「不取不捨」無得無證。那麼這時還需要再取涅槃嗎？不需要了！這時已經可以現觀二乘聖者入無餘涅槃以後，那裡面依舊是這個勝義，不外於如來藏「無名相法」這個勝義。而這個勝義在沒有入無餘涅槃之前，當下就已經存在，那又何必滅掉五蘊、十八界去取勝義、去取無餘涅槃呢？那不是多此一舉嗎？所以這時乃至涅槃亦不取著。

那麼諸位可以比較看看，當你證得這個勝義境界以後，你現見阿羅漢、緣覺入涅槃以後，依舊是這個勝義，不外於這個勝義都無一法的境界；但是你現在證悟了，看見這個境界是現前就存在的，那你發覺：「不管我將來入無餘涅槃或不入無餘涅槃，同樣都是這個勝義境界。」那你再來作個選擇：將來你成阿羅漢以後，還要不要入無餘涅槃？那時候你入無餘涅槃有沒有意義？一點意義都不存在。入無餘涅槃後自己既不能成佛又不能利樂有情，那樣入無餘涅槃有什麼意義呢？

菩薩正因爲這樣現觀的智慧，所以「乃至涅槃亦不取著」。而不取著涅槃的緣故就是「以眞法性爲定量」的緣故。換句話說，你已經實證了勝義，知道這個「無名相法」如來藏的眞法性；當你看見這個「無名相法」的眞法性時，知道無餘涅槃之中不過就是祂，不會超過於祂，就是祂自住的境界。而這個境界是不可改變的，所以祂是一個定量。「量」是指現前可以檢驗的事實，「定」就是不可改變。既然乃至於無餘涅槃都同樣以眞法性作爲定量，那你又何必取無餘涅槃呢？所以菩薩不入無餘涅槃就是這個道理。

當你現觀夠了，你自然而然就不會想要取無餘涅槃；即使你剛證得阿羅漢果時，有時候你會想：「三界這麼苦，不如入無餘涅槃算了。」可是你才這麼起一個念，我保證你不會超過三天就會重新再想：「還是回來三界中受苦好。」因爲入無餘涅槃沒有意義。你已經現觀無餘涅槃之中跟三界中受苦來利樂有情，同樣都是以這個眞法性來實現、來達成的；但這個眞法性既然是定量而不可改變，那麼入無餘涅槃就沒有絲毫的意義，那時眞的會死心！死了心以後就說：「好吧！就算了！我放棄入無餘涅槃。」雖然這時可以入無餘涅槃，你也不會想要入，那你就繼續行菩薩道。即使將來在五濁惡世行菩薩道時被眾生糟蹋，你也說：「被糟蹋還比較有意義。」因爲你入無餘涅槃時完全沒有意義，而糟蹋你的眾生未來很多劫以後終究會遇到你，那時候成佛的你看見了，心想：「這人幾千劫以前辱罵我，現在來當我徒孫的徒孫了。」你就覺得有一點好笑。正當那時你微笑時，你身邊的「阿難尊者」趕快問：「世尊！您爲什麼微笑？」（大眾笑…）就是這樣！所以不要以爲經中寫的那一些事情跟咱們沒有關係，那都是時時刻刻在發生的事情，只是什麼時候才會去體驗罷了。那會是過一大阿僧祇劫、兩大阿僧祇劫以後去檢驗，就是這麼回事。

「**眞法性**」或者說眞如「**無名相法**」，是不可改變的現量，既然這個現量是不可改變的，祂就是定量，所以一切諸法，不論生死中的諸法，不論無餘涅槃中的勝義境界，其實都是以第八識眞法性作爲定量。因此說，這勝義裡面根本無一法可得，那時你怎麼可以說「我有得」或者說「我不可得」？也不能說：「**我這個『不可得』也空，而這個『空』的法有得。**」其實也不可以這麼說，因爲「**眞法性**」的勝義非境界中永無一法可得。

接著再來補充《大般若波羅蜜多經》卷五七七：【具壽善現白佛言：「世尊！如我解佛所說義者，無有少法，如來、應、正等覺現證無上正等菩提。」佛言：「善現！如是！如是！於中少法無有無得，故名無上正等菩提。」】諸位想想看，如果你把這一段話拿來對上帝講，結果會怎麼樣？他一定想把你打下地獄永不超生！上帝很狠的，他那個心都狠得下來；可是 佛陀從來沒有說：「我要把誰打入地獄永不超生。」從來沒有起過這種惡心，因爲 佛陀希望大家都跟祂一樣成佛。可是上帝不希望大家跟他一樣，因爲如果有一個人跟他一樣，他的寶座就坐不住了，那就不得了了。這就是凡夫的心思。

現在說具壽善現（也就是須菩提），這時有一點年紀了；須菩提向 佛陀稟白說：「世尊！如果我須菩提眞的理解佛所說的道理，其實沒有一點點的法，可以說如來、應、正等覺現證無上正等菩提。」這個意思就是說 如來、應、正等覺證得無上正等菩提，其實是沒有一法可證，沒有一法曾得。從文字表面聽起來好像是大逆不道，竟然當面說：「佛陀！您是沒有證得一法而成就無上正等菩提。」那是不是說 佛陀根本就沒有修行？從表面聽起來好像是這樣，其實不然！意思就是說，從勝義境界來看，也就是說從佛地的第八識無垢識境界來看，沒有一法可得，那麼還有誰可以說「我有得、我無得」？因爲連一法都不可得了，連「不可得空」也空掉了，還能說有什麼法可得呢？怎麼能夠說 如來成佛是因爲得到某一個法而成佛？因爲 如來成佛是沒有得到任何一法的。

眞實如來的境界中正是如此，因爲正是證得勝義的非境界才能成佛的，所以 佛陀答覆說：「須菩提啊！就像是你說的這樣子，」連說兩句，又說：「在如來的境界中沒有一點點的法，所以連一點點的法都沒有、都不存在，也都沒有得到，正因爲這樣所以叫作無上正等菩提啊！」這意思都是一樣的；因爲證得如來藏而能夠發起智慧，那是你五蘊的事；能夠證得諸法也是你五蘊的事，都跟「無名相法」如來藏不相干。所以千萬別硬要把如來藏拉下水來修行，你無法把祂拉下水的。所以有愚癡人說：「我證得如來藏眞如以後，叫眞如爲我修行。」那叫作愚癡人，表示他還沒有證得眞如才會這樣講。所以當他誇口說：「我不用修行，悟後我都叫眞如幫我修行，因爲我已經證眞如了。」那你就知道他沒有證眞如，他一定是把識陰當作是眞如，把這個證自證分抽離出來，然後反觀說：「你看！祂在修行，我沒有在修行。」

其實全都不離識陰。

那麼再來看《大般若波羅蜜多經》卷五九四：「又，善勇猛！非諸如來、應、正等覺於菩提性少有所得，以一切法不可得故，於法無得說名菩提。諸佛菩提應如是說而不如說，離諸相故。」這就是說：「並不是諸佛如來、應供、正等覺，於佛菩提性有一點點的所得，因為一切法都不可得的緣故；於法無所得，於法不曾得，說這樣叫作覺悟。」這看起來有點奇怪，對不對？因為當佛弟子修學佛法時，師父一定教導他必須要證得如來藏：「你必須要證眞如。」可是在實證之前，讀到經中所說內容後，心想：「沒有一法可得，沒有法可得才叫作覺悟，那師父您叫我要證眞如，要證如來藏，那不是有所得了嗎？」他會產生這個矛盾之感。

可是當他一問出來就挨棒了！他如果放在心中等到悟了再來讀，就沒問題，一點矛盾都沒有。結果他證悟之前提出來問師父，他是覺得說：「師父好像弄不懂這個道理，應該什麼都放棄，什麼都無得，那就是一天天都在混日子才對啊！」沒想到他才一提出來問，師父一棍就打過去了！挨打以後怎麼辦？要抗議對不對？因為他覺得：「師父誤會了，我來指點師父，怎麼反而打我啊？」他就抗議說：「師父！不是說一切法不可得嗎？說這樣才叫覺悟啊！」沒想到師父又一棒打下來：「得了沒有？」這時候他依舊不會，只好捂著痛處說：「好痛！怎麼說沒有得？」那師父一定要問他：「你說怎麼叫『無得』？」他當然不會，師父只好拎著他的耳朵：「三十年後說給內行人！」一掌就把他打出方丈室去。所以誤會佛菩提的人比比皆是！不是末法的現代才如此，而是佛世已然，不足為奇。

那麼意思就是說，當你所證的法，是於一切法都無所得的，這樣子於法無得才說你得到菩提，才說你證悟了，否則不能夠說是證悟。但是 世尊跟須菩提父子倆又不明說，是要證得哪個無所得的心，來說這樣叫作無所得，才說這樣叫覺悟。不是像我跟你明講，因為對一般人絕對不這樣講。可是我們現在為什麼要這樣講？因為現在末法時代了，沒得辦法，為了復興佛教只好這樣講！那麼希望大家願意把我所講的聽進去，願意把將來整理出來的書本讀進去，那麼大家把錯誤的知見都轉了，那時佛教才能興盛起來！否則沒辦法！這就是我們為什麼要這樣詳細說明的緣故。

所以不要把意識套進來說：「那我什麼都不思、不想、都不理會，就成爲無所得。」不是這樣。而是你意識繼續在六塵中有所得，才能學會正知見、參禪、開悟，正是你意識在六塵中有所得、才能去證得離六塵的無所得的「無**名相法**」；如果意識一直住在無所得的境界裡面，那你還能證得眞如「無名**相法**」嗎？你還能得到對勝義的現觀嗎？都不可能。所以應該是，你以這個有所得心去證得那個無所得法，然後現觀那個無所得法於一切法都無所得。因爲一切法都無所得的緣故，這時就說你叫作證得菩提，說你已經覺悟了。

佛陀又接著吩咐說：「**諸佛菩提，**」也就是說：「**諸佛的覺悟，應該像這樣子說。可是諸佛覺悟的境界卻不是像我所說的這樣，因爲離諸相的緣故。**」當我這樣說時已經有種種的言語相、有種種的法相，那麼應該像我這樣子來爲大眾說明；可是我說明了以後，所應該證的那個勝義的境界不是像我所說的這樣有語言文字等等法相，因爲勝義境界中沒有一切相的緣故。既然沒有任何法相，請問能夠有所得嗎？就不可能有所得，當然叫作「**無得**」。

而這個「**無得**」的勝義境界非從外來，是你本有的，所以證悟時是你自己本有的勝義境界，想要從外面得這個境界給自己時也是不可得。然後你轉依完成了，從勝義的境界來看這個開悟境界時，你發覺勝義境界也不可得；

因爲眞如勝義不會反觀自己住在這種「無得、不可得」的境界中，所以這個「無得」的境界也不可得，不可得的境界也不可得，一切都不可得，這就是勝義。可是如果斷章取義時就會想：那一切法都不可得，不用修行，我明天開始上酒家喝酒划划拳，不然去卡拉 OK 唱唱歌也行，不然爬山比較文雅一點也還可以。那就誤會了！末法時代誤會佛法般若的人永遠都是存在的，但是我們要能夠接受這個現狀，因爲這是末法時代的正常狀況。

接下來《大般若波羅蜜多經》卷五九八：「若諸菩薩於諸般若波羅蜜多，無見無得而行般若波羅蜜多，是行般若波羅蜜多。」告訴我們說：「如果諸菩薩們在各種智慧到彼岸的境界之中，住在這個智慧到彼岸的境界之中，其實是沒有所見、沒有任何的所得，這樣行般若波羅蜜多的人，才是眞正在修行般若波羅蜜多。」跟那位國王一樣是「無見無得」。所以如果落到「見」裡面，那麼他就不離「得」；因爲見的當下就得到那個色塵，得到那個色塵，就得到色塵上所顯現的諸法，所以有見就有得。既然有見就有得，顯然有聞就有得，有嗅就有得，有嚐就有得，有觸就有得。譬如現在冷氣在運轉，有的人比較怕熱說：「哇！這個感覺很好。」有的人比較怕冷說：「這時候好冷，我得要把毛毯披上肩頭來。」這都是有所得。有的人得到舒適，有的人得到寒冷。可是有的人非常怕熱，這時還希望說：「冷氣怎麼不再開更冷一點？」他得到一點熱，也是得。換句話說，只要有見聞嗅嚐觸，就是有得，所以修學佛法想要實證般若波羅蜜多的人，所證內容不可以有一絲絲的見聞嗅嚐觸。

五塵說過了，最後一個是「知」。只要有一點點的知就是有得，有得就表示落在識陰裡面了；這樣的人，我們就說他「有見有得而不能行般若波羅蜜多」，是人「不行般若波羅蜜多」。所以這一個「無見無得」你可以一直把它衍生下去，「若諸菩薩於諸般若波羅蜜多，無聞無得而行般若波羅蜜多，是行般若波羅蜜多」。接下來無嗅、無嚐、無觸乃至「若諸菩薩於諸般若波羅蜜多，無知無得而行般若波羅蜜多，是行般若波羅蜜多」，一體通用。因爲「眞法性」的「定量」就是如此。

接著再來看《大般若波羅蜜多經》卷六〇〇：「何以故？善勇猛！以一切法無著無縛，無有少法爲著爲縛而現在前，由此亦無得解脫義。」凡夫自以爲知，讀了這段經文又要誤會了。這就是說：「由於一切法都沒有執著、沒有繫縛，沒有一點點的法來產生執著、產生繫縛而顯現在眼前，由於這個緣故，所以也沒有人得到解脫的道理。」如果斷章取義來看的話，好像不需要修學般若，也不需要證般若了，因為反正一切法空；既然都一切法空，講那麼多，不都只是一些名相而已？所以第二轉法輪般若諸經，釋印順把它判定為性空唯名，有沒有道理？沒有啊！怎麼說沒有呢？這就是說，印順老法師真是個老糊塗，從年輕糊塗到老，然後又糊塗著死掉，沒有一點點的聰明智慧。

如果《大般若經》加上《小品般若》其他的般若經典，全部都在講一切法空，那何必講那麼久？乾脆就把這個人間的法、三惡道的法、欲界天的法，色界、無色界的法全部都列出來，再把三乘菩提的法全部列出來，講上一堆名詞而全都列出來，然後說這些法都空，這樣便結了，《般若經》就講完了，因為一切法空。但事實是這樣嗎？根本就不是，所以我說他是個老糊塗。

其實 世尊的意思是說，一切法都攝歸於如來藏，就是攝歸於本際、攝歸於非心心，也就是攝歸第八識眞如。當一切法攝歸第八識眞如時，這就是諸法的勝義。然後你從所證的眞如心來看祂自己的境界，把自己五陰、十八界的境界全部摒除在外不看，單單看眞如心自己所住的境界時，你會發覺：你以眞如心爲眞實我時，其實一切法都沒有執著、都沒有繫縛，因爲你是假的，眞實的你卻是那個眞如。可是眞實的你，沒有一法可以使你產生執著，因爲眞實的你不執著任何一法，而且沒有任何一法繫縛得了你。那麼你以這個眞如心的境界作爲自己的境界來作現觀時，會發覺背後的這個眞實我——也就是背後自己的眞如心的境界中，沒有任何一法，甚至於沒有任何一個非常小、非常小的解脫法，可以來使你的眞如心產生執著，可以來繫縛你這個眞如心；因此沒有任何執著現在眼前，沒有任何的繫縛現在眼前；既然沒有執著也沒有繫縛現在眼前，那你又何必要求解脫？

所以有人來問禪師說：「師父！我想要得解脫。」禪師問他說：「誰綁著你？」因爲從禪師的所見，他的如來藏本來解脫啊！他解脫以後是要把自己滅掉，他也不需要求解脫。既然要被滅掉了何必求解脫？他本來的實際、他的勝義中又沒有繫縛，那何必要求解脫？根本沒有誰綁著他。所以禪師反問說：「誰縛汝？」原因就在這裡。禪師答覆說誰綁著你時，其實已經告訴他「眞的沒有綁你」；也就是告訴他如來藏沒有被繫縛，只是他看不見，所以他要繼續求解脫。那麼由勝義來看，沒有繫縛可說，沒有執著可說，連解脫也無，所以說「由此亦無得解脫義」。今天講到這裡。

今年最後的冷天氣快要全部過去了，吃過端午節的粽子就準備要接受太陽的熱情。《佛藏經》上週講完了「除諸滯著」，今天要從「除貪恚癡」開始。世尊說這個「無名相法」、「無分別法」是除掉了貪恚癡三種不好的心所法。喔？「除諸滯著」還沒講？那我是什麼地方記錯了？那就講「除諸滯著」，我的經本上先要改一下，免得弄錯了。因爲有時候一晚只能講幾個字，所以我沒有什麼空間可以記錄到底講到哪裡。

「除諸滯著」是說這個「無名相法」，也就是第八識眞如，祂的境界中沒有延滯、沒有執著。滯著是三界一切有情皆有的現象，不限於人間；凡是三界中的有情都是於各自所住的境界中，各自都有所滯著。也就是說人類滯著於人間的境界，欲界天滯著於欲界天的境界，上至非想非非想天也滯著於他們的境界；乃至三惡道，特別是地獄道的有情，非常不願意停留在地獄道，但也是滯著在地獄中。所以「滯著」是所有眾生現前都存在的一個現象。

可是在佛門中有很多的修行人，往往他們並不知道自己有所滯著，還覺得自己很灑脫、很解脫，然後自稱已經得阿羅漢果出離三界了；卻沒想到後來讀了正覺的書，赫然發現原來自己只是一個凡夫，不離欲界的人間境界。這就是說，他們對滯著的道理無所了知。一般的世俗凡夫在人間的財、色、名、食、睡上面都非常滯著，這是很正常的現象；我們面對一般的世俗人時不能罵他們等而下之，因爲這是人之常情。而且有另一個原因不能說等而下之，因爲這個名詞早就被人佔用了，那叫作密宗假藏傳佛教，我常說密宗假藏傳佛教是等而下之，是在一般人滯著的情況之中又特別的執著；而這種滯著，如果諸位讀過《菩提道次第廣論》後半部的止觀，而你能夠懂得其中隱語的意思；他用隱語、密語所說的意思你能讀懂時，就知道宗喀巴是天下最滯著的人。如果讀《菩提道次第廣論》讀不出他講的密意，那你就去讀《密宗道次第廣論》，經過我們達文西密碼的解析以後，再笨的人也讀懂了！所以等而下之是密宗假藏傳佛教很早就佔用了，以後罵一般的人說：爲什麼那麼努力賺錢？爲什麼那麼努力去享受？你就不能罵他們等而下之，因爲他們是等、不下，他們是一般的人。

一般的人在人間有這種狀況是正常的，沒什麼奇怪，那我們就不談他們，談談佛門中的修行人好了。佛門中的修行人其實有很多的滯著而他們自己不知道。例如在正覺弘法之前，各大道場說的開悟成為聖人，所以開口閉口都說：「**開悟的聖人。**」有沒有聽過這樣講？有！所以有時候甚至於也有大法師公開演講說：「**你們聽我說話時的一念心就是眞如佛性，聖人說話不打誑語的。**」他的意思是說他是聖人。問題是，當他說是聖人時已經不是聖人了，眞正的聖人是不會說「聖人」這兩個字的；因為祂連一句話都聽不懂，永遠不被世間法動心，這才是眞正的聖人。所以你們每一個人家中都有聖人，不是只有他有聖人。那麼這樣看來，這個聖人就不值錢了，一點都不值錢；可是我告訴你：「**祂是無價之寶。**」

話說回來，剛剛從事上談到理上去了，如今拉回來事上來說，當他在說：「**我說法時的一念心，諸位聽法時的一念心，就是眞如佛性。**」表示他滯著於識陰中，因為說法的一念心是意識心，聽法的一念心既是耳識也是意識，那他就是滯著在識陰裡面了；可是他並不知道自己有所滯著，仍然以為自己是沒有滯著的，所以持續不斷的停滯在識陰的境界中，執著那個識陰的境界，認定是眞實常住的眞如佛性，這是一種滯著。

還有一種人，他學佛以來特愛打坐，所以一上座非得要三、四個鐘頭不下座；因爲他嚐到未到地定的滋味，覺得說：「在這裡面什麼負擔都沒有，所有天下的煩惱到我這裡都不存在了，縱然有煩惱的事情，等我下座再說啦！」那他每天非得要坐那麼幾個鐘頭不可，如果叫他不打坐就像要他的命，所以他打坐時不許人去打擾的，打擾了他就沒有好臉色看。這表示他一直停滯在那個境界之中，他沒有想要發起智慧。停留在那個境界裡面就叫作「停滯」，不許人打擾他，每一天都必須打坐享受那個定境，這表示他對那個定境有所執著。

執著境界的人很多，特別是有了定境以後。我們不是說進入那個定境中安住不好，而是說那是三界中的境界；在沒有證得般若智慧之前，不應該在那個定境之中有所滯著。當然，會外的人士如果聽我這麼講，也許心裡面就說：「哼！你是酸葡萄啦！自己沒有辦法入定，笑人家入定不好。」但諸位不會這樣講，因爲諸位知道我是有禪定實證的。

例如以前有些外道嘲笑說：「你們正覺，什麼修初禪、二禪，我們都是先證得第四禪，然後再回來補修三禪、二禪、初禪。」都不怕人家笑他無知。

不怕人家笑他無知的原因就只有兩個字：無知。如果他知道禪定的道理，就不敢笑人家了。那麼要說禪定，現今中國佛教界，我還不知道誰有得過初禪、曾經講過怎麼發起初禪的過程內容的，目前還沒有。我是現代佛教界第一位把初禪、二禪的道理與證境告訴大家，在近代佛教界沒有第二人，我是第一位講出來的人，當然不是酸葡萄。而且我對禪定沒有滯著，我如果滯著的話，應當至少每天早上或者每天下午，所有的工作暫停，先要入定去了。可是我已經幾年沒入定去？很多年了。

這意思就是說，當你沒有實證三乘菩提智慧之前，修定不必深入，只要有基本的定力就可以，叫作未到地定。但是這個未到地定不是我們所要的目標，我們修這個未到地定，目的是拿它作爲一個工具；也就是說，如果想要在三乘菩提有所實證，這個基本的定力是必要的，否則就成爲「乾慧」；乾慧的意思類似於世間法中說的知識而不是實證，所以要有定力配合；但是定力不是目標，不是標的物，而是作爲一個工具，來使我們見道的功德可以發起來，轉依才能成功。因此，不要對定境、也不要對定力有所滯著。

外道並不瞭解這個道理，所以 佛陀示現在人間之前，有許多外道們自稱阿羅漢，那些自稱阿羅漢的外道們，各個都是洋洋得意，認爲他們那個定境就是涅槃，就是不生不死，然而他們不知道自己仍然被識陰或意識境界所滯著。所以在佛教界以往有很多人學禪、修禪，然後認爲他們是證悟了；而他們所謂證悟的境界就是一念不生的境界，就是離念靈知，於是自稱是阿羅漢，南洋佛教千餘年來也都是如此。但他們不知道這個都不離六塵的境界，而我們剛開始辨正法義的前十年，佛教界依舊在執著、在與我們爭論說：「離念靈知才是眞如、才是佛性，那樣就是無餘涅槃的境界。」這表示他們的滯著非常嚴重。因爲我們已經把正理告訴他們了，而他們仍然無法改正過來。直到最近這幾年，才沒有人來繼續爭執說：「離念靈知才是佛性，才是眞如。」總算他們對離念靈知的滯著可以捨棄了，至少口頭上捨棄了，那也很好。口服心不服，總是勝過口不服、心裡也不服吧！

這意思是說，其實只要落入三界的境界之中，全都叫作「滯著」。那麼往下來說，也許有人說：「會有人喜歡地獄的境界嗎？」當然有人喜歡，因爲他造惡業那一世很喜歡啊！所以這一世他就不得不去接受果報，他曾經喜歡過。不是有一句話說「凡走過必留下足跡」嗎？那一世喜歡過地獄的境界，他有愛地獄之心，所以燒殺擄掠、無惡不作，那就是地獄心。因為他喜歡地獄心，所以捨壽當然要去地獄受報，那也是滯著；如果不是滯著於地獄心，他就不會造那個惡業，就不會下地獄。那他為什麼喜歡那個地獄心？因為他覺得住在地獄心的境界中很快樂，所以殺人時他好快樂，放火時他覺得好快樂，這種人他就是滯著於地獄心，當然死後就要被業力滯著在地獄中，這也是滯著。

乃至說非想非非想定的境界中也是「滯著」，因為他滯著於邪見，認為自己應該有存在，但是不要了知自己，以為這樣就是涅槃，但其實還是自己啊！所以把握自己、當自己、作自己，就是最標準的滯著，不曉得這兩年還有沒有道場繼續教信徒要「把握自己、當自己」？好像沒有了。以前有個道場風行了幾年，都叫徒眾們要把握自己、當自己；問題是自己能當幾年？就以人瑞來說好了，人瑞有沒有超過一百二十歲？現在應該沒有吧？聽說高加索那些老人很多活到一百四十歲，可是一百四十歲之後呢？一樣把握不住，未來世已經換成另一個人了。就像彭祖好了，結果八百歲後他依舊把握不住自己。再不然說諸天或者非非想天好了，極盡其壽而不中夭，八萬大劫之後依舊把握不住，變成人間的化生之類或人類，所以那一些境界都是滯著的境界。凡是三界中的境界都不應該滯著。

如果受生於人間是應該依願而來，如果受生於某一個佛世界去，也是應該依 佛陀的指示而去，不是爲了那個境界很好而去，否則就成爲滯著。因此，現在一般的念佛人想：「我好好作善事、好好唸佛，我一心不亂，死後要去極樂世界享福。」眞的可以去享福啊！據說生到極樂世界去以後，要喝永和豆漿也有，要什麼就有什麼，住在蓮花寶宮之中，只要起個念想要，應念即至，但那就是滯著。表示那個境界仍然有飲食等，就不能超脫於欲界的境界。

聰明人在正覺講堂聽法久了就知道說：「我往生到那一邊去，如果不是上品上生，得要在蓮苞宮殿裡面住上整整一個晚上；那裡一個晚上等於我們這裡半個大劫。雖然那個蓮花宮殿裡面十二由旬夠寬了，可是在那裡得住上幾劫啊？」因爲上品中生在那裡第二天才能花開，那你就得要住上相當這裡的半個大劫；那你得想一想，娑婆世界這裡有多少佛已經過去了？應該說賢劫千佛全都過去了。因爲半個大劫時間很長，我們這裡一個大劫有成、住、壞、空四個中劫，半個大劫等於兩個中劫過去，賢劫千佛當然全都過去了，那這樣子去那邊到底划不划得來？真的要把算盤好好打一打。不然拿個計算機，現在手機都有計算機，可以先算算看。如果作了惡業，又是不通懺悔的重罪，那當然要趕快去極樂世界，先逃再說！但咱們不用逃。

那麼他想著說：「我唸佛一心不亂，所以每天要保持一心不亂，死後才能有比較高的品位往生極樂世界。」那就是滯著，因爲這是意識的境界、識陰的境界。他想的是：「我下一世去極樂世界，那日子太好過了。」那也是一種滯著。可是他沒有想過的是，這上品中生、上品下生，或者中品的中生、下生，往生去那裡，如果是中品中生好了，應該是在那蓮苞裡住七天，那裡的七天等於這裡七個大劫，七個大劫時間很長；極樂世界的一天不是我們這裡的一天，中品中生是七個白天加上七個晚上，等於我們這裡七個大劫白天時間那麼長啦，然後再來七個大劫的晚上，等於娑婆世界的七個大劫，那麼長的時間裡就只有自己一個人，孤單不孤單啊？然後想起來說：「唉呀！我爸爸媽媽在娑婆世界不曉得現在怎麼樣了。」想起來時一看：「在那邊！」可是又沒有辦法回來見一見，想念不想念？想啊！那時候就懂得什麼叫相思了！

不然又想起來：「我在娑婆世界那個金乾仔孫啊！」那時候也只能想，一個人就這樣過七個大劫。如果他的金孫，他才不過打盹一會兒，這裡的金孫不曉得到哪裡去了，後來才發覺原來他變成大菩薩在弘法了，而他還在那個很大的蓮花寶殿裡聽著：「苦、空、無我、無常、六波羅蜜。」還在聽著，繼續當個凡夫。那時也許孫子有大神通力，趕快送一隻公雞給他，大聲叫著讓他聽一聽，看會不會醒過來？這就是說，眾生其實都是滯著；那些唸佛人想要去極樂世界，其實也是滯著。如果說眞的沒辦法，末法時代眞的沒有法可以修，沒有法可以學了，不得不去，那就無可厚非，還是應該要唸佛。

這意思就是說，滯著的情況是三界一切有情之中普遍存在的現象，這沒什麼奇怪。然而只要你證得佛法了，就是開始離開一切滯著，包括二乘聖者的滯著都不存在。二乘聖者有什麼滯著？他們不是離開三界了嗎？有啊！他們的滯著就是要趕快逃離三界生死的痛苦，那就是他們的滯著。他們無法離開這樣的滯著，所以你叫他們發起菩薩願，生生世世來人間行菩薩道，他們不願意；他們知道自己作不到，就表示他們有滯著。可是一旦你證得這個「無名相法」，然後轉依這個「無名相法」的眞如法性時，那時從「無名相法」自身的境界來看，沒有任何的滯著可言，這就是如來藏「無名相法」所住的無境界的境界相。所以這個「除諸滯著」是無法想像的境界，唯證乃知。

如果你想要了知這個境界，只有親證「無名相法」一條路，沒有別的路讓你如實了知。這樣講，也許有的人覺得說：「欸！太抽象！」可是說眞的，抽象的那一些聖教是非常非常之多的，不勝枚舉。例如大家最常聽到的，每一次法會放蒙山時，一定會聽到很有名的一首偈：「若人欲了知，三世一切佛，應觀法界性，一切唯心造。」也就是說：「法界一切的法性，其實就是這個『無名相法』第八識心！」那你如果親證了這個心，就知道三界萬法都是此心所造，就知道三世一切佛都是此心所成。過往無量諸佛，現在十方無量諸佛，未來諸位也是無量佛之一，仍然是此心所造。那麼當你實證此心時，再來看這個第八識眞如「無名相法」祂自己的境界之中，沒有任何的停滯，沒有任何的執著。

你找不到祂有一剎那的時間曾經停滯於任何一個境界中，你也找不到任何一剎那祂是曾經對哪一些境界有所執著的。也許有人想：「你說的不一定對！譬如說，有一個惡人燒殺擄掠無惡不作，他的如來藏爲什麼不離他而去？那不是滯著嗎？」只要一聽這種話，我就知道：原來這個人是一個無智愚人。這已經證明他根本不懂佛法。如來藏對那個惡人的五蘊並沒有執著，祂只是在執行上一輩子的因果，把祂這一世應該要完成的異熟果加以實現，祂只是這樣而已，祂對那個惡人五蘊一點點的討厭之心都沒有，因爲祂沒有見聞覺知；祂離六塵境界的了知，怎麼可能會去瞭解說：「這一世這個五蘊爲何這麼惡劣？」所以祂對這個五蘊沒有執著可說，因此祂不會厭惡而想離開。

假使有一個人富甲天下，又比如當上了飛行皇帝，飛行皇帝又名轉輪聖王；當他頭髮斑白乃至於老了，應該捨壽時，他身中的「無名相法」也不會執著他，不會想說：「這一世五陰這麼好，當飛行皇帝呢，我該留下來久一點。」祂也不這樣子，時間到了，異熟果完成了就該走人了，祂二話不說就走了。所以祂完全沒有滯著，祂是除掉一切滯著的境界，所以「除諸滯著」這個道理，應該解釋說「離開三界一切的境界，不落入三界一切的境界」，才能說祂是「除諸滯著」。

凡是落入定境或者三界中的任何境界，也就是說，凡是落入識陰六識或者意根的境界裡面，都叫作滯著。好了，這麼一講，就要請問：「悶絕而死不掉，是不是滯著？」「也是。」就好像晚上睡著無夢時也是滯著，因爲意根不願意捨壽。意根不願意捨壽時，該死時他還硬在那邊撐著不走，這就是滯著。所以有人已經昏迷了，我以前講過一位法師，桃園縣的，重病昏迷了，居士們大家來爲他助唸，一直爲他唸佛，唸到後來大家很累了，輪班吧！就開始日夜輪班；結果這一輪就輪了三天，已經三天整了，大家看看說：「唉呀！不會走了。」因爲已經助唸三天了。沒日沒夜輪班助唸三天了，大家想說：「看來他不會走的，大家回家了吧！」爲什麼他不會走？因爲他有所滯著，他的意根不願意放，所以該走時他不肯走，硬撐著。當然，也許他們佛號唸得太好聽了，這也有可能。最後大家想：「反正不會死，大家走了、走了！」結果大家都走了，才剛剛回到家時電話就來了：「師父走了、他走了，快回來助唸。」又趕回來助唸了。那你說那個滯著強不強？強啊！所以已經沒有意識心存在了，都還可以撐那麼久，這就是一種很標準的滯著。

所以凡是在識陰六識的境界中，乃至於單獨意識的境界或者單獨意根的境界，都依舊不離識而有所滯著，因爲這都屬於三界的境界。凡是不願遠離三界中的境界就是滯著。那也許有人想：「那佛菩薩他們來人間也是有五陰，也叫作五蘊，那也是有十八界，也是七識具足，難道都沒有滯著嗎？」確實沒有滯著。因爲他們有能力可以離開三界，本來就可以離開三界。不是因爲我見我執沒有斷、不能離開三界而繼續受生，是可以離開三界的，但是因爲十大願的關係，繼續來人間受生，那當然不是滯著，不該說他們有所滯著。這個道理要能夠瞭解。

接下來講「除貪恚癡」。這個「無名相法」境界中沒有任何的滯著，而且也沒有貪瞋癡。但是大家應該先瞭解貪瞋癡到底是什麼？我們應該從癡先來講，把順序倒過來說。「癡」代表無明，無明的意思是說：「不曉得那個境界依舊是輪轉生死的境界。」所以說他癡。那麼癡最具足的代表就是無色界。在無色界中我們把它叫作癡的代表，非常恰當；如果有人不信，我們就談談看吧！例如無色界有四空天，那到底四空天裡面誰最癡？誰最癡？先擺著這個問題，得要證得四禪以後再努力修行才能證得空無邊處。空無邊處如果壽量具足而不中夭，生到空無邊處可以有一萬大劫的壽命；那麼一萬大劫之中都是一念不生，因為都是定境；把空無邊處證得以後，才可以再藉這個定力、定境去修證更上面的識無邊處；那麼證得識無邊處以後，定力具足圓滿，往生去那邊壽不中夭，可得兩萬大劫，一樣是一念不生。

如果再藉這個定力進修，捨掉識無邊處轉入無所有處，這個定如果具足圓滿，往生到無所有處壽不中夭，可得四萬大劫，有的《阿含經》說是四萬二千大劫。如果再藉這個定力進修到非想非非想處，往生到那裡去壽不中夭的話，可得八萬大劫，也有說是八萬二千或者八萬四千大劫。在這麼長的時間裡面都是一念不生；如果不是一念不生他就要下墮，就離開無色界而下墮，所以必須要始終一念不生。

所以他們生到那裡去時都是一念不生，那諸位想一想：在那裡一萬大劫，然後壽命終了回來人間，假設他不去三惡道，回來人間，那你這個好朋友一萬大劫後回來人間，你在這裡已經修到哪裡去了，他無法想像，特別因為你是在正覺修學。那另外一個人是八萬大劫才回來，那你在人間進步又更多了。這樣來比較，回到剛才那個問題：從空無邊處到非想非非想處的天界有情，到底誰最愚癡？啊？終於瞭解了！原來是定境最好的最愚癡。

這就是說，菩薩絕不往生四空天。雖然菩薩一樣實證這個境界，但絕不往生四空天。就好像在人間的菩薩，古時候在人間的菩薩證得初禪、二禪的人比比皆是，可是大家都不去色界天，寧可繼續留在人間；因爲人間得法以及修集福德的機會太大了，而愚癡人修得四空定洋洋得意，死後就生到四空天去，是因爲他們對於四空定的境界有所滯著；有所滯著而生到四空天去，那就是愚癡的代表。那一萬大劫時光人家作了多少事情，累積了多大福德，已經奉侍過多少諸佛而修得很高的智慧了，結果他還在那裡一念不生。最後一念不生下來人間不是定力更好，而是下墮於人間，甚至於三惡道中，所以我說那是愚癡的代表。

無色界說過，來說色界好了。色界天人，他們沒有五欲可以干擾，也沒有五欲遺失或者五欲被劫奪而產生的瞋，可是他們有色界法的瞋。所以一般人不瞭解都說：「不是斷了五蓋才可以得初禪嗎？那得初禪的人怎麼會生氣？」會啊！他於某些法一樣會生氣。只是說，你奪了他的五欲時他不會生氣，因爲他沒有欲界瞋。但沒有欲界瞋時，不代表全部無瞋，而是說色界中的境界如果被剝奪、被干擾時，他依舊會有瞋。那色界天無法超越的原因，是因爲有這個色界相應的瞋繼續存在；所以如果證得禪定的人沒有智慧，那麼他打坐時你去干擾了，他會生氣；但是你等他下座了，隨隨便便弄一點吃的給他，他就滿足了，他能夠騙過肚子就行，不計較好不好吃，他沒有欲界瞋。所以你交給他一堆事情他也會去作，也不會起瞋，可就是不能干擾他打坐，不能干擾他入定，那就是色界的瞋。但他對五欲是完全不在乎的，這就是色界天人。

所以五蓋地地皆有，從人間開始到欲界天、初禪地、二禪地，一直上去都有各種不同層次的五蓋，那就表示什麼？瞋一直都有。只是說無色界就不論瞋，因爲無色界的有情只有一念不生，他所呈現出來的就是愚癡。但是色界天人仍有瞋，有瞋的當下他同時也有三界有的愚癡。所以他們也想著說：「我要進到二禪。」到了二禪又想：「我要到三禪、到四禪。」到了四禪以後又想：「我要到空無邊處，我要到識無邊處。」目前只因他還到不了四空天的境界，沒顯示他的愚癡出來而已，但不代表他沒有癡。因此色界天人具足癡與瞋，只是無欲而已。

那麼同樣的道理來到欲界天、人間以及三惡道，那就貪、瞋、癡具足，這樣講比較容易瞭解。也就是說，從欲界天都是貪著於五欲，那同時帶有色界瞋而且有欲界瞋，還有色界、無色界的癡同時存在；那麼在人間的一般有情就加上欲界、色界中的種種癡，而不單單是無色界那個癡。這樣子諸位對貪瞋癡的層次就瞭解更多了。

如果是三惡道的有情加上修羅道，這些都是三毒很重的有情，否則不會到三惡道、四惡道去；否則的話，阿修羅就不叫非天，他應該就生天了。然而這些有情畢竟是存在著，所以你看到家裡養的寵物好乖巧，從來沒有想過牠在外面是多麼凶狠；其實牠只是對你很乖巧，可是遇到體力不如牠的，不像牠那麼凶狠的動物，牠就變得很凶狠了！所以有的人是突然間醒悟才不養寵物的，以前他每天想：「我這隻貓好乖，好柔順，百依百順喔！」有一天不小心看見牠偷跑出去跟人家打架，連那條大狗都得讓牠，才知道：「原來我這隻貓這麼凶狠！」才終於知道，所以這一隻貓跑掉以後他不再養了，是因為發現這些寵物也都是雙面狗、雙面貓。這代表什麼？這代表說，墮入三惡道的有情都有牠們往世造業的因，所以墮入三惡道的有情一定是比人類的三毒更重，否則牠們不會去三惡道。

因此，當你養寵物時要有這個正知見，如果聰明就不養了；而且菩薩戒裡也說不可以養寵物，不可以養狗養貓；因爲你養狗養貓，牠們會咬傷別的有情。譬如你養貓，貓咬了多少隻老鼠，那些殺業你都有分。對啊！因爲是你養的，你都有分啊！你養狗時，在世間法中也是如此，所以狗咬了人，你得要賠醫藥費，那後面還有因果，那是未來世的事。所以在三界法界中層次越底層的有情，表示貪瞋癡越重；乃至於地獄的有情，貪瞋癡是最重的，這個道理應該要瞭解。

所以，譬如你住在一個社區，社區裡面幾條狗跟你都很熟，見了你都會跟你搖尾巴、跟你親熱，因爲是好鄰居。可是有一天你會發覺，牠跟外面的狗在那邊打架，好凶喔！狗互咬時那個聲音聽起來好恐怖的，不曉得你們有沒有聽過？都是好勇鬥狠，那表示什麼？表示好勇鬥狠的那一條狗，牠最後一定要爭到贏，即使傷痕累累也要打到贏，狗是憑著那股氣。如果狗性溫馴一點，被對方咬一兩下牠就臣服了，牠寧可輸給人家，不要跟人家咬，不想受傷。可是有的狗是一定要咬到最後勝利，那你就知道說：這一條狗要繼續當狗，會比臣服的那一隻狗當更久。因爲牠的瞋、牠的愚癡遠比臣服的那一條狗更嚴重；所以在狗道裡面牠當王，未來世來到人間換牠給人家管，就是這樣。

這個就是說，其實貪瞋癡遍於三界中。但是無色界以癡爲代表，色界以瞋爲代表，欲界以貪爲代表。但不代表欲界有情就沒有瞋與癡，因爲欲界是三界法具足的。也正因爲如此，所以諸佛來人間示現成佛，說法時，聽法者最能夠懂得那些道理。這樣，貪瞋癡就代表是三界的境界。但這些三界的境界在「無名相法」的境界中是不存在的，因爲「無名相法」自身的境界裡面沒有三界境界可說；雖然祂跟我們這個五蘊同在一起，所以祂也是處在三界中，可是祂不領受三界的任何境界；既然祂不領受三界的任何境界，顯然祂就是「除貪恚癡」者。那阿羅漢們出離三界、超脫於三界之外，是把自己五蘊滅掉；滅掉之後，那個超脫於三界外的心，依舊是他們自己的「無名相法」，仍然是他們的第八識眞如，並沒有別的東西。這也可以證明，這個「無名相法」眞如「除貪恚癡」。

那麼我們來補充一段經文，這段經文是《月燈三昧經》卷十：「云何名爲窮盡於苦？謂斷除貪恚癡故。」只有兩句，爲什麼要取這段經文來說？也就是告訴大家：「你是菩薩，你所證的解脫是以斷除貪瞋癡作爲解脫，而不是捨棄五蘊迴心成爲定性聲聞。」所以不該想著要滅除你的五蘊、十八界，而是應該僅僅滅除你的貪瞋癡，使自己有能力超脫於三界，但是卻不要離開三界境界，這樣就叫作「窮盡於苦」。阿羅漢脫離三界入了無餘涅槃，就說他脫離三界生死之苦；但是他入無餘涅槃的原因卻是斷除了三毒，所以使他超脫於三界。因此斷除貪瞋癡是因，入無餘涅槃是果。我們身爲菩薩，不應該效法定性聲聞，把貪瞋癡滅除之後卻入無餘涅槃；但是定性聲聞的所證我們一樣要證，而我們不走那一條路。我們可以出離三界，因爲我們把貪瞋癡滅了，然後發起受生願，或者可以滅除最後一分思惑時故意留惑潤生而不滅，繼續受生在人間；爲了救護眾生，也成就自己的道業，所以世世在人間行道，這樣就叫作「窮盡於苦」。

雖然未來世依願重新受生於人間時，仍然有生老病死種種諸苦，但本質是可以不必受這個苦的。因爲本質依舊可以捨壽時入無餘涅槃的。那麼《月燈三昧經》這兩句話告訴我們的正是這個道理。如果這兩句聖教要再把它講得更詳盡一點，那就得要入地之後繼續把貪瞋癡的習氣種子滅盡。也就是煩惱障所攝受、煩惱障所函蓋的習氣種子，也就是三界愛的習氣種子要繼續把它滅盡。當你把貪瞋癡的習氣種子滅盡時，而你的七地的無生法忍也圓滿了，那就是你轉入第八地時，接下來只剩下一大阿僧祇劫便可成佛。入了八地以後在人間行道，那責任雖然重大，可是卻很輕鬆；最不輕鬆的是你還沒有到四、五、六地發起意生身之前，那最辛苦。但是別羨慕，所有第八地菩薩以前也是這樣經歷過來的，所以大家很平等。那意思就是說，在大乘法中所說的「窮盡於苦」，不是逃離到三界之外，而是把貪瞋癡斷除。講究竟一點，就是把貪瞋癡習氣種子也一併斷除，這樣才叫作「除貪恚癡」。

所以在大乘菩提中說的「除貪恚癡」與二乘菩提是不一樣的，然而不管怎麼說，這些都還是在事相上來說，在佛菩提道的進程上面次第來說；拉回到第七住位剛證眞如好了，不談那麼遠，因爲有人也許想說：「唉呀！我才剛剛明心，你就跟我講那麼遠的東西。」聽起來有一點天馬行空遙不可及，那我們拉回來第七住位剛明心的狀態好了。當你斷了我見，三縛結滅除了，然後來證得「無名相法」，現觀祂的眞如法性時，你發覺這個眞如法性的境界之中，也就是這個「無名相法」、「無分別法」自己的境界之中，沒有貪瞋癡可言，你想要找到一絲一毫的貪瞋癡都不可能。

假使不信，哪一天天氣正熱剛好回到家，老媽看你回到家就說：「來、來，兒子來，這個小冰桶的冰淇淋讓你吃。」你要記得馬上觀察一下，那時起了一念歡喜是誰歡喜？是眞如歡喜嗎？你不論怎麼樣去觀察祂，祂都不會有一念歡喜；然後繼續觀察，拿過來看一看，在手裡冰冰的好舒服呢！然後舌頭舔了吞進喉嚨裡面，又香又甜又有帶一點酸：「唉呀！太好吃了！」可是仍跟眞如無關，祂根本不領受。也許你起一個念開玩笑說：「欸！眞如！這個這麼好吃，你難道都不動心嗎？」如果祂跟你說：「我不動心。」那你就是見鬼了，因爲祂根本不會回應你。祂不是太苛太傲而不回應你，祂是聽不見！你說：「祂聽不見，不然我在嚐時，祂總會嚐到了吧？」祂也不會嚐到味道，祂完全不覺不知，怎麼回應你？所以祂的境界裡面沒有一絲一毫的貪。或許你突然起了一念開玩笑說：「那不然，我罵罵祂吧！看祂會不會生氣？」於是你在心裡面咒罵祂，什麼難聽的話都搬出來罵，結果祂依舊來個相應不理。

祂有跟你相應，可是祂不理你，聽起來好奇怪喔？「怎麼可能跟我相應又不理我？」可是我告訴你，祂真的跟你相應，你一直在罵祂時，一定跟祂相應；可是祂不理你，這眞的叫作相應不理！世間人你如果罵他，他跟你相應而不理時是怎麼樣？是他心裡氣得要死，「可是我修養好，不要生氣，所以不理你。」但眞如不會生氣，完全無瞋，連習氣種子都不存在。也許你又起了一念：「我看祂夠笨的，好東西要給祂嚐一嚐也不懂，我罵祂祂也不懂，實在夠笨的啊！」「你眞的是個笨蛋，笨蛋還不夠，你還要加三級！」你咒罵祂，祂依舊沒有回應，不貪也不瞋。可是你罵到最後，會突然覺得：「原來貪瞋的是我，笨的是我，祂才不笨，祂好伶俐，有好多我不知道的祂都知道，因爲祂對我的回應完全如理如法，一絲一毫都沒有錯亂，唉呀！太厲害啊！原來祂沒有癡，祂只是不領受六塵境界而已。」因爲你領受六塵境界，所以那些境界中某一些你不懂的就叫作癡；但因祂從來不領受六塵境界，因此祂就沒有癡可說。癡是因爲有聰明才會有癡，如果不是有聰明，怎麼會對不會的事情叫作笨？正因爲聰明所以才會有笨這回事存在。

所以當有人來告訴你說：「這事應該怎麼樣、怎麼樣……。」你聽不懂時他就罵你：「爲什麼這麼笨？」因爲他聰明才說你笨。那如果你換了一個專長來跟對方說：「**這花該怎麼畫、水墨該怎麼披、怎麼皴……。**」他都聽不懂，怎麼學也學不會，這時換你罵他笨，變成你聰明了。那到底是誰聰明誰笨？那是相對的。可是這個眞如心祂不在聰明與笨裡面，因為祂不在相對的法中起念；所以你不能說祂笨，因為祂沒有聰明。就好像這一盆花，你能說它聰明或笨嗎？如果有人說它笨，那個人就是天下最笨的人；如果有人說它聰明，那我就說那個人也是天下最笨的人，一樣是笨。因為花沒有聰明與笨可說，是因為它不領受六塵境界。那麼「**無分別法**」、「**無名相法**」的境界也正是如此，所以祂也離癡。

那是不是說，我們想要離貪瞋癡，就得要像祂那樣什麼都不知嗎？這又不然，如果要像祂那樣的話，那就是天底下最笨的修行人。可是這種天底下最笨的修行人，漫山遍野啊！諸位以前何嘗沒有當過？想一想，回想一下，以前是不是跟著大法師說：「**我們要好好修行，然後一念不生，離念到最後就變成眞如。**」對不對？對啊！都是跟著大法師這樣想。所以，往年許多佛寺的大殿牆面都貼著條子：打得念頭死，許汝法身活。有沒有？然後到處貼著禁語、禁語、禁語；因為禁語的緣故，有時溝通事情只好用手比劃，這是常常可以看見的現象，那就是末法時代大乘修行者的愚癡相。本來你的覺知心就是意識心，意識心是被第八識「無分別法」、「無名相法」所生的，結果竟然要把被生的意識自己修行去變成能生意識的眞如心，這不是最愚癡的人嗎？就好像有人說：「我要追一追我的根源。我從小就與父母失散了，不曉得父母在哪裡？」後來有人告訴他：「你就每天觀想，觀想自己是父母，你就變成父母，就是找到父母了！」他們也信啊！密宗假藏傳佛教信徒們現在都還信呢，例如觀想自己是佛時就是成佛了，這也能信啊！可是，佛是已成之佛，自己觀想爲佛成功以後仍是凡夫的自己，兩者不會因爲觀想成功就合一，或者把凡夫的自己變成佛；這其實是兩碼子事，不能混同的。

因此不應該想要把自己除掉貪瞋癡而變成眞如，因爲自己永遠是第六意識的自己，而眞如本來就是第八識眞如，是同時同處一起存在的，不是修行以後才把意識變成第八識的眞實與如如，第八識是本來就眞如的。而我們也是出生以來一直都是五蘊，一直就是五蘊自己；後來學佛開悟，就只是把自己本有的第八識眞如找出來而已；不必在那邊每天盤腿跟腿痛對抗，然後與心裡的妄想對抗，都用不著，你只要找出自己本有的第八識眞如就解決了。

那問題只是心太粗糙找不到，所以要好好鍛鍊定力，特別是動中的定力而不要靜坐時才有的定力；還要好好熏習正知正見，然後配合該有的福德，你就會跟祂相應。所以「除貪恚癡」這是「無名相法」本就具足的境界，不是意識心去修行以後達到的境界。那麼悟後意識心依止於祂的境界，作爲自己的標竿，作爲自己的歸依，就依祂的境界好好去修正自己的身口意行；修到最後到了第八地除盡貪恚習氣種子，可是還有無始無明還沒有斷盡，就還是有無始無明方面的癡；繼續努力修行到達佛地，八識心王成爲清淨法界，完全沒有貪恚癡，一切種子都清淨了，這時候你就是祂，祂就是你，意識與無垢識不分家了。所以這時你可以具足運用第八識的任何功能，這就是《楞嚴經》告訴我們的六根互通的道理，到那個時候才叫作眞正成佛了。這就是「除貪恚癡」的道理，所以「除貪恚癡」的道理不是要你意識去除掉貪恚癡來變成第八識眞如。

接著講「非實、非虛妄」。不能單取「非實」這兩個字來作爲佛法，否則就會出紕漏。修學佛法者最大的問題就是斷句取義。古人罵人家斷章取義，已經是很嚴重的指控，可是你們放眼末法時代的大法師們，絕大多數都是斷句取義；被臺灣佛教界號稱爲導師的釋印順亦復如此，不僅斷章取義而已。斷章取義還有一個比較寬鬆的責備語，叫作以篇概全；「篇」很多人寫成偏差的那個偏，不對，而是篇章的篇，竹字頭的篇。譬如說一本書可能有第一篇、第二篇、第三篇、第四篇，每一篇裡面分第一章、第二章、第三章，然後每一章裡面再分第一節、第二節、第三節，有時候節再分幾個目。有的人拿到一本書，譬如其中總共有四篇，他讀了其中的一篇就說：「我知道這本書全部的意思了。」那就是以篇概全，是以其中一篇的內容當作整本書全部的內容。

但是以篇概全比起斷章取義已經好很多了，因爲他最多只是把局部當作全部而已，終究還是沒有錯誤，只是有缺漏。可是斷章取義是把某一篇其中的某一章，拿出來說這就是全部的道理；別人從書中其他的篇章內容拿出來說時，他竟然把對方說的全部推翻，說人家根據同一本書中各篇各章講出來的都錯誤，還大言不慚地說：「因爲我知道，這本書就是這樣講的。」那叫作斷章取義。可是斷章取義到了末法時代還算好，我們只能夠說還好，還不是最惡劣的；因爲斷章取義還有那麼一章，在那一章裡面可能有好幾節的內容，他講的還算符合那一章裡面各節的所說。最惡劣的是斷句取義，明明這是一整句，他擷取一句中的一小部分，也不要前後句，單單擷取其中的幾個字，就說那個意思就是書中的道理；那問題就變得很嚴重，這就是斷句取義的大過失，釋印順正是這樣的人。

所以關於「非實」，我們不能單單講這兩個字，一定要緊跟著「非虛妄」一起講。如果有人只跟你說：「非實，意思就是『無名相法』非實。」那問題一定緊跟著來，他一定誤會而表示說：「無名相法是不存在的，只是一個施設而已，因此說『非實』。」諸位都知道，有人把第二轉法輪般若系列的經典作出了判教，說它叫作「性空唯名」；他就是斷句取義所導致的結果。因為「非虛妄」的部分他都不講，只講「非實」的部分。所以《般若經》裡面談到眞如的部分他全部省略，然後看到經文中還是有多處講眞如，無法迴避，那他把它扭曲說：「因為五蘊虛妄、十八界虛妄、一切法虛妄，這些虛妄法全部滅掉以後，那個滅相不滅，就是眞實而如如的。」

哪一天如果有機會遇見，我就問他說：「你要不要眞如啊？」他當然不能夠說他不要，因為學佛人最重要的就是要證得眞如；我就說：「好啊！那我就依照你對眞如的定義，給你得眞如好不好？」他聽了一定會知道事態嚴重而不敢答了。因爲他如果答了，那我就告訴他：「我要怎麼樣幫您證得眞如？我就把您殺了，並且把您剁成碎塊，讓您永遠都滅掉，這時便是您說的『滅相不滅』就是眞如，您要不要？」他一定閉嘴不答。如果這樣也可以叫眞如，那好極了，銀行存款一百億元，我就把它侵呑掉，拿來布施給各種有情，他的存款就全部滅了；那一百億元全部都滅了，而這個滅相是不會再滅的，就是他講的眞如。眞如是三界一切財寶所不能交易的，太寶貴了！那我給他這個眞如，看他要不要？他一定不要。這就是說，斷句取義有很大的問題。

那他同樣的毛病用到第三轉法輪上面時也是如此。第三轉法輪的增上慧唯識諸經都是講八識心王，但八識心王區分成兩部分、三種能變識。這兩部分區別成爲三種能變識，總共有八個識；所以依第八識的眞如法性說「眞實唯識」，再由眞實唯識第八識而出生了七轉識以及一切法，所以七轉識等一切法都是可滅之法，都是虛妄法，所以七轉識的法義叫作「虛妄唯識」。但是這虛妄唯識是依眞實唯識而存在的，結果釋印順取來豆腐一刀切下去，把

「眞實唯識」捨了不要，說沒有第八識眞如心，說那是外道神我，不是佛法，就直接說第三轉法輪的經典本質叫作「虛妄唯識」。就這樣把眞實唯識砍掉不要，這就是斷章取義。但眞實唯識與虛妄唯識是合在一起而不可分離的，所以「非實、非虛妄」不得分開講。可是，不得分開講之中卻得先要來談爲什麼「非實」？然後來談「非虛妄」，再把它整合起來說「非實、非虛妄」，否則一定不免過失。

爲什麼說這個「無名相法」、「無分別法」「非實」？那得要先談眾生所以爲的「實」究竟是什麼？眾生所以爲的實都是在世間法中，是大家可以體驗到的才會說那叫作「實」。譬如你提出來一個物品，這個物品有一個形狀、有其色澤、有一些功能也有一些氣味，是可以接觸到，可以運作它，就說這個東西是實。譬如一輛汽車，眾人可以接觸、可以使用、可以擁有，說這個叫作實：汽車眞實。如果有人要賣你一輛車，說得天花亂墜，但是車子在哪裡？他說：「我也不知道，我只知道有這麼一輛車，看不到、摸不著、坐不上，看你要不要買？」那你一定不買，因爲說得天花亂墜沒有用啊！他說的都不實。那一輛車子只存在他腦袋裡面，你摸不到，也無法駕駛它，不能用它，世間人聽了就說他的所說叫作「虛」，就是「非實」。

又譬如佛法，我們說佛法是義學。那麼哲學家講的所謂生命的緣起、大我……等，大家都說那叫作形而上學，因爲無法證實。又譬如老子講的「窈兮冥兮，其中有精」，因爲是想像而不能實證，大家也說那叫作形而上學。爲什麼叫作形而上？因爲是超脫於你可以接觸到的，不可知、不可捉摸，只是思想而非現量，所以叫作「形而上」。形而上學還有一個名稱，在等號對面那一邊就叫作「玄學」，「玄」的意思就是黑到你看不清楚。黑到你看不清楚就是玄，表示大家都弄不懂；你講一種，我講一種，結果大家都弄不懂，就叫作「玄學」。

至於近代佛教界所謂的禪學開悟，到底是玄學或者是實有之法？其實他們所說的都不玄，你要說是玄學還眞有一點高估了他們，因爲他們講的境界你都可以瞭解，就只是一念不生，那沒有什麼奇特，完全不玄。如果有人誇口說：「我這個定境太好了，這一上座就是萬里無雲萬里天。」他認爲那個就是第四禪的境界了。如果是好朋友，你要跟他說：「那是屁禪的境界！」因爲只有打屁時才能說有那種四禪，他何曾有眞正的四禪境界？這一些其實聽了以後你都可以瞭解，既可以瞭解就不能稱之爲玄學，所以他們說的那些還不夠格稱之爲玄學。玄學就是胡說八道，大家都不能確定，而且永遠無法證實，才能稱爲玄學。

好了，如果有人說：「太極生兩儀，兩儀生四象，四象生八卦，八卦演萬物。」就告訴你說：「八八六十四，所以有六十四卦，如何周轉。」這裡面有玄有義，這裡面有什麼義？有世間義，那兩儀生四象到六十四卦衍生很多卦象出來，說的都只是世間義；可是其中有玄學，叫作太極，有時又說「無極生太極」，已經是附會之說了。但不論是無極或太極，對他們而言都是玄學，在我們正覺就不玄，就變成義學了！因爲已實證這個道理了。爲什麼世間會出生兩儀？兩儀從哪裡來？都從如來藏來啊！所以不論無極或太極，其實就是如來藏。當你找到了如來藏，無極、太極的問題就解決了！不玄！不玄之故便叫作義學，因爲是可以實證的，也可以由第三者、第四者繼續實證。

可是對道家來講，太極就是玄學。後來又有人認爲太極不夠看，再主張說「無極生太極」，但一樣是思想而無法證實，所以那無極也是玄學，因爲無極究竟是什麼？道家所有人也都不知道。後來這個玄之又玄的無極，弄來弄去最後又落到事相裡面來，結果無極又變成老母了（大眾笑…），無極怎麼會是老母？無極應該是常住不壞本來無生而且永離見聞覺知的自在心，不可能是有情的覺知心或五陰，一貫盜（道）不懂就亂說一氣，眞的好奇怪。亂說一氣的結果又落到陰陽的陰一邊去了，因為無極老母是女人！連太極、無極都扯不上邊了。既然有了老母，就應該還有個老父，那是不是無極叫老母、太極叫老父？才能出生人類呀！所以他們有許多的矛盾，單是邏輯上已經講不通，就別說是實相法界了。但他們無法去簡擇，我們就不談它。

也就是說，都是因為弄不清楚才說是玄學；可是佛教界那一些人所講的那種意識境界的證悟，玄不玄？不玄。從每一位懂禪定的人來講，從懂得二乘菩提的人來講，那都是屈指可數的境界，都屬於生滅法，所以那一些都叫作「非實」。可是世間人執以為實，那我們現在就從世間人所執以為實的層面來說「無名相法」非實；因為世間人所認以為「實」的，其實都是可以體驗到、可以瞭解到也可以接觸到的境界，但不管它的生滅性，就說那個境界是實。然而佛法中說，若是生滅法，就是「非實」，只有非生滅法才是「實」。如來藏從來不在這些世間境界裡面，不是世間凡夫所能接觸到的。那麼這個眞如「無名相法」的境界，不是世間人靠著想像思惟之所能到，也沒有物質可說，因此對世間人來說，這個法叫作「非實」。

這個「無名相法」從來不墮於欲界、色界、無色界的境界之中，只有已經發起慧眼的人，才能夠親眼去觀照祂。不是世間法，爲世間人之所不知，而且無形無色，所以說祂「非實」。世間人之所知，無非是六塵境界，但祂從來不在六塵境界之中，所以不能夠說祂是世間凡愚眞實可以體驗到的法；可是等你有慧眼時，卻又可以證實祂的存在；這時你就說「非實」之外還要加上一句「非虛妄」。因爲當你實證了以後，發覺古人還眞會形容，形容得太貼切！你會爲那位古人印證說：「他一定有開悟。」例如大家常常聽到的那兩句話：「夜夜抱佛眠，朝朝還共起。」你會爲他證明：「正是如此！」因爲你已經有了慧眼，可以很清楚的照見自己或者其他有情各各都有這個未來佛。每一個人身上都有一尊本來佛，所以你才有辦法好好睡覺，否則你沒辦法睡覺的；正因爲有祂陪著你，否則你絕對睡不了覺，所以你每天晚上都是抱著祂睡覺；然後第二天早上該起床了，你又跟祂一同起床。既然所有實證的人都不能推翻這一點，這就表示「無名相法」「非虛妄」。而且一切證悟者同一所證，所以大家講話高來高去，旁人聽不懂，他們卻是互相心知肚明。所以兩個人大庭廣眾之間搞鬼，沒有人看得懂他們搞什麼鬼。眞的如此！既然可以這樣，表示什麼呢？表示這個「**無名相法**」「**非虛妄**」！所以「**非實**」只是從世間人所認知的層次，來說祂不是世間人所能體驗到的，因爲祂無形也無色，而且離一切見聞覺知，不墮三界法，不能夠說祂「實」；但是「**非實**」不代表祂就是虛妄，因爲依世間法來講雖然「**非實**」，可是祂有自性能生萬法，十方虛空盡一切法無非是這個「**無名相法**」所生，所以不能說祂是虛妄。而且打從你生起慧眼之後，你會發覺不能一天沒有祂；不管悟了或沒悟，其實你每天都要祂，不能一天沒有祂。

當然啦！還沒有證悟之前可以遲疑，心中懷著疑惑：「**眞的嗎？**」假使他這個疑惑忘了，那你找出大毛筆來，寫個斗大的問號，把它貼在廳堂上等著；等到有一天他被正覺印證開悟了之後，你來問他看看：「**到底這個『無名相法』是不是眞實存在？**」到那個時節，那個斗大的問號，他走上前去正想撕下來時，也許突然一念不想撕它了，因爲貼這一張問號還貼得有道理！然後也許哪一天心血來潮，他突然間把手掌都沾滿墨水以後，往那斗大的問號上面用力一拍就洗手去，把那個手印和噴濺的墨水痕跡永遠留在牆壁上。因為自己知道這個疑惑不復存在了，親自證明這個「無名相法」「非虛妄」！

假使有誰哪一天來告訴我說：「老師！您跟我印證這個眞如，可是我覺得祂是虛妄的，祂不眞實。」那就請你們為我籌謀看看，我該怎麼應對他？有人作了這樣的動作，有人說給他一棒。對啊！當然要學六祖那一招，痛打他一頓！不是一棒啦！然後問問看說：「你到底痛不痛？」如果他說不痛，我就恭喜他了：「那你現在知道『非虛妄』了吧！」如果他說痛，再給一頓，打到他不痛為止，他才會懂得什麼叫作深恩啊！

所以「非實」完全是從世間法的層面來說第八識，因為祂不是世間法。你如果要用世間法的某一種事、某一種物來說祂是眞實有的話，我告訴你：「你永遠找不到祂！」因為祂不在世間法中。以世間法來講（我們佛法說的世間法，通常就是講五蘊、十八界或者講六入），五蘊是眾生認為實有之法，但是祂—「無名相法」—沒有色法，祂也沒有受、想、行、識，你怎麼可以說祂是實有？又譬如十八界，這「無名相法」既不是六根、不是六塵也不是六識，所以十八界中任何一界都不是祂；如果有人愚癡到要從十八界裡面的某一界，找出其中一部分來說這個就是眞如、就是「無名相法」，那他就是不懂佛法的人。不懂佛法的人是不是很笨？是不是很笨？很笨喔！

那就等於說釋印順很笨，因爲釋印順就是這樣！他從識陰六個識裡面去抓住一個意識，然後把意識切成兩個，說這是粗意識、那是細意識；粗意識就是在六塵中見聞覺知的，細意識就是常住不壞心，說禪宗悟的就是細意識。其實他講的細意識只是直覺，他只是不敢公開承認而已。但那細意識還是意識，那就是三界中的實有法了，那他說的眞如就成爲三界法了，所以他就是沒智慧，因此應該跟他改個名字，他沒有資格姓釋。他把十八界中的一界意識界，切割出來粗意識不要，說是生滅的；再主張細意識是常住的，而細意識就是直覺；所以他認爲禪宗祖師悟的就是直覺，這眞是冤枉啊！

哪天如果遇見了德山，應該跟德山建議：「你老兄每天晚上去入釋印順的夢裡敲他幾棒，敲上三年看他會不會醒悟。」所以說，那都是三界中的眾生所認爲實有的法，但那種世間人認爲實有的法，在「無名相法」的境界中都不存在，祂完全沒有這一些法，所以從現象界來說祂「非實」。可是雖然祂沒有這一些三界諸法，祂卻非虛妄，因爲祂常住不壞、性如金剛，而且能出生五蘊、十八界等三界諸法；三界諸法既然由祂出生，怎麼可以說祂虛妄呢？所以祂當然「非虛妄」。笨的人就是想要把能生三界諸法的心，去從被生的三界諸法中分析一部分出來當作是能生的心，那就是很笨的人。不幸的是這種很笨的人在末法時代太多了，而且都當上大法師，百萬千萬眾生都被他們所誤導，才是最悲慘的人！結果被這些最笨的大法師們就這樣呼嚨了幾十年、一兩百年，直到現在終於有個正覺出來，把那些狐狸尾巴都給照亮了。所以「**無名相法**」不能單單說「**非實**」，而要說「**非實、非虛妄**」。好，今天講到這裡。

《佛藏經》上週講到第幾頁？第五頁第二行「**非實、非虛妄**」講完了？那麼接著來看補充資料的經文，首先是《思益梵天所問經》卷一〈解諸法品〉：「**何等是佛所護念？謂不憶念一切諸法，是名佛所護念。若行者住是念中，則不住一切相；若不住一切相，則住實際；若住實際，是名不住心；若不住心，是人名爲實語、非妄語者。梵天！是故當知，若『非實、非虛妄』者，是名聖諦。**」大乘經典一向沒有人喜歡講，假使有人講大乘經時通常只是作科判，無法深入法義作如實說；但是，他們既然沒有辦法如實宣講，怎麼有能力作科判？由此可知有許多的科判都不可信，可說大部分是不可信的。一定是如實理解這一些大乘經中所說的內涵來作科判，才是可信受的。

《思益梵天所問經》中這麼說了：「**什麼樣是佛所護念的？是說不憶念一切諸法，才能稱爲佛所護念。**」這三句經文聽起來好像有點怪怪的，有那麼點像禪宗，看起來好像是禪宗祖師在說反話一樣。「佛所護念」，到底這一句話中說的「佛」是指誰呢？（大眾回答：如來藏。）欸！對啦！諸位有智慧。大法師們讀這經文時都會如此說：「佛就是指釋迦牟尼佛啊！」但那只是字面表相的意思。可是如果從字面表相來看，應當怎麼解釋呢？是說「**從來都記不得一切法，這樣就是佛所護念**」；依字面表義看來，佛最護念的人應該是最健忘的白癡，因爲經文是這麼講的啊！既然要當白癡的話那也簡單，反正每天糊糊塗塗日子亂過就對了，日子過了也不知道過了，這樣就會是「**佛所護念**」的人了。請問：釋迦如來教導我們大家的是要有智慧，因爲《般若經》就是智慧之經，《般若波羅蜜多經》講的就是智慧到彼岸的經典，顯然是要有智慧，爲什麼卻要大眾都變成無智慧以後　佛才要護念呢？

既然說的是「**佛所護念**」，佛所教導的是實相的智慧，那應該智慧遠超過一切世間人，甚至超過二乘聖者，這才可能是「佛所護念」的人，怎麼可能他什麼都不記得？所以「何等是佛所護念？」這個「佛」指的是自性佛如來藏。自古以來沒有人願意講《般若經》，因爲證悟的祖師們嫌囉嗦，卻沒有想到《般若經》的具足觀行，是可以使他悟後快速圓滿三賢位的妙法，所以我說那些祖師們還不夠聰明。有的人更愚癡，總是認爲六祖大師已經成佛了，因爲他在《六祖壇經》講過「一悟即至佛地」；可是問題來了，那到底是方便說或者是究竟說？這得要分清楚，不能依文解義。如果六祖說的是究竟說，那麼六祖是已經成佛了，接下來歷代祖師也應該都已經成佛了，那就變成　釋迦如來妄語；因爲　佛陀授記說：「釋迦如來之後成佛的人是彌勒菩薩。」他們是不是在指責　釋迦如來妄語呢？所以方便說與究竟說一定要分清楚。

還有人讀到我書中說：「六祖惠能大師沒有道種智。」他老兄才一讀到我這句話，氣起來就不讀了：「蕭老師的書以後我都不讀啦！」由這裡可以見得他的入道因緣還早。像這樣子要往生極樂世界品位都不高，因爲《佛說大乘無量壽莊嚴經》裡面早就說過了：「取相分別」的人是沒有辦法得到好品位的。那麼六祖惠能有沒有道種智，這不是我說的算，還是要有根據的；所以有道種智的人跟沒有道種智的人，在開示以及記錄之中，是很明確可以判定的，並不是言人人殊，而是有一個判定的準則在那邊。不能夠說六祖曾經講了幾句說「六、七因中轉，五八果上轉」，就算有道種智。如果可以這麼定義的話，那麼人間許多寫唯識學的專家們依此邏輯應該也都有道種智了？同理，那些作者都有道種智了不是嗎？然而他們連見道都沒有。

所以讀《般若經》時還真不能小看，雖然經文的字句看起來都很淺顯：「**何等是佛所護念？謂不憶念一切諸法，是名佛所護念。**」哪一個字看不懂？誰不懂那個意思？都懂啊！問題是都懂錯了。只是懂錯了而已，字大家都懂啦。所以「**佛所護念**」講的佛就是自性如來，也就是各人的第八識眞如。當你能夠很清楚知道，並且事實上也由自己來證明了：在五蘊這個自我後面有另一個眞實常住的自我，祂是從來不憶念一切諸法。當你有智慧這樣現觀時，你就是被自己的如來所護念了。已經被自己的如來所護念，現前觀察清楚無訛了，就可以來依文解義。什麼是佛所護念呢？釋迦如來是護念誰呢？是說那個不憶念一切諸法的人，那個人就是 釋迦如來所憶念的弟子。這時候就可以依文解義，講出來時也都正確了。所以《般若經》看起來好像很淺的樣子，其實一點都不淺。

接下來「**若行者住是念中，則不住一切相**」，如果是這樣，一個實證的菩薩道行者，他就不再住於一切相中。因爲他轉依了眞如的無相而住了，這時他就是住於實際。實際就是一切諸法的眞實際，那就是第八識眞如。接著又說「**若住實際，是名不住心**」，如果是住於實際的人，當你們轉依於自己的第八識眞如時，再來看看這時候有沒有所住？不住於眼、耳、鼻、舌、身、意六根，不住於色、聲、香、味、觸、法六塵，也不住於眼、耳、鼻、舌、身、意六識，都不住於十八界中，這樣就叫作「**不住心**」。如果是一念不生了然分明，那其實已經住於六塵了，住於六塵就表示住在六識境界中，既然住於六塵、六識中當然也就同時住於六根之中了，怎能說是無所住呢？所以如果是住於實際的人，也就是你轉依於第八識眞如時，這時其實你是無所住的，這樣叫作「**不住心**」。這個不住心就叫作「**無分別心**」、「**無分別法**」，也就是《佛藏經》說的「**無名相法**」。

接著又說：「**若不住心，是人名爲實語、非妄語者。**」如果不住於一切境界中，依於這個不住的心而安住時，那麼你說出來的法一定是實語，不誑語，絕對非妄語，因爲你已經現觀不住心。當你依不住心的現觀，一面看著祂的自性一面爲大眾演說，這時你所說的都是實語，因爲不是靠記憶想像而說。若是依想像和記憶而說，常常會錯誤而且會前後矛盾；依記憶而說，雖然記憶來的那一些內容是眞正善知識之所說，然而有時候記憶錯了又會講錯，那又會成爲妄語。所以你如果依於不住心而住，這時是無所住的，依這個無住心的現觀，一面觀察著一面講了出來，那麼你所說全部是如實語、非妄語，那你爲人說法時當然就是「實語、非妄語者」。

這樣開示完了，接著作一個結論說：「梵天！是故當知，若『非實、非虛妄』者，是名聖諦。」這時突然間冒出來「非實、非虛妄」一句，因爲怕大家誤會了前面這一段開示；如果不講這一句話的話，那麼一般的凡夫們讀了前面這一段開示，可能就會說：「就是要放下啦！什麼都放下，什麼都無所住，這樣就是『佛所護念』，這樣就是『如實語』，就是『非妄語』者。」依他所說，全部都放下時不就空掉了？怕有人這樣子誤會，所以作了個結論說：「由於這個緣故，應當知道，如果不是眞實也不是虛妄的話，這樣就叫作聖諦。」換句話說，如果一切都放下，一切都空掉，就變成一切法空，就是虛妄，就談不上實，只有虛妄，所以最後面作個結論：「非實、非虛妄」。「非實」是因爲這個「無分別法」、「無名相法」，祂不是三界中的實有法；但是祂又不虛妄，因爲祂眞實存在，性如金剛而不可壞，乃至三界中一切虛妄法、生滅法全部都由祂而生，也全部都由於祂才能運作，怎麼能夠說祂是虛妄的呢？所以，既不住於十八界的任何境界中，也不屬於十八界中的任何一界，因此說爲「非實」；但是卻不是空無一法，而是能生萬法，常住不滅，所以「非虛妄」。必須是這樣子才能夠說這時是證得般若聖諦了。

可是對一般人來說，這很難理解啊！怎麼可能有一個法不是三界中的任何一法，竟然又不虛妄，眞的難以理解；所以這對一般的學佛人來講，都是沒有入處、無可想像。等他問到證悟的禪師時，禪師答覆說：「無可名狀！」只要你說個什麼都不對。禪師這麼開示以後，隨即又有人誤會了：「既然都不可名狀，那到底你要怎麼開示？難道你都抿起嘴脣來什麼話都不說嗎？」欸！他這麼疑惑而提出質疑了，沒想到禪師還眞的不講話，只是一棒打過去；好像是說，既然都說無可名狀了，當然不能講，那乾脆打了比較好。不死心，明天上來又問：「師父啊！我昨天講的又沒錯，爲什麼您打我？」這師父手才一動，他馬上插話說：「欸！今天您可別打我。」沒想到師父好心好意說：「喫茶去。」弟子質疑說：「這不又是語言了嗎？」沒想到這時師父冷不防一棍又打了，撂下一句話說：「汝喚什麼作語言？」這就是「無名相法」無可名狀。那麼大眾總是在語言文字上著墨，在那邊思量，每天費疑猜，卻沒想到禪師早就和盤托出了，自是他不會。

所以要用意識來思惟、用語言文字來研究般若，到頭來只是一場空，徒然浪費一生的光陰，還不如死心塌地老實修行的好！所以祂到底是實或是虛妄呢？都不對，非實亦非虛妄。因爲祂既不是三界法，卻又是眞實存在著，祂還是能生三界萬法者，而對萬法都不住心。能夠懂得這個無住心，如實爲人說法時當然是如實語，所說之法不虛妄，當然不妄語。這樣的人如實現觀「無名相法」、「無分別法」是「非實、非虛妄」，這樣他就是證得聖諦的人。

再來看下一段經文《清淨毗尼方廣經》：「天子！如來所說『無實、無虛妄』，何以故？如來無二相，無住心無言說，非有爲法非無爲法，非說實非說虛，無二相。天子！於意云何？如來化人若有所說，爲實爲虛妄？」答言：

「『非實非虛妄』，何以故？如來化人無有實故。」

這一段是說：「如來所說不是眞實法，但也不是虛妄法。」這個道理前一段經文我們說明過了，因爲祂不是三界中的實有法，所以無實；因爲如來所說的就是這個「無名相法」，既非三界的實有法，當然無實；可是雖然無實卻不虛妄，因爲一切三界萬法都由祂而生。那到底原因是怎麼樣呢？接著就說明「如來沒有二相」；到這裡又要請問諸位了：這句說的「如來」又是誰啊？對呀！還是如來藏。這就是說「如來」就是「無名相法」、「無分別法」。這個「無名相法」就是自心如來，打從無始劫來祂就是沒有二相；沒有二相，不單單是說在一切萬法中祂永遠都是同一相，同時也是說一切有情的自心如來都是同一相，叫作實相、無相。所以就解釋說「無住心無言說」，於一切法都無所住，這個無住之心從來離言說，所以才有一句很有名的話說：「言語道斷。」說言語之道來到這個無住心的境界中，全部都斷除了；因爲祂的境界中是離言說的，這個離言說不是打坐以後一念不生才離言說，而是自無始劫來祂就「離言說」，盡未來際依舊「無言說」。

接著又說「非有爲法非無爲法」。「如來」第八識心既不是有爲法也不是無爲法。一般人讀到這一句時就想不通了，怎麼想怎麼錯，怎麼思惟就怎麼錯，永遠得不到眞實。爲什麼說這個無住心自心如來不是有爲法、也不是無爲法？先來談談祂爲什麼非有爲法吧！有爲法一定是有所爲，想要離開三惡道的境界，或者想要獲得人間欲界天的境界，或者想要獲得色界、無色界的境界，這都是「**有爲法**」。有爲之法必定有生，無生的不可能有爲。那祂既然不是有爲法，就表示祂從來不憶念諸法，祂於三界中的一切境界無所趣向；任何興趣、任何意向都不存在，所以祂是「**非有爲法**」。如果對三界中的任何境界有興趣、有意向，會趣向某一種境界，那祂就是有爲；然而自心如來這個無住心從來沒有趣向，所以祂不是有爲法。

可是話又說回來，祂又是「**非無爲法**」。這個好像很奇怪喔？因爲眞如無爲明明是講祂呀！甚至於「擇滅無爲、非擇滅無爲、虛空無爲、不動無爲」也是依祂而施設，爲什麼卻又說祂不是無爲法？這不透著奇怪嗎？確實透著奇怪。然而你從另一個方向來現觀祂時，你又覺得這不奇怪，祂本來就不是無爲法；因爲你所說的不動無爲，那也不是祂的境界；你所說擇滅、非擇滅無爲，也不是祂的境界；你說虛空無爲，那也不是祂的境界。也許現在有人聽了說：「奇怪！」然後心中打了一個很大的問號。可是不奇怪，因為不管是六無為、八無為，不管多少個無為，你再細分有很多無為法，但是這些無為法都是你實證以後，由祂的境界建立出來的各種不同的狀態，由你意識心來施設這叫無為法。可是對祂而言，祂才不管什麼有為、無為呢！祂的境界中沒有無為法這回事，這才叫作「無住心」。

譬如你證得「虛空無為」，因為你看到第八識如來藏，猶如虛空無為無作，那你就說：「啊！這虛空無為原來如此！」那你就是證得虛空無為了。可是你轉依這個無住心自己的境界來看時，祂的境界中沒有無為法可說，那是由你來看祂時才有「無為法」，祂的境界中可沒有無為法可說，所以說祂非無為法。譬如有個外道在佛世時創立一說，結果沒有人能夠與他敵對，他提出一個主張：「一法不立。」說它才是最究竟的法。有一天他遇見了　佛陀，佛陀說：「只問你一句話，這個『一法不立』的法，你立不立？」他這一聽，傻眼了，口似扁擔，再也開不了口。為什麼呢？因為　佛陀說的一法不立是自心如來的境界，他卻是用意識心來把一切法推翻成為一法不立，那已經是意識的境界了，那就是一個建立；所以他建立了一法不立時，這個法必須要建立，如果他不建立這個法，那他這個一法不立的法就被自己推翻了；但如果他建立，那又不能叫作一法不立，所以進退失據，弄得他不知道怎麼開口。

所以外道們要仿效　佛的說法還眞的難！佛說的迥無一法的境界是自心如來所住的境界，所以叫作無住心，但不是片面的、單方面的否定三界中的一切法，所以這法來到菩薩面前，一法不立的法又可立了！但是那個外道不能立，他沒有資格建立一法不立之法，因爲這不是他的境界。所以到底是不是有爲法？從祂所表現出來，然後我們依智慧觀察而說祂是無爲法；可是雖然祂是無爲法，卻又能生萬法，能生萬法就不能夠說無爲了，但祂本身卻是無爲的，所以就施設建立「無漏有爲法」。而這個無漏有爲法遍三界六道一切有情都有，只是難會啊！所以說無住心這個自心如來「**非有爲法非無爲法**」。

接著又說：「**非說實非說虛，無二相。**」世尊依這個無住心爲大家說法時，並不是說有一個眞實存在的三界中的法，但也不是說一切法虛妄。如果說有一個法實有，是三界眾生可以觸知，那麼這個法一定是三界中法；若是三界中法，那就是生滅之法，生滅之法不可說實，一定是虛妄法，所以不能說這個「無住心、無分別法」是三界中的眞實法。因此 如來爲大眾演說此心時「非說實」。然而不因爲「非說實」就成爲說虛，因爲說虛只是在說明這一個無住心之所生的三界萬法，全都是生滅不住的虛妄法，那才叫作虛。可是這一個心卻是能生三界萬法的心，一切有情五陰十八界莫不從之而來，又是常住不壞法；既然如此，焉能說祂是虛妄法？既不能說祂是虛妄法，那麼 如來演說這個「無名相法」時必然「非說虛」。所以《大品般若經》、《小品般若經》、《金剛經》、《心經》、《思益梵天所問經》，還有《放光般若經》等，般若系列的所有經典都是如此，都在告訴大家諸法虛妄，甚至於包括三乘菩提諸法也說虛妄，連了義法也都虛妄，因爲都是意識心的境界，而自心如來的境界中了無一法可得，所以《心經》乾脆告訴諸位「無苦集滅道，無智亦無得」。

世尊說這一個無住法，也就是《佛藏經》中說的「無分別法」、「無名相法」，當你實證之後爲人演說，很清楚告訴大眾「無名相法」所生的一切諸法都是生滅有爲；但是依於祂這個無所從來的無住心而說，這些生滅有爲之法卻可以永遠繼續不斷地依祂而生滅不住，永遠生滅不停；那麼這樣爲大家解說無住心的常住不變，以及無住心所生的三界萬法生滅有爲，面面俱到，兼顧二邊而不即二邊，這樣來爲眾生說法時，當然「非說實非說虛」。可是這樣講時言語萬端，講到最後，聽法的人眞的叫作千頭萬緒；可是實證的菩薩依照 佛陀的教導，言語萬端統統只有一句話，就是在說明「無名相法」與三界萬法之間的關係。

當你發覺千頭萬緒時，你把那一堆千頭萬緒的每一頭每一緒探索到最後，全都歸於這個「無住心」、「無名相法」，那時就不再千頭萬緒了。結果發覺只有一相，就是無相。而這個無相之法能生三界萬法，上從非想非非想天，下至阿鼻地獄，所有有情以及這一些器世間，莫非這個「無名相法」之所生。可是這個「無名相法」永遠都只有一相，永遠無二相，這個一相就叫作「實相、無相」。

接著就要反問一下了：「天子！於意云何？如來化人若有所說，爲實爲虛妄？」看來有一點大不敬，竟然說 釋迦如來是化人，可是其實沒有一絲一毫的不敬，因爲這樣的說法是完全繼承了 如來的說法，眞是個孝子。如果一個孩子作事都不符合老爸的期望，就叫他不孝子；老爸希望他好好經營公司，不要花天酒地，跟人家往來要有誠信，那他遵照老爸的話去作，就叫作孝子。同樣的道理，如來說法是如此說，菩薩繼承了 如來的家業以後，爲人說法卻不如此說，那就叫作不孝子。那他說「如來化人若有所說」，講的是說 釋迦如來是變化出來之人，不是實有者，從字義上來看好像很不孝：「你好大膽，竟然敢否定釋迦老子說祂不是眞實的。」但問題來了，如果 釋迦老爸是眞實的，那應該常住不滅啊！今天哪輪得到我在這邊說法；應該是 釋迦老子坐上來說法，怎麼會是我來說法？所以那眞的叫作化人，是 釋迦如來無垢識之所變化而有的，所以「如來化人」四個字沒有絲毫不敬，因爲這是遵循著 釋迦如來的聖教而爲大家所說。

那麼回到這一句來說，意思就是問大家：「釋迦如來如果有所說，那麼到底是眞實或是虛妄？」一般佛弟子一定拍胸脯說：「我跟你保證釋迦如來說的永遠眞實。」那他就是不孝子，因爲 釋迦如來不是這樣講啊！雖然他看來很孝順，從法義的本質來看他，還是個不孝子；因爲他的說法跟 釋迦老爸講的不同，如果人家到 釋迦老子面前告狀：「世尊！您看，您教導這個菩薩這樣教導我，他到底對不對？」這時候 如來該怎麼講？一定說：「他講錯了，因爲明明我講的不是這樣。」《阿含經》裡面也有這樣的情形，所以弟子當然要答覆說：「『非實非虛妄』，何以故？如來化人無有實故。」所以必須兩個人都是實證的人，才能這樣對話：如來之所說「非實、非虛妄」。

換句話說，三藏十二部經這一大藏教「非實、非虛妄」，如果大家認爲那經典裡面說的都是眞實的，所以經典當然眞實，那要怎麼樣「拜經、供養經」？如果那一些經典就是眞實的，那些經典應該永遠不會壞掉，應該十萬年後、百萬年後，那些經典還是好好的，才能叫作眞實啊！所以供養經典、供養法，最好的辦法是請下來好好讀，不是供在經櫥裡面每天跟它上香。眞的有人供在經櫥裡面上香的，然後有弟子想要請下來讀，結果竟然被罵慘了，那到底誰的認知是正確的？顯然是想要讀經的徒弟呀！

再說回來，如果有人說這經典不是眞的，經典裡面的文字才是眞的。那麼問題又來了，如果經典裡面的文字是眞的，經典將來燒毀了，其中的文字應該依舊不壞，那麼文字要掛在哪裡？掛在虛空喔？那也許有人又說：「經典跟其中的文字雖然不眞實，那裡面的意思是眞實的。」如果這樣講：「這就是如來告訴我們的啊，所以是眞實的。」如果那個時候 如來化現作一位禪師來，一定狠狠打他一棒，即使是經中的意思也不是眞實，因爲經中 如來所說的那一些意思，只不過是你的、或者 如來的、或者有情的這個無住心所顯現出來的法性，那一些法性都不眞實，那些法性得要依於「無住心」、依於「無分別法」、「無名相法」才能說是眞實。慘了、慘了！照這樣講的話，當代這些大法師們每一個人都要挨棍子了，所以你說佛法容易懂嗎？不容易啊！

那些人動不動就說：「《大般若經》六百卷，我六個月就讀完了，我全部都懂了。」哪天遇見這類人，我就說：「對啊！你懂就懂錯了，永遠都是懂錯。」所以「如來」，在諸經中之所說不是在講 如來這位應身佛，因爲應身佛也是眞實如來無垢識之所化現，而應身佛 釋迦如來爲大家所說的一切諸法，全部都是在說明這個「無名相法」、「無分別法」。既然如此，如來所說的那一些法就不是眞實法，因爲所說的那一些法都在指向「無名相法」，那才是眞實法。但 如來所說的那一些法也不能夠說是虛妄，因爲祂告訴大家眞實的道理，大家可以依照所聽聞的 如來所說眞實道理，去實證「無名相法」自心眞如。當你實證了，就懂得 如來之所說「非實、非虛妄」，因爲 如來說的是自心如來，而不是講釋迦如來那尊應身佛。那麼這樣子聽完了，諸位對於《佛藏經》講的「非實、非虛妄」，就可以有更深入的瞭解了。

接著來講「非常、非無常」。學佛的人，特別是學中觀的人，最喜歡說的就是中觀；可是菩薩們實證了中道以後卻不講中觀，只講中道。有沒有覺得很奇怪？眞的很奇怪呵？所以你看龍樹菩薩寫了《中論》，不叫中觀，而是命名爲中道之論，不講中觀。凡是講中觀，要先知道中觀是什麼意思？中觀就是中道觀行的簡稱。如果還沒有實證中道之心，他有能力作中道的觀行嗎？絕無可能。現在問題就來了，佛教千年來講中觀只有兩種，第一是自續派中觀，第二是應成派中觀，都是密宗假藏傳佛教在搞的。可是你從來沒有看見哪一個菩薩說「中觀、中觀」，都講中道，不講中觀。那麼自續派中觀是密宗假藏傳佛教紅教、白教、花教之所說；他們講的中觀，說人類只有六個識，是依六識論來講中觀。那麼密宗假藏傳佛教黃教講應成派中觀，也是六識論，同樣以意識爲主體。

自續派說我們這個意識心可以自相延續永遠不斷絕，那麼這個意識心要時時刻刻保持住於中道，不落兩邊。問題來了，他的前提一開始就錯了，意識可以世世延續不斷嗎？如果眞的世世延續不斷的話，請大家回憶一下你剛剛出生時會不會說話？你可別跟我抗議說：「**我上一輩子是美國人，我來這裡出生作臺灣人，沒有辦法講臺灣話，我要怎麼跟媽媽道謝？**」可別這麼講，你至少也能講一句 Sorry、Thank you，對不對？有沒有誰出生時講過？沒有！全都是懵懵懂懂被出生的。

你今天聽聞了某些法，晚上睡著了意識中斷，明天早上又連接起來，可以說這是同一個意識，因爲是互相聯結的，所學所知之法沒有中斷；所以你還記得小時候生活過得多麼好，沒想到後來家道沒落了；有人記得小時候多麼困苦，沒想到現在發了。因爲你的意識是依於這個有根身，由背後的意根和如來藏支持著，有同一個有根身，所以前後聯結而說是同一個意識；雖睡著了會中斷，可是前意識種子跟後意識種子中間並沒有插進任何東西，因此可以和昨晚睡前的意識相聯結。譬如你睡著了，睡著之後半夜作那個糊塗夢之前，意識還沒有醒來，還沒有轉入夢中，這中間沒有任何種子可以插進你的前後意識種子中間，所以你睡著的最後那一刹那種子停止流注，一直到夢開始出現，於是你的意識種子又開始流注，卻是等無間的，因爲中間沒有插進任何的東西，還是你的意識。所以你可以天亮醒來還記得昨天作了什麼，今天應該作什麼；因此你今天醒來時，不會問說：「這位夫人！您到底是誰？」你絕對不會問，你知道她是誰，這表示是同一個意識。

那如果意識可以前世後世自己相續，問題就來了：你出生時應該記得上一輩子，既然記得上一輩子，那上一輩子說的話你就記得了，上一輩子的謀生技能你也都能記得；所以就應該像今天下了班，明天睡一覺起來，來到公司還會繼續上班，延續昨天沒作完的事；應該如此，才是同一個意識。所以一出生以後，也許出生時很痛苦悶絕了，醫生把你倒栽蔥抓過來一直打屁股，打到痛了醒過來，哇哇大哭，接著要說：「拜託！不要那麼用力啦！」（大眾笑…）應該跟醫生拜託一下。好了，接著要幹什麼？要先跟媽媽謝謝，這是應該的啊，人家那麼辛苦懷你、生你。可是你們什麼話都沒有說，幾乎是無知的狀態，除了懂得哭、就是懂得哭，那怎麼可以說前世意識與這一世意識相續不斷？所以自續派中觀沒有中觀之可言，只能說是自續妄想。

以上說的是密宗假藏傳佛教的三個教派，接著說黃教應成派中觀，爲什麼叫應成派中觀？因爲每一次跟你說了一番道理，接著結論說：「如是應成。」

我卻說他們辯論後要說：「如是不應成。」因爲他們講的都是歪理，怎麼可以說應成呢！那他們主張的也是六識論，一樣是把意識從上一世延續過來，認定意識是世世相續不斷的同一個，這個道理可以說「如是應成」嗎？不能啊！所以印順老法師一生弘揚應成派中觀，當我書上對他提出很多的問題時，這個一向不能安忍別人質疑的人，眼裡揉不進金屑的人，遇到我質問時，他的修行就變得很好，全部都安忍，從來不曾回應過我一句話。

人家名不見經傳的人，隨便寫一篇文章評論，他馬上就回了；我爲他出了那麼多本書，他沒回過我一句話，修行眞的好。可問題是，他的應成派中觀就變成如是不應成了。換句話說，中道的境界是無住心的境界，是「無名相法」、「無分別法」第八識的境界；能夠觀行這一個中道境界的人，才能夠說他有中道的觀行，才有中觀可言；因爲中道的觀行要以第八識無住心的境界來觀，否則沒有中道之可說，那麼所有的觀行就不是中觀了。

這樣把這個前提講過了，接著來講「非常、非無常」，也就是說「非常、非斷」。「非常、非斷」諸位應該會想起來，我們有一本口袋書《佛子之省思、眞假開悟之簡易辨正法》，那是十幾年前就印出來，我們剛開始是用一張紙列表印出來，當初沒有想要把它裝訂成冊；當時我只是作一個準備工作，準備什麼呢？準備別人要來踢館時給他們讀的。所以我寫了那個東西，就是在告訴大家說：「**如果誰認為開悟，要來找我論義，那麼請你們先把這個內容看完，覺得你可以跟我論義了，那你就來。**」結果沒想到連一個人都沒來。想來事實很清楚，就是印出去以後大家看了（剛開始是單張，後來才把它結集成冊，成為一本口袋書），諸方善知識看了說：「**這邊也不對，那邊也不對，那我要說什麼才對？**」結果沒有人要來找我。

常與斷這兩邊，是世間相所不能避免的；而意識屬於識陰所攝，仍然是世間相，當然也不能避免常與斷兩邊。所以那些六識論者口中說中道的觀行，可是說出來的法全都落到常、斷兩邊，所為一切事情也都不離常、斷兩邊，卻每天大言不慚地說中觀；也正因為沒有證得中道法，不懂眞正的中道觀行，所以主張中觀的自續派、應成派兩大派，結果都在修雙身法。為什麼呢？因為他們口說中觀，實際上的知見以及身口意行都不離斷、常兩邊。然而法界的實相非常、非無常，不墮斷、常兩邊；也就是說，凡是主張六識論的人，不管他們怎麼樣廣說中觀中道，全部都不離斷、常兩邊，如果不是常，那就是無常，全無中道可說，自然就沒有中觀可言。

譬如宗喀巴在《廣論》中說，「結生相續識」是不中斷的意識心，但意識卻是個生滅法，只能存在一世，不是由前世來到此世，也不能從此世去到後世，只能存在一世；既然如此，顯然是斷滅之法。既然是斷滅之法就非常，他不能說為常，不可堅持為非無常。只有能生名色之法，就是這個「**無住心**」、「**無名相法**」、「**無分別法**」，祂都不住於三界的境界中，永遠不斷不常、不來不去、不生不滅、不垢不淨……等，所以祂才是中道。永遠都不墮於三界境界中，才可能是中道心；而意識永遠都在三界境界中，三界境界有生有滅，當然不可能是中道境界。所以依意識的所見所知而說中觀的人，永遠不離斷、常二邊，不懂中觀。

那我們回來說這個如來藏妙心，說這個「**無名相法**」祂永遠不曾中斷過，打從無始劫以來便是如此，而且盡未來際仍將如此，所以祂不是無常之法。祂雖然不是無常之法，卻又不能說祂常；如果祂是常的話，咱們都別修行了，因為不論你怎麼修，你的這個無住心中所含藏所有染污種子也跟著常，那你不論怎麼修，祂含藏的種子還是染污的，又何必修行呢？所以應該是某一方面常，另一方面無常這樣才好啊！人家世間法說：「**這個人命好運氣好，左右逢源。**」不是只有左邊逢源或是右邊逢源，他左右都逢源，太棒了！如來藏正是如此，左右逢源，不斷不常，所以菩薩跟阿羅漢不一樣。

如果有一天阿羅漢開著一輛 BENZ、開著一輛 BMW，不必說是七字頭的或是S頭的，你會覺得怎麼看怎麼怪。如果哪一天看見有一個阿羅漢，人家見了就禮拜、供養，他統統放進袖子裡面去，結果他捨報時一堆財產都掛在他個人名下，那你覺得怪不怪呢？當然怪啊！因爲眞正的阿羅漢很怕這些東西，只要有一點點讓他牽掛著，他就出不了三界了，所以他很害怕擁有。當你送上一斤黃金供養了他，他連看都不看，完全不想要；你硬把它放在他房裡，他就走了，他不想住在這裡。如果你拿了一個很貴重的寶物，在暗夜中，他碰巧是個慧解脫者沒神通，你說：「**請聖僧接受我一分飲食供養，明天早上您可以用。**」這時他會接受。你把它放著就走了，明天早上天亮一看，是很貴重的黃金飾品，你猜他會怎麼樣？他會急急忙忙、不等到中午托鉢，一早就急急忙忙送到你家裡還給你，他很怕被綁住。爲什麼這樣呢？因爲他的所證叫作「無常」，他是要滅掉五蘊、十八界的；如果突然間起了一念歡喜，他就無法「不受後有」，所以他很害怕，他得要丟棄。

可是如果菩薩也這樣，他就不算菩薩了，因爲菩薩不理會這個；所以菩薩遇到人家供養多少錢來，他都沒有拒絕的權利；他得了這些供養也不會留在身上，就把它轉施出去，永遠不害怕錢財。阿羅漢會怕：「**我如果轉施出去，那我得到好多的福德，萬一捨報時，有一絲絲掛念這個福德，那我會生**到欲界天去。糟了！怎麼辦？」他會擔心！如果是菩薩，菩薩說：「**沒關係啊！我未來世福德越多越好，就去實現那些福德，然後可以作更多的布施，利樂更多有情；我也可以拿來護持正法，再多的錢我都可以用。**」因爲菩薩的所證不墮於無常那一邊，菩薩同時觸及常與無常兩邊。所以菩薩假使有好幾十億元，他也許手上戴一只鑽戒二十克拉，（有沒有二十克拉的？好像還沒有？）假使有，他戴著也不爲過，每一個月布施幾百萬元不斷地利樂眾生，然後他可能買一輛 Rolls-Royce，再請個司機開車，他就坐在裡面；有一天你見了會覺得奇怪嗎？不奇怪！因爲他是菩薩。如果這位菩薩有時候想：「**開車也是個樂趣，開車也可以體驗一些心所法，也不錯。**」於是向司機說：「**你休息一個月，這個月我自己開。**」也沒什麼過失，是菩薩就不奇怪。

但如果是阿羅漢，他是落在斷滅的那一邊，他執取滅諦；所以這時他害怕得很，哪一天你開了一輛全新勞斯萊斯到他那個茅棚去，說：「師父！這輛車子供養您。」我告訴你，他連看都不看，一定告訴你說：「你開回去。」因爲他的所證落於斷滅空，雖然他知道無餘涅槃不是斷滅空，他卻要滅盡一切有。可是菩薩不同，住於中道，所以現見「無名相法」永遠不落於斷滅空，因爲這個「無名相法」第八識心，永遠眞實常住，卻可以轉依祂來修行，可以轉變祂心中所含藏的各類種子，讓種子經由修行而清淨，讓無明種子可以修除，讓塵沙惑可以斷除，最後到達究竟清淨的地步——成佛。那時才叫作常、樂、我、淨，於此之前永遠是非斷非常。第八識心體這個「無名相法」常住而不間斷，性如金剛而不可壞滅，所以「非斷」。但是祂所含藏的種子變異非常，所以一切無明種子、一切業種都可以把它改變，最後到達佛地，只有善淨法種而無染污法種，這時種子不再變易了才是眞常；這樣的眞常才是究竟的清淨，這才是眞實的我、究竟的我，這樣的境界才是最快樂的境界，這就是佛地常、樂、我、淨的境界。所以只有佛地才能稱之爲「常、樂、我、淨」，因地都不可以。

那麼這樣看來，如來藏心常住不壞、性如金剛所以非無常；所含藏的種子生滅不住卻可以變異，經由悟道修行最後轉變爲究竟清淨再也沒有變異了，所以斷除了「變易生死」，因此說祂在因地這個時候非常，所以心體是常而種子非常。因此祂就可以再產生一個現象，就是這個心體永遠是常，無妨生生世世有不同的五蘊繼續生滅，而這個生滅的現象可以延續到盡未來際。這樣好不好？好？好？說好，就得輪迴生死。不好嗎？（大眾說：好！）好喔？唉呀！你們眞是菩薩！如果說不好，那就是聲聞人。在正覺同修會裡面，被人指稱是聲聞人，是最大的恥辱，每一個人見了都要鄙視他。所以你們是我的知心，都說「好」；輪迴生死也好，因爲有一個常住的「**無名相法**」、「**無分別法**」。就因爲這樣的轉依，所以菩薩於世間法不貪不厭；因此在家菩薩如果去當了國王，三妻四妾也沒什麼可奇怪的；如果讓阿羅漢去當國王，你說那還能瞧嗎？在家菩薩如果哪一天因爲那個任務沒有人願意幹，結果就去當了總統，每天找罵挨！欸！也不奇怪啊！但如果阿羅漢去當了總統，那可眞是怪了。

這就是說，因爲所證的法有所不同，而且大不相同，因此菩薩無妨世世在三界中流轉卻是依願而爲，是藉著十大願不斷的去受生；即使三賢位菩薩，一樣可以依願繼續受生人間，所以無所謂離苦得樂這件事情。所以菩薩就說：「但願眾生得離苦，不爲自身求安樂。」正因爲所證「非常、非無常」，才能夠這樣作到。如果菩薩的所證同於二乘者，只看見五蘊、十八界的虛妄無常，只看見五蘊的苦、空、無我，那麼菩薩就會跟二乘聖者一樣，時時刻刻等著入涅槃的時節因緣，再也不可能發大願世世受生於人間了！所以「非常、非無常」是菩薩的所證，但這個「非常、非無常」的境界卻是依第八識「無名相法」、「無分別法」而說的。

那麼我們再來看補充的經文怎麼說，《大般若波羅蜜多經》卷四九三〈善現品〉：「又如虛空非常非無常、非樂非苦、非我非無我、非淨非不淨，大乘亦爾，非常非無常、非樂非苦、非我非無我、非淨非不淨，故說大乘與虛空等。」「虛空」大家可以理解，那我們來看虛空，虛空有沒有常、無常可說？沒有啊！那虛空有沒有「樂、苦」可說？乃至有沒有「我、無我，淨、不淨」可說呢？絕對都沒有！大乘法就像虛空，所以虛空無爲不是講虛空中什麼都沒有所以無爲；而是說藉虛空來表義，表什麼義呢？來表顯說，第八識「無名相法」這個眞如心，猶如虛空一樣無所作爲，從來不會想要這樣、想要那樣，永遠不會說「我不要那樣、不要這樣」，永遠沒有這回事。祂的心性是無爲性的，祂的心性永遠是無漏的，而祂的心性猶如虛空一樣從來不曾想要或想拒絕什麼，所以就把祂立名爲「虛空無爲」。這一段經文也是拿虛空來譬喻，說無住心、不念心、非心心、無心相心這個第八識眞如，就好像「虛空非常非無常、非樂非苦、非我非無我、非淨非不淨」，所以大乘法也是像虛空這樣子，「非常非無常，非樂非苦、非我非無我、非淨非不淨」；就因爲這個緣故，所以說大乘與虛空平等平等。

假使你以阿羅漢所證之二乘菩提套到這段經文來，那你就不通了，每一句都是落在一邊，永遠只有一截。你到了豆漿店吩咐說：「老闆！來一根油條。」老闆拿了油條，菜刀一剁只給你一截，你要不要？因爲你買的不是半截，當然不要。所以菩薩說：「我要的是佛法，不是要羅漢法，所以我修行的目的所要得到的是佛法，不只是羅漢法。」因此，勤行六度波羅蜜多之後，人家給你的只是羅漢法，你當然不要，因爲就像半截油條一樣。而這個眞如的法性，不是常也不是無常，因爲心體是常而種子無常，這樣你久劫修行才有用；否則心體中不淨的種子以及業種等都沒有辦法轉變，那修到成佛以後種子還是不清淨的，怎麼能成佛？修行成佛以後種子竟然還是不淨的，這種佛叫作凡夫佛、大妄語佛，就不應該稱爲佛，所以我說沒有釋印順所謂的「凡夫人菩薩行」而可以成佛的。

所以中國人造字眞有道理，「佛」是先寫一個人，再寫一個不是——弗；「弗人」意思就是說不是人，因此佛可以人身示現，但佛其實不是人。佛當然不是人，不論從實際或者從應身佛來講，都不是人；老實講，菩薩就已經不是人了，因爲菩薩是可以生到色界天去的，不必來當人受苦啊！但爲什麼還要來人間受生而當人？那是他乘願而來，不能夠說他是人。因此，以前人家來告狀說：「**導師啊！他們罵您不是人。**」我說：「謝謝！謝謝！」因爲我本來就不是人。又不是這一世才不是人，早就不是人，二千多年來我都可以生在色界天，怎麼能說是人？所以那些愚人罵得好。因此，人家罵我的話，來到我這裡都變成恭維的話；他們想讓我生氣，門兒都沒有，因爲這也是很正常的事情。

所以人家告訴我說：「**網路上最近又有誰罵您怎麼樣。**」我說：「**唉呀！**

謝謝了！**那些都不必看，因為我沒有時間。**」因為忙到有時候掛心這件事情，掛心那件事情，有時候事情太多了都會亂掉，哪有時間理會網路上誰匿名罵我？這就是說，菩薩的所證「**非常、非無常**」，這跟二乘菩提完全不同。二乘菩提之所證是一切法無常，所以苦、空、無我、無常，最後捨壽時要取滅、入無餘涅槃，不取無常法；菩薩所見的同樣有這些無常等，但是不取滅，因為有一個常法恆存、性如金剛永不可壞，可以作為永遠的依止；而且祂永遠不在三界流轉法中，本來解脫、本來涅槃。依於這樣的緣故，所以大乘之法「**非常、非無常**」。

那麼為何又說「**非樂非苦**」呢？因為你證得佛法時，會看到祂離見聞覺知，不在三界境界中。從世間法來看，當你成為轉輪聖王時擁有了天下，這算是最富有的人，而且最有權勢，是不是應當快樂？應當！可是這個轉輪聖王，如果依於任務而來當轉輪聖王，不是他自身願意（這是常常可看見的，佛也這麼說過），這位菩薩來當轉輪聖王時，他會看見當轉輪聖王擁有一大部洲，或者乃至當金輪王擁有四大部洲，擁有一切國土一切財富；可是這時候他看見了說：「**自己廣有如此之多的快樂，但是背後的無住心如來藏從來無無**

樂。」無樂不代表就是有苦，因為祂不住六塵境界中，所以沒有樂之可言；既然不住六塵境界中，當然同時也就無苦可說了，所以大乘之法「非樂非苦」。

且不說這個世間法，就說菩薩好了；菩薩證得佛法以後好快樂，每天法樂無窮。然而實際理地卻是無樂可言，因為法樂無窮是你五蘊身心之事，無關於「**無名相法**」如來藏的境界；法樂無窮也是要在六塵境界中，來現觀自己智慧不斷如泉湧出，所以叫作「法樂無窮」；但那仍然是意識心的境界，因為意識心有智慧所以產生了法樂；但是轉頭來看看那些凡夫眾生們，甚至看看那些很努力修行卻被誤導的人們：「**眞的好苦啊！學佛幾十年、幾百世了，依舊渺渺茫茫不知從何下手！**」學佛學到愁眉苦臉，這種人所在多有，不奇怪啊！諸位來到正覺之前不就如此嗎？可是菩薩看到他們時想：「**唉呀！眾生眞的好苦、好苦！**」所以心生悲憫。然而菩薩又看到那一些人，他們的實際理地那個無住心、眞如心依舊無苦之可言。菩薩之所見如此，見一切人都是如此。也許有人說：「**那是看見人，那如果看到那個餓到變成瘦皮狗，那牠的眞如心是不是很可憐？**」不！一樣非樂非苦。人家都說瘦皮猴，那如果一條狗被人家虐待，都沒得吃，變成瘦皮狗，牠的眞如心一樣非樂非苦，因爲牠的如來藏一樣不住於六塵境界中，不觸六塵中的一切境界，哪來的苦與樂呢？這樣才是大乘法。

又說「**非我非無我**」，在二乘法中都說五蘊無常、苦、空，所以無我，二乘菩提永遠這麼說。可是《阿含經》裡面也有說到「我」，這個「我」就跟五蘊之我不同；例如印順老法師也常常引用那句經文：「**色非我，不異我，不相在；受、想、行、識亦復如是。**」也就是說，這識陰六個識和色身一樣是「**非我、不異我，不相在**」；這代表色、受、想、行、識與那個常而不壞的眞實「我」是同時並存的，否則怎麼可以把五蘊說是「**非我、不異我，不相在**」？當然是並存的。這表示什麼？表示《阿含經》中也有說「眞我」。所以印順法師說法多數是隨便講一講的，那諸位隨便讀一讀就好，不必將他說的當眞。這段經文他也引用過了「**色非我，不異我，不相在**」，「**識非我，不異我，不相在**」，他都引用過了，可是他的腦袋打結轉不過來；既然說「**非我，不異我，不相在**」，表示這個五蘊一定跟另外一個眞實不壞的「我」是同時存在的，但是這個眞「我」不算是你的五蘊，你五蘊也不在眞我裡面，所以「不相在」。

這不是你儂、我儂嗎？這表示五蘊存在的當下就有另一個眞我同時同處，所以阿含諸經說的五蘊苦、空、無常、無我，對象是指五蘊；但是又說五蘊「非我，不異我，不相在」，表示還有另一個眞實我，是和五蘊同時同處的，這是很清楚了然之事。那麼五蘊苦、空、無常、無我，這是二乘菩提之所證，但是大乘菩薩之所證卻是「非我、非無我」，也就是阿含諸經中講的五蘊「非我，不異我，不相在」的眞我的究竟義。因爲菩薩所證是實相心，就是這個「無名相法」如來藏眞如心；當你依於這個如來藏心的所證而兼顧兩邊，來看看這個如來藏心眞實不滅，祂當然是眞實的我。可是祂不是五蘊我，所以祂也是「無我」；而這個如來藏心含攝著五蘊時，五蘊卻是「非我」，如來藏才是眞實我，而且眞的存在，所以「非無我」。你看這就是大乘法，兩邊都通，左右逢源，好不好？太好了！所以不要去學南洋所謂的二乘菩提，他們的二乘菩提的內容並不正確，不符合《阿含經》、《尼柯耶》；你只要大乘菩提眞的實證了，二乘菩提自然也就慢慢到手，自然成功的實證。所以「非我、非無我」這個法才是大乘法。這一段補充說明的經文今天講不完，

佛教正覺同修會〈修學佛道次第表〉

第一階段

* 以憶佛及拜佛方式修習動中定力。
* 學第一義佛法及禪法知見。
* 無相拜佛功夫成就。
* 具備一念相續功夫—動靜中皆能看話頭。
* 努力培植福德資糧，勤修三福淨業。

第二階段

* 參話頭，參公案。
* 開悟明心，一片悟境。
* 鍛鍊功夫求見佛性。
* 眼見佛性〈餘五根亦如是〉親見世界如幻，成就如幻觀。
* 學習禪門差別智。
* 深入第一義經典。
* 修除性障及隨分修學禪定。
* 修證十行位陽焰觀。

第三階段

* 學一切種智真實正理—楞伽經、解深密經、成唯識論…。
* 參究末後句。
* 解悟末後句。
* 透牢關—親自體驗所悟末後句境界，親見實相，無得無失。
* 救護一切衆生迴向正道。護持了義正法，修證十迴向位如夢觀。
* 發十無盡願，修習百法明門，親證猶如鏡像現觀。
* 修除五蓋，發起禪定。持一切善法戒。親證猶如光影現觀。
* 進修四禪八定、四無量心、五神通。進修大乘種智，求證猶如谷響現觀。

佛菩提二主要道次第概要表——二道並修，以外無別佛法

佛菩提道——大菩提道

遠波羅蜜多

資糧位

十信位修集信心——一劫乃至一萬劫

初住位修集布施功德（以財施爲主）。

二住位修集持戒功德。

三住位修集忍辱功德。

四住位修集精進功德。

五住位修集禪定功德。

六住位修集般若功德（熏習般若中觀及斷我見，加行位也）。

外門廣修六度萬行

七住位明心般若正觀現前，親證本來自性清淨涅槃。

八住位起於一切法現觀般若中道。漸除性障。

十住位眼見佛性，世界如幻觀成就。

見道位

一至十行位，於廣行六度萬行中，依般若中道慧，現觀陰處界猶如陽焰，至第十行滿心位，陽焰觀成就。

一至十迴向位熏習一切種智；修除性障，唯留最後一分思惑不斷。第十迴向滿心位成就菩薩道如夢觀。

內門廣修六度萬行

初地：第十迴向位滿心時，成就道種智一分（八識心王一一親證後，領受五法、三自性、七種第一義、七種性自性、二種無我法）復由勇發十無盡願，成通達位菩薩。復又永伏性障而不具斷，能證慧解脫而不取證，由大願故留惑潤生。此地主修法施波羅蜜多及百法明門。證「猶如鏡像」現觀，故滿初地心。

二地：初地功德滿足以後，再成就道種智一分而入二地；主修戒波羅蜜多及一切種智。滿心位成就「猶如光影」現觀，戒行自然清淨。

解脫道：二乘菩提

→ 斷三縛結，成初果解脫

→ 薄貪瞋癡，成二果解脫

→ 斷五下分結，成三果解脫

入地前的四加行令煩惱障現行悉斷，成四果解脫，留惑潤生。分段生死已斷，煩惱障習氣種子開始斷除，兼斷無始無明上煩惱。

圓滿成就究竟佛果

佛子蕭平實 謹製
（二〇〇九、〇二 修訂）
（二〇一二、〇二 增補）

近波羅蜜多

修道位

三地：二地滿心再證道種智一分，故入三地。此地主修忍波羅蜜多及四禪八定、四無量心、五神通。能成就俱解脫果而不取證，留惑潤生。滿心位成就「猶如谷響」現觀及無漏妙定意生身。

四地：由三地再證道種智一分故入四地。主修精進波羅蜜多，於此土及他方世界廣度有緣，無有疲倦。進修一切種智，滿心位成就「如水中月」現觀。

五地：由四地再證道種智一分故入五地。主修禪定波羅蜜多及一切種智，斷除下乘涅槃貪。滿心位成就「變化所成」現觀。

六地：由五地再證道種智一分故入六地。此地主修般若波羅蜜多——依道種智現觀十二因緣一一有支及意生身化身，皆自心眞如變化所現，「非有似有」，成就細相觀，不由加行而自然證得滅盡定，成俱解脫大乘無學。

七地：由六地「非有似有」現觀，再證道種智一分故入七地。此地主修一切種智及方便波羅蜜多，由重觀十二有支一一支中之流轉門及還滅門一切細相，成就方便善巧，念念隨入滅盡定。滿心位證得「如犍闥婆城」現觀。

七地滿心斷除故意保留之最後一分思惑時，煩惱障所攝色、受、想三陰有漏習氣種子全部斷盡。

大波羅蜜多

八地：由七地極細相觀成就故再證道種智一分而入八地。此地主修一切種智及願波羅蜜多。至滿心位純無相觀任運恆起，故於相土自在，滿心位復證「如實覺知諸法相意生身」故。

九地：由八地再證道種智一分故入九地。主修力波羅蜜多及一切種智，成就四無礙，滿心位證得「種類俱生無行作意生身」。

十地：由九地再證道種智一分故入此地。此地主修一切種智——智波羅蜜多。滿心位起大法智雲，及現起大法智雲所含藏種種功德，成受職菩薩。

等覺：由十地道種智成就故入此地。此地應修一切種智，圓滿等覺地無生法忍；於百劫中修集極廣大福德，以之圓滿三十二大人相及無量隨形好。

煩惱障所攝行、識二陰無漏習氣種子任運漸斷，所知障所攝上煩惱任運漸斷。

圓滿波羅蜜多

究竟位

妙覺：示現受生人間已斷盡煩惱障一切習氣種子，並斷盡所知障一切隨眠，永斷變易生死無明，成就大般涅槃，四智圓明。人間捨壽後，報身常住色究竟天利樂十方地上菩薩；以諸化身利樂有情，永無盡期，成就究竟佛道。

斷盡變易生死
成就大般涅槃

佛教正覺同修會 共修現況 及 招生公告　2020/05/03

一、共修現況：（請在共修時間來電，以免無人接聽。）

台北正覺講堂 103 台北市承德路三段 277 號九樓 捷運淡水線圓山站旁
Tel..**總機** 02-25957295（晚上）（**分機：九樓**辦公室 10、11；知客櫃檯 12、13。 **十樓**知客櫃檯 15、16；書局櫃檯 14。 **五樓**辦公室 18；知客櫃檯 19。**二樓**辦公室 20；知客櫃檯 21。）
Fax..25954493

第一講堂 台北市承德路三段 277 號九樓

禪淨班：週一晚班、週三晚班、週四晚班、週五晚班、週六下午班、週六上午班（共修期間二年半，全程免費。皆須報名建立學籍後始可參加共修，欲報名者詳見本公告末頁。）

增上班：瑜伽師地論詳解：單週六晚班。雙週六晚班（重播班）。17.50～20.50。平實導師講解，2003 年 2 月開講至今，僅限已明心之會員參加。

禪門差別智：每月第一週日全天　平實導師主講（事冗暫停）。

不退轉法輪經詳解　本經所說妙法極爲甚深難解，時至末法，已然無有知者；而其甚深絕妙之法，流傳至今依舊多人可證，顯示佛法眞是義學而非玄談，其中甚深極妙令人拍案稱絕之第一義諦妙義。已於 2019 年元月底開講，由平實導師詳解。每逢週二晚上開講，第一至第六講堂都可同時聽聞，歡迎菩薩種性學人，攜眷共同參與此殊勝法會現場聞法，不限制聽講資格。本會學員憑上課證進入第一至第四講堂聽講，會外學人請以身分證件換證進入聽講（此爲大樓管理處安全管理規定之要求，敬請諒解）；第五及第六講堂（B1、B2）對外開放，不需出示任何證件，請由大樓側門直接進入。

第二講堂 台北市承德路三段 267 號十樓。

不退轉法輪經詳解：平實導師講解。每週二 18.50~20.50 影像音聲即時傳輸

禪淨班：週一晚班。

進階班：週三晚班、週四晚班、週五晚班、週六早班、週六下午班。禪淨班結業後轉入共修。

第三講堂 台北市承德路三段 277 號五樓。

不退轉法輪經詳解：平實導師講解。每週二 18.50~20.50 影像音聲即時傳輸

禪淨班：週六下午班。

進階班：週一晚班、週三晚班、週四晚班、週五晚班。

第四講堂 台北市承德路三段 267 號二樓。

不退轉法輪經詳解：平實導師講解。每週二 18.50~20.50 影像音聲即時傳輸

進階班：週一晚班、週三晚班、週四晚班（禪淨班結業後轉入共修）。

第五、第六講堂

不退轉法輪經詳解：平實導師講解。每週二 18.50~20.50 影像音聲即時傳

輸。第五、第六講堂為**開放式講堂**，不需以身分證件換證即可進入聽講，台北市承德路三段 267 號地下一樓、地下二樓。每逢週二晚上講經時段開放給會外人士自由聽經，請由大樓側面梯階逕行進入聽講。**聽講者請尊重講者的著作權及肖像權，請勿錄音錄影，以免違法；若有錄音錄影被查獲者，將依法處理。**

念佛班　每週日晚上，第六講堂共修（B2），一切求生極樂世界的三寶弟子皆可參加，不限制共修資格。

進階班：週一晚班、週三晚班、週四晚班。

正覺祖師堂　桃園市大溪區美華里信義路 650 巷坑底 5 之 6 號（台 3 號省道 34 公里處 妙法寺對面斜坡道進入）電話 03-3886110　傳眞 03-3881692 本堂供奉 克勤圓悟大師，專供會員每年四月、十月各三次精進禪三共修，兼作本會出家菩薩掛單常住之用。開放參訪日期請參見本會公告。教內共修團體或道場，得另申請其餘時間作團體參訪，務請事先與常住確定日期，以便安排常住菩薩接引導覽，亦免妨礙常住菩薩之日常作息及修行。

桃園正覺講堂（第一、第二講堂）：桃園市介壽路 286、288 號 10 樓（陽明運動公園對面）電話：03-3749363(請於共修時聯繫，或與台北聯繫)

禪淨班：週一晚班（1）、週一晚班（2）、週三晚班、週四晚班、週五晚班。

進階班：週四晚班、週五晚班、週六上午班。

增上班：雙週六晚班（增上重播班）。

不退轉法輪經詳解：平實導師講解。每週二晚上，以台北正覺講堂所錄 DVD 放映；歡迎會外學人共同聽講，不需出示身分證件。

新竹正覺講堂　新竹市東光路 55 號二樓之一　電話 03-5724297（晚上）

第一講堂：

禪淨班：週五晚班。

進階班：週三晚班、週四晚班、週六上午班（由禪淨班結業後轉入共修）。

增上班：單週六晚班。雙週六晚班（重播班）。

不退轉法輪經詳解：平實導師講解。每週二晚上，以台北正覺講堂所錄 DVD 放映。歡迎會外學人共同聽講，不需出示身分證件。

第二講堂：

禪淨班：週一晚班、週三晚班、週四晚班、週六上午班。

不退轉法輪經詳解：每週二晚上與第一講堂同步播放講經 DVD。

第三、第四講堂：裝修完畢，即將開放。

台中正覺講堂　04-23816090（晚上）

第一講堂　台中市南屯區五權西路二段 666 號 13 樓之四（國泰世華銀行樓上。鄰近縣市經第一高速公路前來者，由五權西路交流道可以快速到達，大樓旁有停車場，對面有素食館）。

禪淨班：週四晚班、週五晚班。

進階班：週一晚班、週三晚班、週六上午班（由禪淨班結業後轉入共修）。

增上班：單週六晚班。雙週六晚班（重播班）。

不退轉法輪經詳解：平實導師講解。每週二晚上，以台北正覺講堂所錄 DVD 放映。歡迎會外學人共同聽講，不需出示身分證件。

第二講堂　台中市南屯區五權西路二段 666 號 4 樓

禪淨班：週一晚班、週三晚班。

第三講堂台中市南屯區五權西路二段 666 號 4 樓

禪淨班：週一晚班。

第四講堂台中市南屯區五權西路二段 666 號 4 樓。

進階班：週一晚班、週四晚班、週六上午班。由禪淨班結業後轉入共修。

不退轉法輪經詳解：每週二晚上與第一講堂同步播放講經 DVD。

嘉義正覺講堂　嘉義市友愛路 288 號八樓之一　電話：05–2318228

第一講堂：

禪淨班：週四晚班、週五晚班、週六上午班。

進階班：週一晚班、週三晚班（由禪淨班結業後轉入共修）。

增上班：單週六晚班。雙週六晚班（重播班）。

不退轉法輪經詳解：平實導師講解。每週二晚上，以台北正覺講堂所錄 DVD 放映。歡迎會外學人共同聽講，不需出示身分證件。

第二講堂　嘉義市友愛路 288 號八樓之二。

第三講堂　嘉義市友愛路 288 號四樓之七。

禪淨班：週一晚班、週三晚班。

台南正覺講堂

第一講堂　台南市西門路四段 15 號 4 樓。06-2820541（晚上）

禪淨班：週一晚班、週三晚班、週四晚班、週五晚班、週六下午班。

增上班：單週六晚班。雙週六晚班（重播班）。

第二講堂　台南市西門路四段 15 號 3 樓。

不退轉法輪經詳解：每週二晚上與第三講堂同步播放講經 DVD。

第三講堂　台南市西門路四段 15 號 3 樓。

進階班：週一晚班、週三晚班、週四晚班、週五晚班（由禪淨班結業後轉入共修）。

不退轉法輪經詳解：平實導師講解。每週二晚上，以台北正覺講堂所錄 DVD 放映。歡迎會外學人共同聽講，不需出示身分證件。。

高雄正覺講堂　高雄市新興區中正三路 45 號五樓 07-2234248（晚上）

第一講堂（五樓）：

禪淨班：週一晚班、週三晚班、週四晚班、週五晚班、週六上午班。

增上班：單週六晚班。雙週六晚班（重播班）。

不退轉法輪經詳解：平實導師講解。每週二晚上，以台北正覺講堂所錄 DVD 放映。歡迎會外學人共同聽講，不需出示身分證件。

第二講堂（四樓）：

進階班：週三晚班、週四晚班、週六上午班（由禪淨班結業後轉入共修）。

不退轉法輪經詳解：每週二晚上與第一講堂同步播放講經 DVD。

第三講堂（三樓）：

進階班：週四晚班（由禪淨班結業後轉入共修）。

香港正覺講堂

九龍觀塘，成業街 10 號，電訊一代廣場 27 樓 E 室。

（觀塘地鐵站 B1 出口，步行約 4 分鐘）。電話：(852) 23262231

英文地址：Unit E，27th Floor, TG Place, 10 Shing Yip Street, Kwun Tong, Kowloon

禪淨班：雙週六下午班、雙週日下午班、單週六下午班、單週日下午班

進階班：雙週五晚上班、雙週日早上班（由禪淨班結業後轉入共修）。

增上班：每月第一週週日，以台北增上班課程錄成 DVD 放映之。

增上重播班：每月第一週週六，以台北增上班課程錄成 DVD 放映之。

大法鼓經詳解：平實導師講解。每週六、日 19:00～21:00，以台北正覺講堂所錄 DVD 放映；歡迎會外學人共同聽講，不需出示身分證件。

美國洛杉磯正覺講堂　☆已遷移新址☆

825 S. Lemon Ave Diamond Bar, CA 91789 U.S.A.

Tel. (909) 595-5222（請於週六 9:00~18:00 之間聯繫）

Cell. (626) 454-0607

禪淨班：每逢週末 16：00~18：00 上課。

進階班：每逢週末上午 10：00~12：00 上課。

不退轉法輪經詳解：平實導師講解。每週六下午 13：30~15：30 以台北所錄 DVD 放映。歡迎各界人士共享第一義諦無上法益，不需報名。

二、招生公告　**本會台北講堂及全省各講堂、香港講堂，每逢四月、十月下旬開新班，每週共修一次**（每次二小時。開課日起三個月內仍可插班）；**但美國洛杉磯共修處之禪淨班得隨時插班共修。各班共修期間皆爲二年半，全程免費，欲參加者請向本會函索報名表**（各共修處皆於共修時間方有人執事，非共修時間請勿電詢或前來洽詢、請書），**或直接從本會官方網站**(http://www.enlighten.org.tw/newsflash/class)**或成佛之道網站下載報名表**。共修期滿時，若經報名禪三審核通過者，可參加四天三夜之禪三精進共修，有機會明心、取證如來藏，發起般若實相智慧，成爲實義菩薩，脫離凡夫菩薩位。

三、新春禮佛祈福 農曆年假期間停止共修：自農曆新年前七天起停止共修與弘法，正月 8 日起回復共修、弘法事務。新春期間正月初一～初七 9.00～17.00 開放台北講堂、正月初一~初三開放新竹、台中、嘉義、台南、高雄講堂，以及大溪禪三道場（正覺祖師堂），方便會員供佛、祈福及會外人士請書。美國洛杉磯共修處之休假時間，請逕詢該共修處。

密宗四大派修雙身法，是外道性力派的邪法；又以生滅的識陰作為常住法，是常見外道，是假的藏傳佛教。

西藏覺囊巴以他空見弘揚第八識如來藏勝法，才是真藏傳佛教

佛教正覺同修會　弘法行事表

2019/02/18

1、**禪淨班**　以無相念佛及拜佛方式修習動中定力，實證一心不亂功夫。傳授解脫道正理及第一義諦佛法，以及參禪知見。共修期間：二年六個月。每逢四月、十月開新班，詳見招生公告表。

2、**進階班**　禪淨班畢業後得轉入此班，進修更深入的佛法，期能證悟明心。各地講堂各有多班，繼續深入佛法、增長定力，悟後得轉入增上班修學道種智，期能證得無生法忍。

3、**增上班 瑜伽師地論**詳解　詳解論中所言凡夫地至佛地等 17 師之修證境界與理論，從凡夫地、聲聞地……宣演到諸地所證無生法忍、一切種智之眞實正理。由平實導師開講，每逢一、三、五週之週末晚上開示，僅限已明心之會員參加。2003 年二月開講至今，預定 2019 年講畢。

4、**不退轉法輪經**詳解　本經所說妙法極爲甚深難解，時至末法，已然無有知者；而其甚深絕妙之法，流傳至今依舊多人可證，顯示佛法眞是義學而非玄談，其中甚深極妙令人拍案稱絕之第一義諦妙義。已於 2019 年元月底開講，由平實導師詳解。不限制聽講資格。

5、**精進禪三**　主三和尙：平實導師。於四天三夜中，以克勤圓悟大師及大慧宗杲之禪風，施設機鋒與小參、公案密意之開示，幫助會員剋期取證，親證不生不滅之眞實心——人人本有之如來藏。每年四月、十月各舉辦三個梯次；平實導師主持。僅限本會會員參加禪淨班共修期滿，報名審核通過者，方可參加。並選擇會中定力、慧力、福德三條件皆已具足之已明心會員，給以指引，令得眼見自己無形無相之佛性遍佈山河大地，眞實而無障礙，得以肉眼現觀世界身心悉皆如幻，具足成就如幻觀，圓滿十住菩薩之證境。

6、**阿含經**詳解　選擇重要之阿含部經典，依無餘涅槃之實際而加以詳解，令大眾得以現觀諸法緣起性空，亦復不墮斷滅見中，顯示經中所隱說之涅槃實際—如來藏—確實已於四阿含中隱說；令大眾得以聞後觀行，確實斷除我見乃至我執，證得**見到**眞現觀，乃至**身證**……等眞現觀；已得大乘或二乘見道者，亦可由此聞熏及聞後之觀行，除斷我所之貪著，成就慧解脫果。由平實導師詳解。不限制聽講資格。

7、**解深密經**詳解　重講本經之目的，在於令諸已悟之人明解大乘法道之成佛次第，以及悟後進修一切種智之內涵，確實證知三種自性性，並得據此證解七眞如、十眞如等正理。每逢週二 18.50~20.50 開示，由平實導師詳解。將於《**不退轉法輪經**》講畢後開講。不限制聽講資格。

8、**成唯識論**詳解　詳解一切種智眞實正理，詳細剖析一切種智之微細深妙廣大正理；並加以舉例說明，使已悟之會員深入體驗所證如來藏之微密行相；及證驗見分相分與所生一切法，皆由如來藏—阿賴耶識—直接或展轉而生，因此證知一切法無我，證知無餘涅槃之本際。將於增上班《瑜伽師地論》講畢後，由平實導師重講。僅限已明心之會員參加。

9、**精選如來藏系經典**詳解　精選如來藏系經典一部，詳細解說，以此完全印證會員所悟如來藏之眞實，得入不退轉住。另行擇期詳細解說之，由平實導師講解。僅限已明心之會員參加。

10、**禪門差別智**　藉禪宗公案之微細淆訛難知難解之處，加以宣說及剖析，以增進明心、見性之功德，啓發差別智，建立擇法眼。每月第一週日全天，由平實導師開示，僅限破參明心後，復又眼見佛性者參加（事冗暫停）。

11、**枯木禪**　先講智者大師的《小止觀》，後說《釋禪波羅蜜》，詳解四禪八定之修證理論與實修方法，細述一般學人修定之邪見與岔路，及對禪定證境之誤會，消除枉用功夫、浪費生命之現象。已悟般若者，可以藉此而實修初禪，進入大乘通教及聲聞教的三果心解脫境界，配合應有的大福德及後得無分別智、十無盡願，即可進入初地心中。親教師：平實導師。未來緣熟時將於正覺寺開講。不限制聽講資格。

註：本會例行年假，自 2004 年起，改爲每年農曆新年前七天開始停息弘法事務及共修課程，農曆正月 8 日回復所有共修及弘法事務。新春期間（每日 9.00~17.00）開放台北講堂，方便會員禮佛祈福及會外人士請書。大溪區的正覺祖師堂，開放參訪時間，詳見〈正覺電子報〉或成佛之道網站。本表得因時節因緣需要而隨時修改之，不另作通知。

佛教正覺同修會　贈閱書籍 目錄　　2018/10/20

1.**無相念佛**　平實導師著　回郵 36 元
2.**念佛三昧修學次第**　平實導師述著　回郵 52 元
3.**正法眼藏—護法集**　平實導師述著　回郵 76 元
4.**真假開悟簡易辨正法&佛子之省思**　平實導師著　回郵 26 元
5.**生命實相之辨正**　平實導師著　回郵 31 元
6.**如何契入念佛法門**（附：印順法師否定極樂世界）平實導師著　回郵 26 元
7.**平實書箋**—答元覽居士書　平實導師著　回郵 52 元
8.**三乘唯識**—如來藏系經律彙編　平實導師編　回郵 80 元
（精裝本　長 27 cm　寬 21 cm　高 7.5 cm　重 2.8 公斤）
9.**三時繫念全集**—修正本　回郵掛號 52 元（長 26.5 cm×寬 19 cm）
10.**明心與初地**　平實導師述　回郵 31 元
11.**邪見與佛法**　平實導師述著　回郵 36 元
12.**甘露法雨**　平實導師述　回郵 36 元
13.**我與無我**　平實導師述　回郵 36 元
14.**學佛之心態**—修正錯誤之學佛心態始能與正法相應 孫正德老師著 回郵52元
附錄：平實導師著《**略說八、九識並存…等之過失**》
15.**大乘無我觀**—《悟前與悟後》別說　平實導師述著　回郵 36 元
16.**佛教之危機**—中國台灣地區現代佛教之真相（附錄：公案拈提六則）
平實導師著　回郵 52 元
17.**燈 影**—燈下黑（覆「求教後學」來函等）　平實導師著　回郵 76 元
18.**護法與毀法**—覆上平居士與徐恒志居士網站毀法二文
張正圜老師著　回郵 76 元
19.**淨土聖道**—兼評**選擇本願念佛**　正德老師著　**由正覺同修會購贈** 回郵52 元
20.**辨唯識性相**—對「紫蓮心海《辯唯識性相》書中否定阿賴耶識」之回應
正覺同修會 台南共修處法義組 著　回郵 52 元
21.**假如來藏**—對法蓮法師《如來藏與阿賴耶識》書中否定阿賴耶識之回應
正覺同修會 台南共修處法義組 著　回郵 76 元
22.**入不二門**—公案拈提集錦 第一輯（於平實導師公案拈提諸書中選錄約二十則，
合輯爲一冊流通之）平實導師著　回郵 52 元
23.**真假邪說**—西藏密宗索達吉喇嘛《破除邪說論》真是邪說
釋正安法師著　上、下冊回郵各 52 元
24.**真假開悟**—真如、如來藏、阿賴耶識間之關係　平實導師述著　回郵 76 元
25.**真假禪和**—辨正釋傳聖之謗法謬說　孫正德老師著　回郵 76 元
26.**眼見佛性**—駁慧廣法師**眼見佛性的含義**文中謬說
游正光老師著　回郵 52 元

27.**普門自在**—公案拈提集錦 第二輯（於平實導師公案拈提諸書中選錄約二十則，合輯爲一冊流通之）平實導師著　回郵52元

28.**印順法師的悲哀**—以現代禪的質疑為線索　恒毓博士著　回郵52元

29.**識蘊真義**—現觀識蘊內涵、取證初果、親斷三縛結之具體行門。
—依《成唯識論》及《唯識述記》正義，略顯安慧《大乘廣五蘊論》之邪謬
平實導師著　回郵76元

30.**正覺電子報** 各期紙版本　免附回郵　每次最多函索三期或三本。
（已無存書之較早各期，不另增印贈閱）

31.**現代人應有的宗教觀**　蔡正禮老師 著　回郵31元

32.**遠惑趣道**—正覺電子報般若信箱問答錄　第一輯　回郵52元

33.**遠惑趣道**—正覺電子報般若信箱問答錄　第二輯　回郵52元

34.**確保您的權益**—器官捐贈應注意自我保護　游正光老師 著　回郵31元

35.**正覺教團電視弘法三乘菩提 DVD 光碟（一）**
由正覺教團多位親教師共同講述錄製 DVD 8 片，MP3 一片，共 9 片。有二大講題：一爲「三乘菩提之意涵」，二爲「學佛的正知見」。內容精闢，深入淺出，精彩絕倫，幫助大眾快速建立三乘法道的正知見，免被外道邪見所誤導。有志修學三乘佛法之學人不可不看。（製作工本費 100 元，回郵 52 元）

36.**正覺教團電視弘法 DVD 專輯（二）**
總有二大講題：一爲「三乘菩提之念佛法門」，一爲「學佛正知見（第二篇）」，由正覺教團多位親教師輪番講述，內容詳細闡述如何修學念佛法門、實證念佛三昧，以及學佛應具有的正確知見，可以幫助發願往生西方極樂淨土之學人，得以把握往生，更可令學人快速建立三乘法道的正知見，免於被外道邪見所誤導。有志修學三乘佛法之學人不可不看。（一套 17 片，工本費 160 元。回郵 76 元）

37.**喇嘛性世界**—揭開假藏傳佛教譚崔瑜伽的面紗　張善思 等人合著
由正覺同修會購贈　回郵52元

38.**假藏傳佛教的神話**—性、謊言、喇嘛教　張正玄教授編著
由正覺同修會購贈　回郵52元

39.**隨　緣**—理隨緣與事隨緣　平實導師述　回郵52元。

40.**學佛的覺醒**　正枝居士 著　回郵52元

41.**導師之真實義**　蔡正禮老師 著　回郵31元

42.**淺談達賴喇嘛之雙身法**—兼論解讀「密續」之達文西密碼
吳明芷居士 著　回郵31元

43.**魔界轉世**　張正玄居士 著　回郵31元

44.**一貫道與開悟**　蔡正禮老師 著　回郵31元

45.**博愛**—愛盡天下女人　正覺教育基金會 編印　回郵36元

46.**意識虛妄經教彙編**—實證解脫道的關鍵經文　正覺同修會編印　回郵36元

47.**邪箭囈語**—破斥藏密外道多識仁波切《破魔金剛箭雨論》之邪說

陸正元老師著　上、下冊回郵各 52 元

48.**真假沙門**—依 佛聖教闡釋佛教僧寶之定義

蔡正禮老師著　俟正覺電子報連載後結集出版

49.**真假禪宗**—藉評論釋性廣《印順導師對變質禪法之批判及對禪宗之肯定》以顯示真假禪宗

附論一：凡夫知見 無助於佛法之信解行證

附論二：世間與出世間一切法皆從如來藏實際而生而顯

余正偉老師著　俟正覺電子報連載後結集出版　回郵未定

★ 上列贈書之郵資，係台灣本島地區郵資，大陸、港、澳地區及外國地區，請另計酌增（大陸、港、澳、國外地區之郵票不許通用）。尚未出版之書，請勿先寄來郵資，以免增加作業煩擾。

★ 本目錄若有變動，唯於後印之書籍及「成佛之道」網站上修正公佈之，不另行個別通知。

函索書籍請寄：佛教正覺同修會　103 台北市承德路 3 段 277 號 9 樓
台灣地區函索書籍者請附寄郵票，無時間購買郵票者可以等值現金抵用，但不接受郵政劃撥、支票、匯票。大陸地區得以人民幣計算，國外地區請以美元計算（請勿寄來當地郵票，在台灣地區不能使用）。欲以掛號寄遞者，請另附掛號郵資。

親自索閱：正覺同修會各共修處。　★請於共修時間前往取書，餘時無人在道場，請勿前往索取；共修時間與地點，詳見書末正覺同修會共修現況表（以近期之共修現況表為準）。

註：正智出版社發售之局版書，請向各大書局購閱。若書局之書架上已經售出而無陳列者，請向書局櫃台指定洽購；若書局不便代購者，請於正覺同修會共修時間前往各共修處請購，正智出版社已派人於共修時間送書前往各共修處流通。 郵政劃撥購書及 大陸地區 購書，請詳別頁正智出版社發售書籍目錄最後頁之說明。

成佛之道 網站：http://www.a202.idv.tw　正覺同修會已出版之結緣書籍，多已登載於 成佛之道 網站，若住外國、或住處遙遠，不便取得正覺同修會贈閱書籍者，可以從本網站閱讀及下載。　書局版之《宗通與說通》亦已上網，台灣讀者可向書局洽購，售價 300 元。《狂密與真密》第一輯~第四輯，亦於 2003.5.1.全部於本網站登載完畢；台灣地區讀者請向書局洽購，每輯約 400 頁，售價 300 元（網站下載紙張費用較貴，容易散失，難以保存，亦較不精美）。

＊＊假藏傳佛教修雙身法，非佛教＊＊

正智出版社 籌募弘法基金發售書籍目錄　2020/02/22

1.**宗門正眼**—公案拈提 第一輯 重拈　平實導師著 500 元
因重寫內容大幅度增加故，字體必須改小，並增為 576 頁 主文 546 頁。比初版更精彩、更有內容。初版《禪門摩尼寶聚》之讀者，可寄回本公司免費調換新版書。免附回郵，亦無截止期限。(2007 年起，每冊附贈本公司精製公案拈提〈超意境〉CD 一片。市售價格 280 元，多購多贈。)

2.**禪淨圓融**　平實導師著　200 元（第一版舊書可換新版書。）

3.**真實如來藏**　平實導師著　400 元

4.**禪—悟前與悟後**　平實導師著　上、下冊，每冊 250 元

5.**宗門法眼**—公案拈提 第二輯　平實導師著　500 元
（2007 年起，每冊附贈本公司精製公案拈提〈超意境〉CD 一片）

6.**楞伽經詳解**　平實導師著　全套共 10 輯　每輯 250 元

7.**宗門道眼**—公案拈提 第三輯　平實導師著　500 元
（2007 年起，每冊附贈本公司精製公案拈提〈超意境〉CD 一片）

8.**宗門血脈**—公案拈提 第四輯　平實導師著　500 元
（2007 年起，每冊附贈本公司精製公案拈提〈超意境〉CD 一片）

9.**宗通與說通**—成佛之道 平實導師著 主文 381 頁 全書 400 頁售價 300 元

10.**宗門正道**—公案拈提 第五輯　平實導師著　500 元
（2007 年起，每冊附贈本公司精製公案拈提〈超意境〉CD 一片）

11.**狂密與真密 一～四輯**　平實導師著　西藏密宗是人間最邪淫的宗教，本質不是佛教，只是披著佛教外衣的印度教性力派流毒的喇嘛教。此書中將西藏密宗密傳之男女雙身合修樂空雙運所有祕密與修法，毫無保留完全公開，並將全部喇嘛們所不知道的部分也一併公開。內容比大辣出版社喧騰一時的《西藏慾經》更詳細。並且函蓋藏密的所有祕密及其錯誤的中觀見、如來藏見……等，藏密的所有法義都在書中詳述、分析、辨正。每輯主文三百餘頁　每輯全書約 400 頁　售價每輯 300 元

12.**宗門正義**—公案拈提 第六輯　平實導師著　500 元
（2007 年起，每冊附贈本公司精製公案拈提〈超意境〉CD 一片）

13.**心經密意**—心經與解脫道、佛菩提道、祖師公案之關係與密意　平實導師述　300 元

14.**宗門密意**—公案拈提 第七輯　平實導師著　500 元
（2007 年起，每冊附贈本公司精製公案拈提〈超意境〉CD 一片）

15.**淨土聖道**—兼評「選擇本願念佛」　正德老師著　200 元

16.**起信論講記**　平實導師述著　共六輯　每輯三百餘頁　售價各 250 元

17.**優婆塞戒經講記**　平實導師述著 共八輯 每輯三百餘頁 售價各 250 元

18.**真假活佛**—略論附佛外道盧勝彥之邪說（對前岳靈犀網站主張「盧勝彥是證悟者」之修正）　正犀居士（岳靈犀）著　流通價 140 元

19.**阿含正義**—唯識學探源　平實導師著　共七輯　每輯 300 元

20.**超意境 CD** 以平實導師公案拈提書中超越意境之頌詞，加上曲風優美的旋律，錄成令人嚮往的超意境歌曲，其中包括正覺發願文及平實導師親自譜成的黃梅調歌曲一首。詞曲雋永，殊堪翫味，可供學禪者吟詠，有助於見道。內附設計精美的彩色小冊，解說每一首詞的背景本事。每片 280 元。【每購買公案拈提書籍一冊，即贈送一片。】

21.**菩薩底憂鬱 CD** 將菩薩情懷及禪宗公案寫成新詞，並製作成超越意境的優美歌曲。 1.主題曲〈菩薩底憂鬱〉，描述地後菩薩能離三界生死而迴向繼續生在人間，但因尚未斷盡習氣種子而有極深沈之憂鬱，非三賢位菩薩及二乘聖者所知，此憂鬱在七地滿心位方才斷盡；本曲之詞中所說義理極深，昔來所未曾見；此曲係以優美的情歌風格寫詞及作曲，聞者得以激發嚮往諸地菩薩境界之大心，詞、曲都非常優美，難得一見；其中勝妙義理之解說，已印在附贈之彩色小冊中。 2.以各輯公案拈提中直示禪門入處之頌文，作成各種不同曲風之超意境歌曲，值得玩味、參究；聆聽公案拈提之優美歌曲時，請同時閱讀內附之印刷精美說明小冊，可以領會超越三界的證悟境界；未悟者可以因此引發求悟之意向及疑情，眞發菩提心而邁向求悟之途，乃至因此眞實悟入般若，成眞菩薩。 3.正覺總持咒新曲，總持佛法大意；總持咒之義理，已加以解說並印在隨附之小冊中。本 CD 共有十首歌曲，長達 63 分鐘。每盒各附贈二張購書優惠券。每片 280 元。

22.**禪意無限 CD** 平實導師以公案拈提書中偈頌寫成不同風格曲子，與他人所寫不同風格曲子共同錄製出版，幫助參禪人進入禪門超越意識之境界。盒中附贈彩色印製的精美解說小冊，以供聆聽時閱讀，令參禪人得以發起參禪之疑情，即有機會證悟本來面目而發起實相智慧，實證大乘菩提般若，能如實證知般若經中的眞實意。本 CD 共有十首歌曲，長達 69 分鐘，每盒各附贈二張購書優惠券。每片 280 元。

23.**我的菩提路**第一輯　釋悟圓、釋善藏等人合著　售價 300 元

24.**我的菩提路**第二輯　郭正益、張志成等人合著　售價 300 元

25.**我的菩提路**第三輯　王美伶等人合著　售價 300 元

26.**我的菩提路**第四輯　陳晏平等人合著　售價 300 元

27.**我的菩提路**第五輯　林慈慧等人合著　售價 300 元

28.**鈍鳥與靈龜**—考證後代凡夫對大慧宗杲禪師的無根誹謗。

平實導師著　共 458 頁　售價 350 元

29.**維摩詰經講記**　平實導師述　共六輯　每輯三百餘頁　售價各 250 元

30.**真假外道**—破劉東亮、杜大威、釋證嚴常見外道見　正光老師著　200 元

31.**勝鬘經講記**—兼論印順《勝鬘經講記》對於《勝鬘經》之誤解。

平實導師述　共六輯　每輯三百餘頁　售價250 元

32.**楞嚴經講記**　平實導師述　共 **15** 輯，每輯三百餘頁　售價 300 元

33.**明心與眼見佛性**—駁慧廣〈蕭氏「眼見佛性」與「明心」之非〉文中謬說
正光老師著　共 448 頁　售價 300 元

34.**見性與看話頭**　黃正倖老師 著，本書是禪宗參禪的方法論。
內文 375 頁，全書 416 頁，售價 300 元。

35.**達賴真面目**—玩盡天下女人 白正偉老師 等著 中英對照彩色精裝大本 800 元

36.**喇嘛性世界**—揭開假藏傳佛教譚崔瑜伽的面紗　張善思 等人著　200 元

37.**假藏傳佛教的神話**—性、謊言、喇嘛教　正玄教授編著　200 元

38.**金剛經宗通**　平實導師述　共九輯　每輯售價 250 元。

39.**空行母**—性別、身分定位，以及藏傳佛教。
珍妮・坎貝爾著 呂艾倫 中譯 售價 250 元

40.**末代達賴**—性交教主的悲歌　張善思、呂艾倫、辛燕編著 售價 250 元

41.**霧峰無霧**—給哥哥的信　辨正釋印順對佛法的無量誤解
游宗明 老師著　售價 250 元

42.**霧峰無霧**—第二輯—救護佛子向正道　細說釋印順對佛法的各類誤解
游宗明 老師著　售價 250 元

43.**第七意識與第八意識？**—穿越時空「超意識」
平實導師述　每冊 300 元

44.**黯淡的達賴**—失去光彩的諾貝爾和平獎
正覺教育基金會編著　每冊 250 元

45.**童女迦葉考**—論呂凱文〈佛教輪迴思想的論述分析〉之謬。
平實導師 著 定價 180 元

46.**人間佛教**—實證者必定不悖三乘菩提
平實導師 述，定價 400 元

47.**實相經宗通**　平實導師述　共八輯　每輯 250 元

48.**真心告訴您(一)**—達賴喇嘛在幹什麼？
正覺教育基金會編著　售價 250 元

49.**中觀金鑑**—詳述應成派中觀的起源與其破法本質
孫正德老師著　分爲上、中、下三冊，每冊 250 元

50.**藏傳佛教要義**—《狂密與真密》之簡體字版　平實導師 著 上、下冊
僅在大陸流通　每冊 300 元

51.**法華經講義**　平實導師述　共二十五輯　每輯 300 元
已於 2015/05/31 起開始出版，每二個月出版一輯

52.**西藏「活佛轉世」制度**—附佛、造神、世俗法
許正豐、張正玄老師合著　定價 150 元

53.**廣論三部曲**　郭正益老師著　定價 150 元

54.**真心告訴您(二)**—達賴喇嘛是佛教僧侶嗎？
—補祝達賴喇嘛八十大壽
正覺教育基金會編著　售價 300 元

55.**次法**—實證佛法前應有的條件
張善思居士著　分爲上、下二冊，每冊 250 元

56.**涅槃**—解說四種涅槃之實證及內涵　平實導師著 上、下冊 各 350 元
57.**山法**—西藏關於他空與佛藏之根本論
篤補巴・喜饒堅贊著　　傑弗里・霍普金斯英譯
張火慶教授、張志成、呂艾倫等中譯　精裝大本 1200 元
58.**假鋒虛焰金剛乘**—揭示顯密正理，兼破索達吉師徒《般若鋒兮金剛焰》
釋正安法師著 簡體字版 即將出版 售價未定
59.**廣論之平議**—宗喀巴《菩提道次第廣論》之平議　正雄居士著
約二或三輯　俟正覺電子報連載後結集出版　書價未定
60.**救護佛子向正道**—對印順法師中心思想之綜合判攝
游宗明老師著　書價未定
61.**菩薩學處**—菩薩四攝六度之要義　陸正元老師著　出版日期未定。
62.**八識規矩頌**詳解　○○居士 註解　出版日期另訂　書價未定。
63.**印度佛教史**—法義與考證。依法義史實評論印順《印度佛教思想史、佛教史地考論》之謬說　正偉老師著　出版日期未定　書價未定
64.**中國佛教史**—依中國佛教正法史實而論。 ○○老師 著　書價未定。
65.**中論正義**—釋龍樹菩薩《中論》頌正理。
孫正德老師著　出版日期未定　書價未定
66.**中觀正義**—註解平實導師《中論正義頌》。
○○法師（居士）著　出版日期未定　書價未定
67.**佛藏經講記**　平實導師述　已於 2019 年 7 月 31 日出版　共 21 輯，每二個月出版一輯，每輯 300 元。
68.**阿含經講記**—將選錄四阿含中數部重要經典全經講解之，講後整理出版。
平實導師述　約二輯　每輯 300 元　出版日期未定
69.**寶積經講記**　平實導師述　每輯三百餘頁 優惠價 300 元　出版日期未定
70.**解深密經講記**　平實導師述 約四輯　將於重講後整理出版
71.**成唯識論略解**　平實導師著　五～六輯　每輯300 元　出版日期未定
72.**修習止觀坐禪法要講記**　平實導師述　每輯三百餘頁
將於正覺寺建成後重講、以講記逐輯出版　出版日期未定
73.**無門關**—《無門關》公案拈提　平實導師著　出版日期未定
74.**中觀再論**—兼述印順《中觀今論》謬誤之平議。 正光老師著 出版日期未定
75.**輪迴與超度**—佛教超度法會之真義。
○○法師（居士）著　出版日期未定　書價未定
76.**《釋摩訶衍論》平議**—對偽稱龍樹所造《釋摩訶衍論》之平議
○○法師（居士）著　出版日期未定　書價未定
77.**正覺發願文**註解—以真實大願為因 得證菩提
正德老師著　出版日期未定　書價未定
78.**正覺總持咒**—佛法之總持　正圜老師著　出版日期未定　書價未定
79.**三自性**—依四食、五蘊、十二因緣、十八界法，說三性三無性。
作者未定　出版日期未定

80.**道品**—從三自性說大小乘三十七道品　　作者未定　出版日期未定
81.**大乘緣起觀**—依四聖諦七真如現觀十二緣起 作者未定　出版日期未定
82.**三德**—論解脫德、法身德、般若德。　　作者未定　出版日期未定
83.**真假如來藏**—對印順《如來藏之研究》謬說之平議　作者未定 出版日期未定
84.**大乘道次第**　　作者未定　出版日期未定　書價未定
85.**四緣**—依如來藏故有四緣。　作者未定　出版日期未定
86.**空之探究**—印順《空之探究》謬誤之平議　作者未定 出版日期未定
87.**十法義**—論阿含經中十法之正義　　作者未定　出版日期未定
88.**外道見**—論述外道六十二見　　作者未定　　出版日期未定

正智出版社有限公司 書籍介紹

禪淨圓融：言淨土諸祖所未曾言，示諸宗祖師所未曾示；禪淨圓融，另闢成佛捷徑，兼顧自力他力，闡釋淨土門之速行易行道，亦同時揭櫫聖教門之速行易行道；令廣大淨土行者得免緩行難證之苦，亦令聖道門行者得以藉著淨土速行道而加快成佛之時劫。乃前無古人之超勝見地，非一般弘揚禪淨法門典籍也，先讀為快。平實導師著 200元。

宗門正眼—公案拈提第一輯：繼承克勤圜悟大師碧巖錄宗旨之禪門鉅作。先則舉示當代大法師之邪說，消弭當代禪門大師鄉愿之心態，摧破當今禪門「世俗禪」之妄談；次則旁通教法，表顯宗門正理；繼以道之次第，消弭古今狂禪；後藉言語及文字機鋒，直示宗門入處。悲智雙運，禪味十足，數百年來難得一睹之禪門鉅著也。平實導師著　500元（原初版書《禪門摩尼寶聚》，改版後補充為五百餘頁新書，總計多達二十四萬字，內容更精彩，並改名為《宗門正眼》，讀者原購初版《禪門摩尼寶聚》皆可寄回本公司免費換新，免附回郵，亦無截止期限）（2007年起，凡購買公案拈提第一輯至第七輯，每購一輯皆贈送本公司精製公案拈提〈超意境〉CD一片，市售價格280元，多購多贈）。

禪—悟前與悟後：本書能建立學人悟道之信心與正確知見，圓滿具足而有次第地詳述禪悟之功夫與禪悟之內容，指陳參禪中細微淆訛之處，能使學人明自真心、見自本性。若未能悟入，亦能以正確知見辨別古今中外一切大師究係真悟？或屬錯悟？便有能力揀擇，捨名師而選明師，後時必有悟道之緣。一旦悟道，遲者七次人天往返，便出三界，速者一生取辦。學人欲求開悟者，不可不讀。　平實導師著。上、下冊共500元，單冊250元。

真實如來藏：如來藏眞實存在，乃宇宙萬有之本體，並非印順法師、達賴喇嘛等人所說之「唯有名相、無此心體」。如來藏是涅槃之本際，是一切有智之人竭盡心智、不斷探索而不能得之生命實相；是古今中外許多大師自以爲悟而當面錯過之生命實相。如來藏即是阿賴耶識，乃是一切有情本自具足、不生不滅之眞實心。當代中外大師於此書出版之前所未能言者，作者於本書中盡情流露、詳細闡釋。眞悟者讀之，必能增益悟境、智慧增上；錯悟者讀之，必能檢討自己之錯誤，免犯大妄語業；未悟者讀之，能知參禪之理路，亦能以之檢查一切名師是否眞悟。此書是一切哲學家、宗教家、學佛者及欲昇華心智之人必讀之鉅著。　平實導師著　售價400元。

宗門法眼—公案拈提第二輯：列舉實例，闡釋土城廣欽老和尚之悟處；並直示這位不識字的老和尚妙智橫生之根由，繼而剖析禪宗歷代大德之開悟公案，解析當代密宗高僧卡盧仁波切之錯悟證據，並例舉當代顯宗高僧、大居士之錯悟證據（凡健在者，爲免影響其名聞利養，皆隱其名）。藉辨正當代名師之邪見，向廣大佛子指陳禪悟之正道，彰顯宗門法眼。悲勇兼出，強捋虎鬚；慈智雙運，巧探驪龍；摩尼寶珠在手，直示宗門入處，禪味十足；若非大悟徹底，不能爲之。禪門精奇人物，允宜人手一冊，供作參究及悟後印證之圭臬。本書於2008年4月改版，增寫爲大約500頁篇幅，以利學人研讀參究時更易悟入宗門正法，以前所購初版首刷及初版二刷舊書，皆可免費換取新書。平實導師著　500元（2007年起，凡購買公案拈提第一輯至第七輯，每購一輯皆贈送本公司精製公案拈提〈超意境〉CD一片，市售價格280元，多購多贈）。

宗門道眼—公案拈提第三輯：繼宗門法眼之後，再以金剛之作略、慈悲之胸懷、犀利之筆觸，舉示寒山、拾得、布袋三大士之悟處，消弭當代錯悟者對於寒山大士……等之誤會及誹謗。　亦舉出民初以來與虛雲和尚齊名之蜀郡鹽亭袁煥仙夫子——南懷瑾老師之師，其「悟處」何在？並蒐羅許多眞悟祖師之證悟公案，顯示禪宗歷代祖師之睿智，指陳部分祖師、奧修及當代顯密大師之謬悟，作爲殷鑑，幫助禪子建立及修正參禪之方向及知見。假使讀者閱此書已，一時尚未能悟，亦可一面加功用行，一面以此宗門道眼辨別眞假善知識，避開錯誤之印證及歧路，可免大妄語業之長劫慘痛果報。欲修禪宗之禪者，務請細讀。平實導師著　售價500元（2007年起，凡購買公案拈提第一輯至第七輯，每購一輯皆贈送本公司精製公案拈提〈超意境〉CD一片，市售價格280元，多購多贈）。

楞伽經詳解：本經是禪宗見道者印證所悟眞僞之根本經典，亦是禪宗見道者悟後起修之依據經典；故達摩祖師於印證二祖慧可大師之後，將此經典連同佛缽祖衣一併交付二祖，令其依此經典佛示金言、進入修道位，修學一切種智。由此可知此經對於眞悟之人修學佛道，是非常重要之一部經典。此經能破外道邪說，亦破佛門中錯悟名師之謬說，亦破禪宗部分祖師之狂禪：不讀經典、一向主張「一悟即成究竟佛」之謬執。並開示愚夫所行禪、觀察義禪、攀緣如禪、如來禪等差別，令行者對於三乘禪法差異有所分辨；亦糾正禪宗祖師古來對於如來禪之誤解，嗣後可免以訛傳訛之弊。此經亦是法相唯識宗之根本經典，禪者悟後欲修一切種智而入初地者，必須詳讀。平實導師著，全套共十輯，已全部出版完畢，每輯主文約320頁，每冊約352頁，定價250元。

宗門血脈—公案拈提第四輯：末法怪象—許多修行人自以爲悟，每將無念靈知認作眞實；崇尚二乘法諸師及其徒衆，則將外於如來藏之緣起性空—無因論之無常空、斷滅空、一切法空—錯認爲 佛所說之般若空性。這兩種現象已於當今海峽兩岸及美加地區顯密大師之中普遍存在；人人自以爲悟，心高氣壯，便敢寫書解釋祖師證悟之公案，大多出於意識思惟所得，言不及義，錯誤百出，因此誤導廣大佛子同陷大妄語之地獄業中而不能自知。彼等書中所說之悟處，其實處處違背第一義經典之聖言量。彼等諸人不論是否身披袈裟，都非佛法宗門血脈，或雖有禪宗法脈之傳承，亦只徒具形式；猶如螟蛉，非眞血脈，未悟得根本眞實故。禪子欲知 佛、祖之眞血脈者，請讀此書，便知分曉。平實導師著，主文452頁，全書464頁，定價500元（2007年起，凡購買公案拈提第一輯至第七輯，每購一輯皆贈送本公司精製公案拈提〈超意境〉CD一片，市售價格280元，多購多贈）。

宗通與說通：古今中外，錯誤之人如麻似粟，每以常見外道所說之靈知心，認作眞心；或妄想虛空之勝性能量爲眞如，或錯認物質四大元素藉冥性（靈知心本體）能成就吾人色身及知覺，或認初禪至四禪中之了知心爲不生不滅之涅槃心。此等皆非通宗者之見地。復有錯悟之人一向主張「宗門與教門不相干」，此即尚未通達宗門之人也。其實宗門與教門互通不二，宗門所證者乃是眞如與佛性，教門所說者乃說宗門證悟之眞如佛性，故教門與宗門不二。本書作者以宗教二門互通之見地，細說「宗通與說通」，從初見道至悟後起修之道、細說分明；並將諸宗諸派在整體佛教中之地位與次第，加以明確之教判，學人讀之即可了知佛法之梗概也。欲擇明師學法之前，允宜先讀。平實導師著，主文共381頁，全書392頁，只售成本價300元。

宗門正道—公案拈提第五輯：修學大乘佛法有二果須證—解脫果及大菩提果。二乘人不證大菩提果，唯證解脫果；此果之智慧，名為聲聞菩提、緣覺菩提。大乘佛子所證二果之菩提果為佛菩提，故名大菩提果，其慧名為一切種智—函蓋二乘解脫果。然此大乘二果修證，須經由禪宗之宗門證悟方能相應。而宗門證悟極難，自古已然；其所以難者，咎在古今佛教界普遍存在三種邪見：1.以修定認作佛法，2.以無因論之緣起性空—否定涅槃本際如來藏以後之一切法空作為佛法，3.以常見外道邪見（離語言妄念之靈知性）作為佛法。如是邪見，或因自身正見未立所致，或因邪師之邪教導所致，或因無始劫來虛妄熏習所致。若不破除此三種邪見，永劫不悟宗門真義、不入大乘正道，唯能外門廣修菩薩行。 平實導師於此書中，有極為詳細之說明，有志佛子欲摧邪見、入於內門修菩薩行者，當閱此書。主文共496頁，全書512頁。售價500元（2007年起，凡購買公案拈提第一輯至第七輯，每購一輯皆贈送本公司精製公案拈提〈超意境〉CD一片，市售價格280元，多購多贈）。

狂密與真密：密教之修學，皆由有相之觀行法門而入，其最終目標仍不離顯教經典所說第一義諦之修證；若離顯教第一義經典、或違背顯教第一義經典，即非佛教。西藏密教之觀行法，如灌頂、觀想、遷識法、寶瓶氣、大聖歡喜雙身修法、喜金剛、無上瑜伽、大樂光明、樂空雙運等，皆是印度教兩性生生不息思想之轉化，自始至終皆以如何能運用交合淫樂之法達到全身受樂為其中心思想，純屬欲界五欲的貪愛，不能令人超出欲界輪迴，更不能令人斷除我見；何況大乘之明心與見性，更無論矣！故密宗之法絕非佛法也。而其明光大手印、大圓滿法教，又皆同以常見外道所說離語言妄念之無念靈知心錯認為佛地之真如，不能直指不生不滅之真如。西藏密宗所有法王與徒眾，都尚未開頂門眼，不能辨別真偽，以依人不依法、依密續不依經典故，不肯將其上師喇嘛所說對照第一義經典，純依密續之藏密祖師所說為準，因此而誇大其證德與證量，動輒謂彼祖師上師為究竟佛、為地上菩薩；如今台海兩岸亦有自謂其師證量高於 釋迦文佛者，然觀其師所述，猶未見道，仍在觀行即佛階段，尚未到禪宗相似即佛、分證即佛階位，竟敢標榜為究竟佛及地上法王，誑惑初機學人。凡此怪象皆是狂密，不同於真密之修行者。近年狂密盛行，密宗行者被誤導者極眾，動輒自謂已證佛地真如，自視為究竟佛，陷於大妄語業中而不知自省，反謗顯宗真修實證者之證量粗淺；或如義雲高與釋性圓…等人，於報紙上公然誹謗真實證道者為「騙子、無道人、人妖、癩蛤蟆…」等，造下誹謗大乘勝義僧之大惡業；或以外道法中有為有作之甘露、魔術……等法，誑騙初機學人，狂言彼外道法為真佛法。如是怪象，在西藏密宗及附藏密之外道中，不一而足，舉之不盡，學人宜應慎思明辨，以免上當後又犯毀破菩薩戒之重罪。密宗學人若欲遠離邪知邪見者，請閱此書，即能了知密宗之邪謬，從此遠離邪見與邪修，轉入真正之佛道。 平實導師著 共四輯 每輯約400頁（主文約340頁）每輯售價300元。

宗門正義—公案拈提第六輯：佛教有六大危機，乃是藏密化、世俗化、膚淺化、學術化、宗門密意失傳、悟後進修諸地之次第混淆；其中尤以宗門密意之失傳，爲當代佛教最大之危機。由宗門密意失傳故，易令 世尊本懷普被錯解，易令 世尊正法被轉易爲外道法，以及加以淺化、世俗化，是故宗門密意之廣泛弘傳與具緣佛弟子，極爲重要。然而欲令宗門密意之廣泛弘傳予具緣之佛弟子者，必須同時配合錯誤知見之解析、普令佛弟子知之，然後輔以公案解析之直示入處，方能令具緣之佛弟子悟入。而此二者，皆須以公案拈提之方式爲之，方易成其功、竟其業，是故平實導師續作宗門正義一書，以利學人。 全書500餘頁，售價500元（2007年起，凡購買公案拈提第一輯至第七輯，每購一輯皆贈送本公司精製公案拈提〈超意境〉CD一片，市售價格280元，多購多贈）。

心經密意—心經與解脫道、佛菩提道、祖師公案之關係與密意。 二乘菩提所證之解脫道，實依第八識心之斷除煩惱障現行而立解脫之名；大乘菩提所證之佛菩提道，實依親證第八識如來藏之涅槃性、清淨自性、及其中道性而立般若之名；禪宗祖師公案所證之眞心，即是此第八識如來藏；是故三乘佛法所修所證之三乘菩提，皆依此如來藏心而立名也。此第八識心，即是《心經》所說之心也。證得此如來藏已，即能漸入大乘佛菩提道，亦可因證知此心而了知二乘無學所不能知之無餘涅槃本際，是故《心經》之密意，與三乘佛菩提之關係極爲密切、不可分割，三乘佛法皆依此心而立名故。今者平實導師以其所證解脫道之無生智及佛菩提之般若種智，將《心經》與解脫道、佛菩提道、祖師公案之關係與密意，以演講之方式，用淺顯之語句和盤托出，發前人所未言，呈三乘菩提之眞義，令人藉此《心經密意》一舉而窺三乘菩提之堂奧，迥異諸方言不及義之說；欲求眞實佛智者、不可不讀！主文317頁，連同跋文及序文…等共384頁，售價300元。

宗門密意—公案拈提第七輯：佛教之世俗化，將導致學人以信仰作爲學佛，則將以感應及世間法之庇祐，作爲學佛之主要目標，不能了知學佛之主要目標爲親證三乘菩提。大乘菩提則以般若實相智慧爲主要修習目標，以二乘菩提解脫道爲附帶修習之標的；是故學習大乘法者，應以禪宗之證悟爲要務，能親入大乘菩提之實相般若智慧中故，般若實相智慧非二乘聖人所能知故。此書則以台灣世俗化佛教之三大法師，說法似是而非之實例，配合眞悟祖師之公案解析，提示證悟般若之關節，令學人易得悟入。平實導師著，全書五百餘頁，售價500元（2007年起，凡購買公案拈提第一輯至第七輯，每購一輯皆贈送本公司精製公案拈提〈超意境〉CD一片，市售價格280元，多購多贈）。

淨土聖道—兼評選擇本願念佛：佛法甚深極廣，般若玄微，非諸二乘聖僧所能知之，一切凡夫更無論矣！所謂一切證量皆歸淨土是也！是故大乘法中「聖道之淨土、淨土之聖道」，其義甚深，難可了知；乃至眞悟之人，初心亦難知也。今有正德老師眞實證悟後，復能深探淨土與聖道之緊密關係，憐憫衆生之誤會淨土實義，亦欲利益廣大淨土行人同入聖道，同獲淨土中之聖道門要義，乃振奮心神、書以成文，今得刊行天下。主文279頁，連同序文等共301頁，總有十一萬六千餘字，正德老師著，成本價200元。

起信論講記：詳解大乘起信論心生滅門與心眞如門之眞實意旨，消除以往大師與學人對起信論所說心生滅門之誤解，由是而得了知眞心如來藏之非常非斷中道正理；亦因此一講解，令此論以往隱晦而被誤解之眞實義，得以如實顯示，令大乘佛菩提道之正理得以顯揚光大；初機學者亦可藉此正論所顯示之法義，對大乘法理生起正信，從此得以眞發菩提心，眞入大乘法中修學，世世常修菩薩正行。平實導師演述，共六輯，都已出版，每輯三百餘頁，售價各250元。

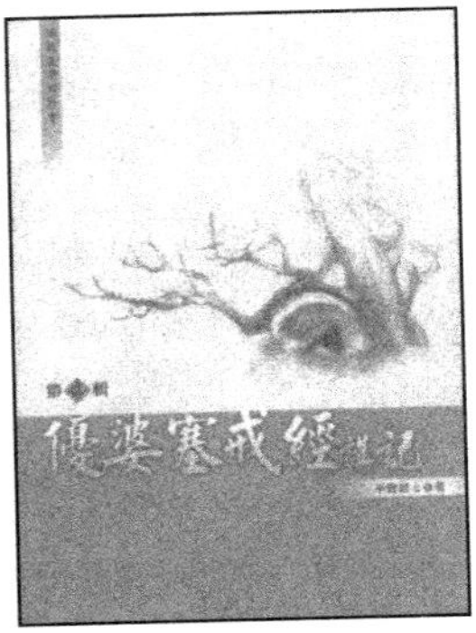

優婆塞戒經講記：本經詳述在家菩薩修學大乘佛法，應如何受持菩薩戒？對人間善行應如何看待？對三寶應如何護持？應如何正確地修集此世後世證法之福德？應如何修集後世「行菩薩道之資糧」？並詳述第一義諦之正義：五蘊非我非異我、自作自受、異作異受、不作不受……等深妙法義，乃是修學大乘佛法、行菩薩行之在家菩薩所應當了知者。出家菩薩今世或未來世登地已，捨報之後多數將如華嚴經中諸大菩薩，以在家菩薩身而修行菩薩行，故亦應以此經所述正理而修之，配合《楞伽經、解深密經、楞嚴經、華嚴經》等道次第正理，方得漸次成就佛道；故此經是一切大乘行者皆應證知之正法。平實導師講述，每輯三百餘頁，售價各250元；共八輯，已全部出版。

真假活佛—略論附佛外道盧勝彥之邪說：人人身中都有眞活佛，永生不滅而有大神用，但眾生都不了知，所以常被身外的西藏密宗假活佛籠罩欺瞞。本來就眞實存在的眞活佛，才是眞正的密宗無上密！諾那活佛因此而說禪宗是大密宗，但藏密的所有活佛都不知道、也不曾實證自身中的眞活佛。本書詳實宣示眞活佛的道理，舉證盧勝彥的「佛法」不是眞佛法，也顯示盧勝彥是假活佛，直接的闡釋第一義佛法見道的眞實正理。眞佛宗的所有上師與學人們，都應該詳細閱讀，包括盧勝彥個人在內。正犀居士著，優惠價140元。

阿含正義—唯識學探源：廣說四大部《阿含經》諸經中隱說之眞正義理，一一舉示佛陀本懷，令阿含時期初轉法輪根本經典之眞義，如實顯現於佛子眼前。並提示末法大師對於阿含眞義誤解之實例，一一比對之，證實唯識增上慧學確於原始佛法之阿含諸經中已隱覆密意而略說之，證實 世尊確於原始佛法中已曾密意而說第八識如來藏之總相；亦證實 世尊在四阿含中已說此藏識是名色十八界之因、之本—證明如來藏是能生萬法之根本心。佛子可據此修正以往受諸大師（譬如西藏密宗應成派中觀師：印順、昭慧、性廣、大願、達賴、宗喀巴、寂天、月稱、……等人）誤導之邪見，建立正見，轉入正道乃至親證初果而無困難；書中並詳說三果所證的心解脫，以及四果慧解脫的親證，都是如實可行的具體知見與行門。全書共七輯，已出版完畢。平實導師著，每輯三百餘頁，售價300元。

超意境CD：以平實導師公案拈提書中超越意境之頌詞，加上曲風優美的旋律，錄成令人嚮往的超意境歌曲，其中包括正覺發願文及平實導師親自譜成的黃梅調歌曲一首。詞曲雋永，殊堪翫味，可供學禪者吟詠，有助於見道。內附設計精美的彩色小冊，解說每一首詞的背景本事。每片280元。【每購買公案拈提書籍一冊，即贈送一片。】

我的菩提路第一輯：凡夫及二乘聖人不能實證的佛菩提證悟，末法時代的今天仍然有人能得實證，由正覺同修會釋悟圓、釋善藏法師等二十餘位實證如來藏者所寫的見道報告，已爲當代學人見證宗門正法之絲縷不絕，證明大乘義學的法脈仍然存在，爲末法時代求悟般若之學人照耀出光明的坦途。由二十餘位大乘見道者所繕，敘述各種不同的學法、見道因緣與過程，參禪求悟者必讀。全書三百餘頁，售價300元。

我的菩提路第二輯：由郭正益老師等人合著，書中詳述彼等諸人歷經各處道場學法，一一修學而加以檢擇之不同過程以後，因閱讀正覺同修會、正智出版社書籍而發起抉擇分，轉入正覺同修會中修學；乃至學法及見道之過程，都一一詳述之。其中張志成等人係由前現代禪轉進正覺同修會，張志成原爲現代禪副宗長，以前未閱本會書籍時，曾被人藉其名義著文評論 平實導師（詳見《宗通與說通》辨正及《眼見佛性》書末附錄…等）；後因偶然接觸正覺同修會書籍，深覺以前聽人評論平實導師之語不實，於是投入極多時間閱讀本會書籍、深入思辨，詳細探索中觀與唯識之關聯與異同，認爲正覺之法義方是正法，深覺相應；亦解開多年來對佛法的迷雲，確定應依八識論正理修學方是正法。乃不顧面子，毅然前往正覺同修會面見平實導師懺悔，並正式學法求悟。今已與其同修王美伶（亦爲前現代禪傳法老師），同樣證悟如來藏而證得法界實相，生起實相般若眞智。此書中尚有七年來本會第一位眼見佛性者之見性報告一篇，一同供養大乘佛弟子。全書四百頁，售價300元。

我的菩提路第三輯：由王美伶老師等人合著。自從正覺同修會成立以來，每年夏初、冬初都舉辦精進禪三共修，藉以助益會中同修們得以證悟明心發起般若實相智慧；凡已實證而被平實導師印證者，皆書具見道報告用以證明佛法之眞實可證而非玄學，證明佛法並非純屬思想、理論而無實質，是故每年都能有人證明正覺同修會的「實證佛教」主張並非虛語。特別是眼見佛性一法，自古以來中國禪宗祖師實證者極寡，較之明心開悟的證境更難令人信受；至2017年初，正覺同修會中的證悟明心者已近五百人，然而其中眼見佛性者至今唯十餘人爾，可謂難能可貴，是故明心後欲冀眼見佛性者實屬不易。黃正倖老師是懸絕七年無人見性後的第一人，她於2009年的見性報告刊於本書的第二輯中，爲大眾證明佛性確實可以眼見；其後七年之中求見性者都屬解悟佛性而無人眼見，幸而又經七年後的2016冬初，以及2017夏初的禪三，復有三人眼見佛性，希冀鼓舞四眾佛子求見佛性之大心，今則具載一則於書末，顯示求見佛性之事實經歷，供養現代佛教界欲得見性之四眾弟子。全書四百頁，售價300元。

我的菩提路第四輯：由陳晏平等人著。中國禪宗祖師往往有所謂「見性」之言，所言多屬看見如來藏具有能令人發起成佛之自性，並非《大般涅槃經》中 如來所說之眼見佛性。眼見佛性者，於親見佛性之時，即能於山河大地眼見自己佛性，亦能於他人身上眼見自己佛性及對方之佛性，如是境界無法為尚未實證者解釋；勉強說之，縱使真實明心證悟之人聞之，亦只能以自身明心之境界想像之，但不論如何想像多屬非量，能有正確之比量者亦是稀有，故說眼見佛性極為困難。眼見佛性之人若所見極分明時，在所見佛性之境界下所眼見之山河大地、自己五蘊身心皆是虛幻，自有異於明心者之解脫功德受用，此後永不思證二乘涅槃，必定邁向成佛之道而進入第十住位中，已超第一阿僧祇劫三分有一，可謂之為超劫精進也。今又有明心之後眼見佛性之人出於人間，將其明心及後來見性之報告，連同其餘證悟明心者之精彩報告一同收錄於此書中，供養真求佛法實證之四眾佛子。全書380頁，售價300元，已於2018年6月30日發行。

我的菩提路第五輯：林慈慧老師等人著，本輯中所舉學人從相似正法中來到正覺同修會的過程，各人都有不同，發生的因緣亦是各有差別，然而都會指向同一個目標——證實生命實相的源底，確證自己生從何來、死往何去的事實，所以最後都證明佛法真實而可親證，絕非玄學；本書將彼等諸人的始修及末後證悟之實例，羅列出來以供學人參考。本期亦有一位會裡的老師，是從1995年即開始追隨 平實導師修學，1997年明心後持續進修不斷，直到2017年眼見佛性之實例，足可證明《大般涅槃經》中世尊開示眼見佛性之法正真無訛，第十住位的實證在末法時代的今天仍有可能，如今一併具載於書中以供學人參考，並供養現代佛教界欲得見性之四眾弟子。全書四百頁，售價300元，已於2019年12月31日發行。

我的菩提路第六輯：劉正莉老師等人著。書中詳敘學佛路程之辛苦萬端，直至得遇正法之後如何修行終能實證，現觀真如而入勝義菩薩僧數。本輯亦錄入一位1990年明心後追隨平實導師學法弘法的老師，不數年後又再眼見佛性的實證者，文中詳述見性之過程，欲令學人深信眼見佛性其實不難，冀得奮力向前而得實證。然古來能得明心又得見性之祖師極寡，禪師們所謂見性者往往屬於明心時親見第八識如來藏具備能使人成佛之自性，即名見性，例如六祖等人，是明心時看見了如來藏具有能使人成佛的自性，當作見性，其實只是明心而階真見道位，尚非眼見佛性。但非《大般涅槃經》中所說之「眼見佛性」之實證。今本書提供十幾篇明心見道報告及眼見佛性者的見性報告一篇，以饗讀者，預定2020年8月31日出版。全書384頁，300元。

鈍鳥與靈龜：鈍鳥及靈龜二物，被宗門證悟者說爲二種人：前者是精修禪定而無智慧者，也是以定爲禪的愚癡禪人；後者是或有禪定、或無禪定的宗門證悟者，凡已證悟者皆是靈龜。但後者被人虛造事實，用以嘲笑大慧宗杲禪師，說他雖是靈龜，卻不免被天童禪師預記「患背」痛苦而亡：「鈍鳥離巢易，靈龜脫殼難。」藉以貶低大慧宗杲的證量。同時將天童禪師實證如來藏的證量，曲解爲意識境界的離念靈知。自從大慧禪師入滅以後，錯悟凡夫對他的不實毀謗就一直存在著，不曾止息，並且捏造的假事實也隨著年月的增加而越來越多，終至編成「鈍鳥與靈龜」的假公案、假故事。本書是考證大慧與天童之間的不朽情誼，顯現這件假公案的虛妄不實；更見大慧宗杲面對惡勢力時的正直不阿，亦顯示大慧對天童禪師的至情深義，將使後人對大慧宗杲的誣謗至此而止，不再有人誤犯毀謗賢聖的惡業。書中亦舉證宗門的所悟確以第八識如來藏爲標的，詳讀之後必可改正以前被錯悟大師誤導的參禪知見，日後必定有助於實證禪宗的開悟境界，得階大乘眞見道位中，即是實證般若之賢聖。全書459頁，售價350元。

維摩詰經講記：本經係 世尊在世時，由等覺菩薩維摩詰居士藉疾病而演說之大乘菩提無上妙義，所說函蓋甚廣，然極簡略，是故今時諸方大師與學人讀之悉皆錯解，何況能知其中隱含之深妙正義，是故普遍無法爲人解說；若強爲人說，則成依文解義而有諸多過失。今由平實導師公開宣講之後，詳實解釋其中密意，令維摩詰菩薩所說大乘不可思議解脫之深妙正法得以正確宣流於人間，利益當代學人及與諸方大師。書中詳實演述大乘佛法深妙不共二乘之智慧境界，顯示諸法之中絕待之實相境界，建立大乘菩薩妙道於永遠不敗不壞之地，以此成就護法偉功，欲冀永利娑婆人天。已經宣講圓滿整理成書流通，以利諸方大師及諸學人。全書共六輯，每輯三百餘頁，售價各250元。

真假外道：本書具體舉證佛門中的常見外道知見實例，並加以教證及理證上的辨正，幫助讀者輕鬆而快速的了知常見外道的錯誤知見，進而遠離佛門內外的常見外道知見，因此即能改正修學方向而快速實證佛法。 游正光老師著 。成本價200元。

勝鬘經講記：如來藏爲三乘菩提之所依，若離如來藏心體及其含藏之一切種子，即無三界有情及一切世間法，亦無二乘菩提緣起性空之出世間法；本經詳說無始無明、一念無明皆依如來藏而有之正理，藉著詳解煩惱障與所知障間之關係，令學人深入了知二乘菩提與佛菩提相異之妙理；聞後即可了知佛菩提之特勝處及三乘修道之方向與原理，邁向攝受正法而速成佛道的境界中。平實導師講述，共六輯，每輯三百餘頁，售價各250元。

楞嚴經講記：楞嚴經係密教部之重要經典，亦是顯教中普受重視之經典；經中宣說明心與見性之內涵極爲詳細，將一切法都會歸如來藏及佛性—妙眞如性；亦闡釋佛菩提道修學過程中之種種魔境，以及外道誤會涅槃之狀況，旁及三界世間之起源。然因言句深澀難解，法義亦復深妙寬廣，學人讀之普難通達，是故讀者大多誤會，不能如實理解佛所說之明心與見性內涵，亦因是故多有悟錯之人引爲開悟之證言，成就大妄語罪。今由平實導師詳細講解之後，整理成文，以易讀易懂之語體文刊行天下，以利學人。全書十五輯，全部出版完畢。每輯三百餘頁，售價每輯300元。

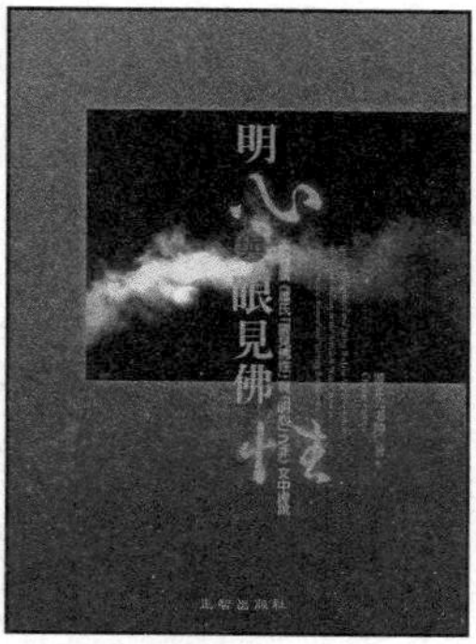

明心與眼見佛性：本書細述明心與眼見佛性之異同，同時顯示了中國禪宗破初參明心與重關眼見佛性二關之間的關聯；書中又藉法義辨正而旁述其他許多勝妙法義，讀後必能遠離佛門長久以來積非成是的錯誤知見，令讀者在佛法的實證上有極大助益。也藉慧廣法師的謬論來教導佛門學人回歸正知正見，遠離古今禪門錯悟者所墮的意識境界，非唯有助於斷我見，也對未來的開悟明心實證第八識如來藏有所助益，是故學禪者都應細讀之。游正光老師著　共448頁　售價300元。

菩薩底憂鬱CD：將菩薩情懷及禪宗公案寫成新詞，並製作成超越意境的優美歌曲。1.主題曲〈菩薩底憂鬱〉，描述地後菩薩能離三界生死而迴向繼續生在人間，但因尚未斷盡習氣種子而有極深沈之憂鬱，非三賢位菩薩及二乘聖者所知，此憂鬱在七地滿心位方才斷盡；本曲之詞中所說義理極深，昔來所未曾見；此曲係以優美的情歌風格寫詞及作曲，聞者得以激發嚮往諸地菩薩境界之大心，詞、曲都非常優美，難得一見；其中勝妙義理之解說，已印在附贈之彩色小冊中。2.以各輯公案拈提中直示禪門入處之頌文，作成各種不同曲風之超意境歌曲，值得玩味、參究；聆聽公案拈提之優美歌曲時，請同時閱讀內附之印刷精美說明小冊，可以領會超越三界的證悟境界；未悟者可以因此引發求悟之意向及疑情，眞發菩提心而邁向求悟之途，乃至因此眞實悟入般若，成眞菩薩。3.正覺總持咒新曲，總持佛法大意；總持咒之義理，已加以解說並印在隨附之小冊中。本CD共有十首歌曲，長達63分鐘，附贈二張購書優惠券。每片280元。

禪意無限CD：平實導師以公案拈提書中偈頌寫成不同風格曲子，與他人所寫不同風格曲子共同錄製出版，幫助參禪人進入禪門超越意識之境界。盒中附贈彩色印製的精美解說小冊，以供聆聽時閱讀，令參禪人得以發起參禪之疑情，即有機會證悟本來面目，實證大乘菩提般若。本CD共有十首歌曲，長達69分鐘，每盒各附贈二張購書優惠券。每片280元。

金剛經宗通：三界唯心，萬法唯識，是成佛之修證內容，是諸地菩薩之所修；般若則是成佛之道（實證三界唯心、萬法唯識）的入門，若未證悟實相般若，即無成佛之可能，必將永在外門廣行菩薩六度，永在凡夫位中。然而實相般若的發起，全賴實證萬法的實相；若欲證知萬法的眞相，則必須探究萬法之所從來，則須實證自心如來—金剛心如來藏，然後現觀這個金剛心的金剛性、眞實性、如如性、清淨性、涅槃性、能生萬法的自性性、本住性，名爲證眞如；進而現觀三界六道唯是此金剛心所成，人間萬法須藉八識心王和合運作方能現起。如是實證

《華嚴經》的「三界唯心、萬法唯識」以後，由此等現觀而發起實相般若智慧，繼續進修第十住位的如幻觀、第十行位的陽焰觀、第十迴向位的如夢觀，再生起增上意樂而勇發十無盡願，方能滿足三賢位的實證，轉入初地；自知成佛之道而無偏倚，從此按部就班、次第進修乃至成佛。第八識自心如來是般若智慧之所依，般若智慧的修證則要從實證金剛心自心如來開始；《金剛經》則是解說自心如來之經典，是一切三賢位菩薩所應進修之實相般若經典。這一套書，是將平實導師宣講的《金剛經宗通》內容，整理成文字而流通之；書中所說義理，迥異古今諸家依文解義之說，指出大乘見道方向與理路，有益於禪宗學人求開悟見道，及轉入內門廣修六度萬行。已於2013年9月出版完畢，總共9輯，每輯約三百餘頁，售價各250元。

空行母—性別、身分定位，以及藏傳佛教：本書作者為蘇格蘭哲學家，因為嚮往佛教深妙的哲學內涵，於是進入當年盛行於歐美的假藏傳佛教密宗，擔任卡盧仁波切的翻譯工作多年以後，被邀請成為卡盧的空行母（又名佛母、明妃），開始了她在密宗裡的實修過程；後來發覺在密宗雙身法中的修行，其實無法使自己成佛，也發覺密宗對女性岐視而處處貶抑，並剝奪女性在雙身法中擔任一半角色時應有的身分定位。當她發覺自己只是雙身法中被喇嘛利用的工具，沒有獲得絲毫應有的尊重與基本定位時，發現了密宗的父權社會控制女性的本質；於是作者傷心地離開了卡盧仁波切與密宗，但是卻被恐嚇不許講出她在密宗裡的經歷，也不許她說出自己對密宗的教義與教制下對女性剝削的本質，否則將被咒殺死亡。後來她去加拿大定居，十餘年後方才擺脫這個恐嚇陰影，下定決心將親身經歷的實情及觀察到的事實寫下來並且出版，公諸於世。出版之後，她被流亡的達賴集團人士大力攻訐，誣指她為精神狀態失常、說謊……等。但有智之士並未被達賴集團的政治操作及各國政府政治運作吹捧達賴的表相所欺，使她的書銷售無阻而又再版。正智出版社鑑於作者此書是親身經歷的事實，所說具有針對「藏傳佛教」而作學術研究的價值，也有使人認清假藏傳佛教剝削佛母、明妃的男性本位實質，因此洽請作者同意中譯而出版於華人地區。珍妮·坎貝爾女士著，呂艾倫 中譯，每冊250元。

霧峰無霧—給哥哥的信　本書作者藉兄弟之間信件往來論義，略述佛法大義；並以多篇短文辨義，舉出釋印順對佛法的無量誤解證據，並一一給予簡單而清晰的辨正，令人一讀即知。久讀、多讀之後即能認清楚釋印順的六識論見解，與眞實佛法之牴觸是多麼嚴重；於是在久讀、多讀之後，於不知不覺之間提升了對佛法的極深入理解，正知正見就在不知不覺間建立起來了。當三乘佛法的正知見建立起來之後，對於三乘菩提的見道條件便將隨之具足，於是聲聞解脫道的見道也就水到渠成；接著大乘見道的因緣也將次第成熟，未來自然也會有親見大乘菩提之道的因緣，悟入大乘實相般若也將自然成功，自能通達般若系列諸經而成實義菩薩。作者居住於南投縣霧峰鄉，自喻見道之後不復再見霧峰之霧，故鄉原野美景一一明見，於是立此書名爲《霧峰無霧》；讀者若欲撥霧見月，可以此書爲緣。游宗明　老師著　已於2015年出版　售價250元。

霧峰無霧—第二輯—救護佛子向正道　本書作者藉釋印順著作中之各種錯謬法義提出辨正，以詳實的文義一一提出理論上及實證上之解析，列舉釋印順對佛法的無量誤解證據，藉此教導佛門大師與學人釐清佛法義理，遠離岐途轉入正道，然後知所進修，久之便能見道明心而入大乘勝義僧數。被釋印順誤導的大師與學人極多，很難救轉，是故作者大發悲心深入解說其錯謬之所在，佐以各種義理辨正而令讀者在不知不覺之間轉歸正道。如是久讀之後欲得斷身見、證初果，即不爲難事；乃至久之亦得大乘見道而得證眞如，脫離空有二邊而住中道，實相般若智慧生起，於佛法不再茫然，漸漸亦知悟後進修之道。屆此之時，對於大乘般若等深妙法之迷雲暗霧亦將一掃而空，生命及宇宙萬物之故鄉原野美景一一明見，是故本書仍名《霧峰無霧》，爲第二輯；讀者若欲撥雲見日、離霧見月，可以此書爲緣。游宗明　老師著　已於2019年出版　售價250元。

假藏傳佛教的神話—性、謊言、喇嘛教：本書編著者是由一首名爲「阿姊鼓」的歌曲爲緣起，展開了序幕，揭開假藏傳佛教—喇嘛教—的神秘面紗。其重點是蒐集、摘錄網路上質疑「喇嘛教」的帖子，以揭穿「假藏傳佛教的神話」爲主題，串聯成書，並附加彩色插圖以及說明，讓讀者們瞭解西藏密宗及相關人事如何被操作爲「神話」的過程，以及神話背後的眞相。作者：張正玄教授。售價200元。

達賴眞面目—玩盡天下女人：假使您不想戴綠帽子，請記得詳細閱讀此書；假使您不想讓好朋友戴綠帽子，請您將此書介紹給您的好朋友。假使您想保護家中的女性，也想要保護好朋友的女眷，請記得將此書送給家中的女性和好友的女眷都來閱讀。本書爲印刷精美的大本彩色中英對照精裝本，爲您揭開達賴喇嘛的眞面目，內容精彩不容錯過，爲利益社會大眾，特別以優惠價格嘉惠所有讀者。編著者：白志偉等。大開版雪銅紙彩色精裝本。售價800元。

童女迦葉考—論呂凱文〈佛教輪迴思想的論述分析〉之謬：童女迦葉是佛世率領五百大比丘遊行於人間的歷史事實，是以童貞行而依止菩薩戒弘化於人間的大菩薩，不依別解脫戒（聲聞戒）來弘化於人間。這是大乘佛教與聲聞佛教同時存在於佛世的歷史明證，證明大乘佛教不是從聲聞法中分裂出來的部派佛教的產物，卻是聲聞佛教分裂出來的部派佛教聲聞凡夫僧所不樂見的史實；於是古今聲聞法中的凡夫都欲加以扭曲而作詭說，更是末法時代高聲大呼「大乘非佛說」的六識論聲聞凡夫極力想要扭曲的佛教史實之一，於是想方設法扭曲迦葉菩薩爲聲聞僧，以及扭曲迦葉童女爲比丘僧等荒謬不實之論著便陸續出現，古時聲聞僧寫作的《分別功德論》是最具體之事例，現代之代表作則是呂凱文先生的〈佛教輪迴思想的論述分析〉論文。鑑於如是假藉學術考證以籠罩大眾之不實謬論，未來仍將繼續造作及流竄於佛教界，繼續扼殺大乘佛教學人法身慧命，必須舉證辨正之，遂成此書。平實導師 著，每冊180元。

末代達賴—性交教主的悲歌：簡介從藏傳僞佛教（喇嘛教）的修行核心—性力派男女雙修，探討達賴喇嘛及藏傳僞佛教的修行內涵。書中引用外國知名學者著作、世界各地新聞報導，包含：歷代達賴喇嘛的祕史、達賴六世修雙身法的事蹟，以及《時輪續》中的性交灌頂儀式……等；達賴喇嘛書中開示的雙修法、達賴喇嘛的黑暗政治手段；達賴喇嘛所領導的寺院爆發喇嘛性侵兒童；新聞報導《西藏生死書》作者索甲仁波切性侵女信徒、澳洲喇嘛秋達公開道歉、美國最大假藏傳佛教組織領導人邱陽創巴仁波切的性氾濫，等等事件背後眞相的揭露。作者：張善思、呂艾倫、辛燕。售價250元。

黯淡的達賴—失去光彩的諾貝爾和平獎：本書舉出很多證據與論述，詳述達賴喇嘛不爲世人所知的一面，顯示達賴喇嘛並不是眞正的和平使者，而是假借諾貝爾和平獎的光環來欺騙世人；透過本書的說明與舉證，讀者可以更清楚的瞭解，達賴喇嘛是結合暴力、黑暗、淫欲於喇嘛教裡的集團首領，其政治行爲與宗教主張，早已讓諾貝爾和平獎的光環染污了。　本書由財團法人正覺教育基金會寫作、編輯，由正覺出版社印行，每冊250元。

第七意識與第八意識？—穿越時空「超意識」：「三界唯心，萬法唯識」是佛教中應該實證的聖教，也是《華嚴經》中明載而可以實證的法界實相。唯心者，三界一切境界、一切諸法唯是一心所成就，即是每一個有情的第八識如來藏，不是意識心。唯識者，即是人類各各都具足的八識心王——眼識、耳鼻舌身意識、意根、阿賴耶識，第八阿賴耶識又名如來藏，人類五陰相應的萬法，莫不由八識心王共同運作而成就，故說萬法唯識。依聖教量及現量、比量，都可以證明意識是二法因緣生，是由第八識藉意根與法塵二法爲因緣而出生，又是夜夜斷滅不存之生滅心，即無可能反過來出生第七識意根、第八識如來藏，當知不可能從生滅性的意識心中，細分出恆審思量的第七識意根，更無可能細分出恆而不審的第八識如來藏。本書是將演講內容整理成文字，細說如是內容，並已在〈正覺電子報〉連載完畢，今彙集成書以廣流通，欲幫助佛門有緣人斷除意識我見，跳脫於識陰之外而取證聲聞初果；嗣後修學禪宗時即得不墮外道神我之中，得以求證第八識金剛心而發起般若實智。平實導師 述，每冊300元。

中觀金鑑—詳述應成派中觀的起源與其破法本質：學佛人往往迷於中觀學派之不同學說，被應成派與自續派所迷惑；修學般若中觀二十年後自以爲實證般若中觀了，卻仍不曾入門，甫聞實證般若中觀者之所說，則茫無所知，迷惑不解；隨後信心盡失，不知如何實證佛法；凡此，皆因惑於這二派中觀學說所致。自續派中觀所說同於常見，以意識境界立爲第八識如來藏之境界，應成派所說則同於斷見，但又同立意識爲常住法，故亦具足斷常二見。今者孫正德老師有鑑於此，乃將起源於密宗的應成派中觀學說，追本溯源，詳考其來源之外，亦一一舉證其立論內容，詳加辨正，令密宗雙身法祖師以識陰境界而造之應成派中觀學說本質，詳細呈現於學人眼前，令其維護雙身法之目的無所遁形。若欲遠離密宗此二大派中觀謬說，欲於三乘菩提有所進道者，允宜具足閱讀並細加思惟，反覆讀之以後將可捨棄邪道返歸正道，則於般若之實證即有可能，證後自能現觀如來藏之中道境界而成就中觀。本書分上、中、下三冊，每冊250元，全部出版完畢。

人間佛教—實證者必定不悖三乘菩提：「大乘非佛說」的講法似乎流傳已久，卻只是日本人企圖擺脫中國正統佛教的影響，而在明治維新時期才開始提出來的說法；台灣佛教、大陸佛教的淺學無智之人，由於未曾實證佛法而迷信日本人錯誤的學術考證，錯認爲這些別有用心的日本佛學考證的講法爲天竺佛教的眞實歷史；甚至還有更激進的反對佛教者提出「釋迦牟尼佛並非眞實存在，只是後人捏造的假歷史人物」，竟然也有少數人願意跟著「學術」的假光環而信受不疑，於是開始有一些佛教界人士造作了反對中國佛教而推崇南洋小乘佛教的行爲，使佛教的信仰者難以檢擇，導致一般大陸人士開始轉入基督教的盲目迷信中。在這些佛教及外教人士之中，也就有一分人根據此邪說而大聲主張「大乘非佛說」的謬論，這些人以「人間佛教」的名義來抵制中國正統佛教，公然宣稱中國的大乘佛教是由聲聞部派佛教的凡夫僧所創造出來的。這樣的說法流傳於台灣及大陸佛教界凡夫僧之中已久，卻非眞正的佛教歷史中曾經發生過的事，只是繼承六識論的聲聞法中凡夫僧依自己的意識境界立場，純憑臆想而編造出來的妄想說法，卻已經影響許多無智之凡夫僧俗信受不移。本書則是從佛教的經藏法義實質及實證的現量內涵本質立論，證明大乘佛法本是佛說，是從《阿含正義》尚未說過的不同面向來討論「人間佛教」的議題，證明「大乘眞佛說」。閱讀本書可以斷除六識論邪見，迴入三乘菩提正道發起實證的因緣；也能斷除禪宗學人學禪時普遍存在之錯誤知見，對於建立參禪時的正知見有很深的著墨。 平實導師 述，內文488頁，全書528頁，定價400元。

喇嘛性世界—揭開假藏傳佛教譚崔瑜伽的面紗：這個世界中的喇嘛，號稱來自世外桃源的香格里拉，穿著或紅或黃的喇嘛長袍，散布於我們的身邊傳教灌頂，吸引了無數的人嚮往學習；這些喇嘛虔誠地爲大衆祈福，手中拿著寶杵（金剛）與寶鈴（蓮花），口中唸著咒語：「唵．嘛呢．叭咪．吽……」，咒語的意思是說：「我至誠歸命金剛杵上的寶珠伸向蓮花寶穴之中」！「喇嘛性世界」是什麼樣的「世界」呢？本書將爲您呈現喇嘛世界的面貌。當您發現眞相以後，您將會唸：「噢！喇嘛．性．世界，譚崔性交嘛！」作者：張善思、呂艾倫。售價200元。

見性與看話頭：黃正倖老師的《見性與看話頭》於《正覺電子報》連載完畢，今結集出版。書中詳說禪宗看話頭的詳細方法，並細說看話頭與眼見佛性的關係，以及眼見佛性者求見佛性前必須具備的條件。本書是禪宗實修者追求明心開悟時參禪的方法書，也是求見佛性者作功夫時必讀的方法書，內容兼顧眼見佛性的理論與實修之方法，是依實修之體驗配合理論而詳述，條理分明而且極爲詳實、周全、深入。本書內文375頁，全書416頁，售價300元。

實相經宗通：學佛之目的在於實證一切法界背後之實相，禪宗稱之爲本來面目或本地風光，佛菩提道中稱之爲實相法界；此實相法界即是金剛藏，又名佛法之祕密藏，即是能生有情五陰、十八界及宇宙萬有（山河大地、諸天、三惡道世間）的第八識如來藏，又名阿賴耶識心，即是禪宗祖師所說的眞如心，此心即是三界萬有背後的實相。證得此第八識心時，自能瞭解般若諸經中隱說的種種密意，即得發起實相般若——實相智慧。每見學佛人修學佛法二十年後仍對實相般若茫然無知，亦不知如何入門，茫無所趣；更因不知三乘菩提的互異互同，是故越是久學者對佛法越覺茫然，都肇因於尚未瞭解佛法的全貌，亦未瞭解佛法的修證內容即是第八識心所致。本書對於修學佛法者所應實證的實相境界提出明確解析，並提示趣入佛菩提道的入手處，有心親證實相般若的佛法實修者，宜詳讀之，於佛菩提道之實證即有下手處。平實導師述著，共八輯，已於2016年出版完畢，每輯成本價250元。

真心告訴您(一)——達賴喇嘛在幹什麼？這是一本報導篇章的選集，更是「破邪顯正」的暮鼓晨鐘。「破邪」是戳破假象，說明達賴喇嘛及其所率領的密宗四大派法王、喇嘛們，弘傳的佛法是仿冒的佛法；他們是假藏傳佛教，是坦特羅(譚崔性交)外道法和藏地崇奉鬼神的苯教混合成的「喇嘛教」，推廣的是以所謂「無上瑜伽」的男女雙身法冒充佛法的假佛教，詐財騙色誤導眾生，常常造成信徒家庭破碎、家中兒少失怙的嚴重後果。「顯正」是揭櫫眞相，指出眞正的藏傳佛教只有一個，就是覺囊巴，傳的是 釋迦牟尼佛演繹的第八識如來藏妙法，稱爲他空見大中觀。正覺教育基金會即以此古今輝映的如來藏正知見，在眞心新聞網中逐

次報導出來，將箇中原委「眞心告訴您」，如今結集成書，與想要知道密宗眞相的您分享。售價250元。

法華經講義：此書爲平實導師始從2009/7/21演述至2014/1/14之講經錄音整理所成。世尊一代時教，總分五時三教，即是華嚴時、聲聞緣覺教、般若教、種智唯識教、法華時；依此五時三教區分爲藏、通、別、圓四教。本經是最後一時的圓教經典，圓滿收攝一切法教於本經中，是故最後的圓教聖訓中，特地指出無有三乘菩提，其實唯有一佛乘；皆因眾生愚迷故，方便區分爲三乘菩提以助眾生證道。世尊於此經中特地說明如來示現於人間的唯一大事因緣，便是爲有緣眾生「開、示、悟、入」諸佛的所知所見——第八識如來藏妙眞如心，並於諸品中隱說「妙法蓮花」如來藏心的

密意。然因此經所說甚深難解，眞義隱晦，古來難得有人能窺堂奧；平實導師以知如是密意故，特爲末法佛門四眾演述《妙法蓮華經》中各品蘊含之密意，使古來未曾被古德註解出來的「此經」密意，如實顯示於當代學人眼前。乃至〈藥王菩薩本事品〉、〈妙音菩薩品〉、〈觀世音菩薩普門品〉、〈普賢菩薩勸發品〉中的微細密意，亦皆一併詳述之，開前人所未曾言之密意，示前人所未見之妙法。最後乃至以〈法華大義〉而總其成，全經妙旨貫通始終，而依佛旨圓攝於一心如來藏妙心，厥爲曠古未有之大說也。平實導師述，共有25輯，已於2019/05/31出版完畢。每輯300元。

西藏「活佛轉世」制度—附佛、造神、世俗法：歷來關於喇嘛教活佛轉世的研究，多針對歷史及文化兩部分，於其所以成立的理論基礎，較少系統化的探討。尤其是此制度是否依據「佛法」而施設？是否合乎佛法眞實義？現有的文獻大多含糊其詞，或人云亦云，不曾有明確的闡釋與如實的見解。因此本文先從活佛轉世的由來，探索此制度的起源、背景與功能，並進而從活佛的尋訪與認證之過程，發掘活佛轉世的特徵，以確認「活佛轉世」在佛法中應具足何種果德。定價150元。

真心告訴您(二)—達賴喇嘛是佛教僧侶嗎？補祝達賴喇嘛八十大壽：這是一本針對當今達賴喇嘛所領導的喇嘛教，冒用佛教名相、於師徒間或師兄姊間，實修男女邪淫，而從佛法三乘菩提的現量與聖教量，揭發其謊言與邪術，證明達賴及其喇嘛教是仿冒佛教的外道，是「假藏傳佛教」。藏密四大派教義雖有「八識論」與「六識論」的表面差異，然其實修之內容，皆共許「無上瑜伽」四部灌頂爲究竟「成佛」之法門，也就是共以男女雙修之邪淫法爲「即身成佛」之密要，雖美其名曰「欲貪爲道」之「金剛乘」，並誇稱其成就超越於（應身佛）釋迦牟尼佛所傳之顯教般若乘之上；然詳考其理論，則或以意識離念時之粗細心爲第八識如來藏，或以中脈裡的明點爲第八識如來藏，或如宗喀巴與達賴堅決主張第六意識爲常恆不變之眞心者，分別墮於外道之常見與斷見中；全然違背 佛說能生五蘊之如來藏的實質。售價300元。

涅槃—解說四種涅槃之實證及內涵：眞正學佛之人，首要即是見道，由見道故方有涅槃之實證，證涅槃者方能出生死，但涅槃有四種：二乘聖者的有餘涅槃、無餘涅槃，以及大乘聖者的本來自性清淨涅槃、佛地的無住處涅槃。大乘聖者實證本來自性清淨涅槃，入地前再取證二乘涅槃，然後起惑潤生捨離二乘涅槃，繼續進修而在七地心前斷盡三界愛之習氣種子，依七地無生法忍之具足而證得念念入滅盡定；八地後進斷異熟生死，直至妙覺地下生人間成佛，具足四種涅槃，方是眞正成佛。此理古來少人言，以致誤會涅槃正理者比比皆是，今於此書中廣說四種涅槃、如何實證之理、實證前應有之條件，實屬本世紀佛教界極重要之著作，令人對涅槃有正確無訛之認識，然後可以依之實行而得實證。本書共有上下二冊，每冊各四百餘頁，對涅槃詳加解說，每冊各350元。

佛藏經講義：本經說明爲何佛菩提難以實證之原因，都因往昔無數阿僧祇劫前的邪見，引生此世求證時之業障而難以實證。即以諸法實相詳細解說，繼之以念佛品、念法品、念僧品，說明諸佛與法之實質；然後以淨戒品之說明，期待佛弟子四眾堅持清淨戒而轉化心性，並以往古品的實例說明，教導四眾務必滅除邪見轉入正見中，然後以了戒品的說明和囑累品的付囑，期望末法時代的佛門四眾弟子皆能清淨知見而得以實證。平實導師於此經中有極深入的解說，總共21輯，每輯300元，於2019/07/31開始發行。

修習止觀坐禪法要講記：修學四禪八定之人，往往錯會禪定之修學知見，欲以無止盡之坐禪而證禪定境界，卻不知修除性障之行門才是修證四禪八定不可或缺之要素，故智者大師云「性障初禪」；性障不除，初禪永不現前，云何修證二禪等？又：行者學定，若唯知數息，而不解六妙門之方便善巧者，欲求一心入定，未到地定極難可得，智者大師名之爲「事障未來」：障礙未到地定之修證。又禪定之修證，不可違背二乘菩提及第一義法，否則縱使具足四禪八定，亦不能實證涅槃而出三界。此諸知見，智者大師於《修習止觀坐禪法要》中皆有闡釋。作者平實導師以其第一義之見地及禪定之實證證量，曾加以詳細解析。將俟正覺寺竣工啓用後重講，不限制聽講者資格；講後將以語體文整理出版。欲修習世間定及增上定之學者，宜細讀之。平實導師述著。

解深密經講記：本經係 世尊晚年第三轉法輪，宣說地上菩薩所應熏修之唯識正義經典，經中所說義理乃是大乘一切種智增上慧學，以阿陀那識—如來藏—阿賴耶識爲主體。禪宗之證悟者，若欲修證初地無生法忍乃至八地無生法忍者，必須修學《楞伽經、解深密經》所說之八識心王一切種智；此二經所說正法，方是眞正成佛之道；印順法師否定第八識如來藏之後所說萬法緣起性空之法，是以誤會後之二乘解脫道取代大乘眞正成佛之道，尚且不符二乘解脫道正理，亦已墮於斷滅見中，不可謂爲成佛之道也。平實導師曾於本會郭故理事長往生時，於喪宅中從首七開始宣講，於每一七各宣講三小時，至第十七而快速略講圓滿，作爲郭老之往生佛事功德，迴向郭老早證八地、速返娑婆住持正法。茲爲今時後世學人故，將擇期重講《解深密經》，以淺顯之語句講畢後，將會整理成文，用供證悟者進道；亦令諸方未悟者，據此經中佛語正義，修正邪見，依之速能入道。平實導師述著，全書輯數未定，每輯三百餘頁，將於未來重講完畢後逐輯出版。

阿含經講記—小乘解脫道之修證：數百年來，南傳佛法所說證果之不實，所說解脫道之虛妄，所弘解脫道法義之世俗化，皆已少人知之；從南洋傳入台灣與大陸之後，所說法義虛謬之事，亦復少人知之；今時台灣全島印順系統之法師居士，多不知南傳佛法數百年來所說解脫道之義理已然偏斜、已然世俗化、已非眞正之二乘解脫正道，猶極力推崇與弘揚。彼等南傳佛法近代所謂之證果者皆非眞實證果者，譬如阿迦曼、葛印卡、帕奧禪師、一行禪師……等人，悉皆未斷我見故。近年更有台灣南部大願法師，高抬南傳佛法之二乘修證行門爲「捷徑究竟解脫之道」者，然而南傳佛法縱使眞修實證，得成阿羅漢，至高唯是二乘菩提解脫之道，絕非究竟解脫，無餘涅槃中之實際尚未得證故，法界之實相尚未了知故，習氣種子待除故，一切種智未實證故，焉得謂爲「究竟解脫」？即使南傳佛法近代眞有實證之阿羅漢，尚且不及三賢位中之七住明心菩薩本來自性清淨涅槃智慧境界，則不能知此賢位菩薩所證之無餘涅槃實際，仍非大乘佛法中之見道者，何況普未實證聲聞果乃至未斷我見之人？謬充證果已屬逾越，更何況是誤會二乘菩提之後，以未斷我見之凡夫知見所說之二乘菩提解脫偏斜法道，焉可高抬爲「究竟解脫」？而且自稱「捷徑之道」？又妄言解脫之道即是成佛之道，完全否定般若實智、否定三乘菩提所依之如來藏心體，此理大大不通也！平實導師爲令修學二乘菩提欲證解脫果者，普得迴入二乘菩提正見、正道中，是故選錄四阿含諸經中，對於二乘解脫道法義有具足圓滿說明之經典，預定未來十年內將會加以詳細講解，令學佛人得以了知二乘解脫道之修證理路與行門，庶免被人誤導之後，未證言證，梵行未立，干犯道禁自稱阿羅漢或成佛，成大妄語，欲升反墮。本書首重斷除我見，以助行者斷除我見而實證初果爲著眼之目標，若能根據此書內容，配合平實導師所著《識蘊眞義》《阿含正義》內涵而作實地觀行，實證初果非爲難事，行者可以藉此三書自行確認聲聞初果爲實際可得現觀成就之事。此書中除依二乘經典所說加以宣示外，亦依斷除我見等之證量，及大乘法中道種智之證量，對於意識心之體性加以細述，令諸二乘學人必定得斷我見、常見，免除三縛結之繫縛。次則宣示斷除我執之理，欲令升進而得薄貪瞋痴，乃至斷五下分結…等。平實導師將擇期講述，然後整理成書。共二冊，每冊三百餘頁。每輯300元。

***喇嘛教修外道雙身法，墮識陰境界，非佛教 ***

***弘揚如來藏他空見的覺囊派才是真正藏傳佛教 ***

總經銷： 聯合發行股份有限公司

231 新北市新店區寶橋路 235 巷 6 弄 6 號 4F

Tel.02－2917-8022（代表號） Fax.02－2915-6275（代表號）

零售：1.**全台連鎖經銷書局：**

三民書局、誠品書局、何嘉仁書店

敦煌書店、紀伊國屋、金石堂書局、建宏書局

諾貝爾圖書城、墊腳石圖書文化廣場

2.**台北市：**佛化人生 **大安區**羅斯福路 3 段 325 號 6 樓之 4　台電大樓對面

3.**新北市：**春大地書店 **蘆洲區**中正路 117 號

4.**桃園市：**御書堂 **龍潭區**中正路 123 號

5.**新竹市：**大學書局 **東區**建功路 10 號

6.**台中市：**瑞成書局 **東區**雙十路 1 段 4 之 33 號

佛教詠春書局 **南屯區**永春東路 884 號

文春書店 **霧峰區**中正路 1087 號

7.**彰化市：**心泉佛教文化中心 南瑤路 286 號

8.**高雄市：**政大書城 **前鎮區**中華五路 789 號 2 樓（高雄夢時代店）

明儀書局 **三民區**明福街 2 號

青年書局 **苓雅區**青年一路 141 號

9.**台東市：**東普佛教文物流通處 博愛路 282 號

10.**其餘鄉鎮市經銷書局：**請電詢總經銷**聯合**公司。

11.**大陸地區請洽：**

香港：樂文書店

旺角店 :香港九龍旺角西洋菜街 62 號 3 樓

電話 :(852) 2390 3723　email: luckwinbooks@gmail.com

銅鑼灣店 :香港銅鑼灣駱克道 506 號 2 樓

電話 :(852) 2881 1150　email: luckwinbs@gmail.com

廈門：廈門外圖臺灣書店有限公司

地址：廈門市思明區湖濱南路809 號 廈門外圖書城3 樓 郵編：361004

電話：0592-5061658（臺灣地區請撥打 86-592-5061658）

E-mail：JKB118＠188.COM

12.**美國：世界日報圖書部：**紐約圖書部　電話 7187468889#6262

洛杉磯圖書部　電話 3232616972#202

13.**國內外地區網路購書：**

正智出版社 書香園地　http://books.enlighten.org.tw/

（書籍簡介、經銷書局可直接聯結下列網路書局購書）

三民 網路書局　http://www.sanmin.com.tw

誠品 網路書局　http://www.eslitebooks.com

博客來 網路書局　http://www.books.com.tw

金石堂 網路書局　http://www.kingstone.com.tw
聯合 網路書局　http:// www.nh.com.tw

附註：1.請儘量向各經銷書局購買：郵政劃撥需要八天才能寄到（本公司在您劃撥後第四天才能接到劃撥單，次日寄出後第二天您才能收到書籍，此六天中可能會遇到週休二日，是故共需八天才能收到書籍）若想要早日收到書籍者，請劃撥完畢後，將劃撥收據貼在紙上，旁邊寫上您的姓名、住址、郵區、電話、買書詳細內容，直接傳真到本公司 02-28344822，並來電 02-28316727、28327495 確認是否已收到您的傳真，即可提前收到書籍。 2.因台灣每月皆有五十餘種宗教類書籍上架，書局書架空間有限，故唯有新書方有機會上架，通常每次只能有一本新書上架；本公司出版新書，大多上架不久便已售出，若書局未再叫貨補充者，書架上即無新書陳列，則請直接向書局櫃台訂購。 3.若書局不便代購時，可於晚上共修時間向正覺同修會各共修處請購（共修時間及地點，詳閱**共修現況表**。每年例行年假期間請勿前往請書，年假期間請見共修現況表）。 4.郵購：郵政劃撥帳號 19068241。 5.正覺同修會會員購書都以八折計價（戶籍台北市者為一般會員，外縣市為護持會員）都可獲得優待，欲一次購買全部書籍者，可以考慮入會，節省書費。入會費一千元（第一年初加入時才需要繳），年費二千元。**6.尚未出版之書籍，請勿預先郵寄書款與本公司，謝謝您！** 7.若欲一次購齊本公司書籍，或同時取得正覺同修會贈閱之全部書籍者，請於正覺同修會共修時間，親到各共修處請購及索取；**台北市讀者**請洽：103 台北市承德路三段 267 號 10 樓（捷運淡水線 圓山站旁）請書時間：週一至週五為 18.00~21.00，第一、三、五週週六為 10.00~21.00，雙週之週六為 10.00~18.00 請購處專線電話：25957295-分機 14（於請書時間方有人接聽）。

敬告大陸讀者：

大陸讀者購書、索書捷徑（尚未在大陸出版的書籍，以下二個途徑都可以購得，電子書另包括結緣書籍）：

1.廈門外國圖書公司：廈門市思明區湖濱南路 809 號 廈門外圖書城 3F

郵編：361004 電話：0592-5061658 網址：http://www.xibc.com.cn/

2.電子書：正智出版社有限公司及正覺同修會在台灣印行的各種局版書、結緣書，已有『**正覺電子書**』陸續上線中，提供讀者於手機、平板電腦上購書、下載、閱讀正智出版社、正覺同修會及正覺教育基金會所出版之電子書，詳細訊息敬請參閱『正覺電子書』專頁：http://books.enlighten.org.tw/ebook

關於平實導師的書訊，請上網查閱：

成佛之道 http://www.a202.idv.tw

正智出版社 書香園地 http://books.enlighten.org.tw/

中國網採訪佛教正覺同修會、正覺教育基金會訊息：

http://big5.china.com.cn/gate/big5/fangtan.china.com.cn/2014-06/19/content 32714638.htm

http://pinpai.china.com.cn/

★ 正智出版社有限公司售書之稅後盈餘，全部捐助財團法人正覺寺籌備處、佛教正覺同修會、正覺教育基金會，供作弘法及購建道場之用；懇請諸方大德支持，功德無量。

★ 聲 明 ★

本社於 2015/01/01 開始調整本目錄中部分書籍之售價，以因應各項成本的持續增加。

＊ 喇嘛教修外道雙身法、墮識陰境界，非佛教 ＊

＊ 弘揚如來藏他空見的覺囊派才是真正藏傳佛教 ＊

售後服務—換書啓事（免附回郵）　2017/12/05

《楞伽經詳解》第三輯初版免費調換新書啓事：茲因 平實導師弘法早期尚未回復往世全部證量，有些法義接受他人的說法，寫書當時並未察覺而有二處（同一種法義）跟著誤說，如今發現已將之修正。茲爲顧及讀者權益，已開始免費調換新書；敬請所有讀者將以前所購第三輯（不論第幾刷），攜回或寄回本公司免費換新；郵寄者之回郵由本公司負擔，不需寄來郵票。因此而造成讀者閱讀、以及換書的不便，在此向所有讀者致上萬分的歉意，祈請讀者大眾見諒！

《楞嚴經講記》第 14 輯初版首刷本免費調換新書啓事：本講記第 14 輯出版前因 平實導師諸事繁忙，未將之重新閱讀而只改正校對時發現的錯別字，故未能發覺十年前所說法義有部分錯誤，於第 15 輯付印前重閱時才發覺第 14 輯中有部分錯誤尚未改正。今已重新審閱修改並已重印完成，煩請所有讀者將以前所購第 14 輯初版首刷本，寄回本公司免費換新（初版二刷本無錯誤），本公司將於寄回新書時同時附上您寄書來換新時的郵資，並在此向所有讀者致上最誠懇的歉意。

《心經密意》初版書免費調換二版新書啓事：本書係演講錄音整理成書，講時因時間所限，省略部分段落未講。後於再版時補寫增加 13 頁，維持原價流通之。茲爲顧及初版讀者權益，自 2003/9/30 開始免費調換新書，原有初版一刷、二刷書籍，皆可寄來本公司換書。

《宗門法眼》已經增寫改版爲 464 頁新書，2008 年 6 月中旬出版。讀者原有初版之第一刷、第二刷書本，都可以寄回本公司免費調換改版新書。改版後之公案及錯悟事例維持不變，但將內容加以增說，較改版前更具有廣度與深度，將更能助益讀者參究實相。

換書者**免附回郵**，亦無截止期限；舊書請寄：111 台北郵政 73-151 號信箱 或 103 台北市承德路三段 267 號 10 樓 正智出版社有限公司。舊書若有塗鴨、殘缺、破損者，仍可換取新書；但缺頁之舊書至少應仍有五分之三頁數，方可換書。所有讀者不必顧念本公司是否有盈餘之問題，都請踴躍寄來換書；本公司成立之目的不是營利，只要能眞實利益學人，即已達到成立及運作之目的。若以郵寄方式換書者，免附回郵；並於寄回新書時，由本公司附上您寄來書籍時耗用的郵資。造成您不便之處，再次致上萬分的歉意。

正智出版社有限公司 啓

換書及道歉公告

《法華經講義》第十三輯，因謄稿、印製等相關人員作業疏失，導致該書中的經文及內文用字將「**親近**」誤植成「清淨」。茲爲顧及讀者權益，自 2017/8/30 開始免費調換新書；敬請所有讀者將以前所購第十三輯初版首刷及二刷本，攜回或寄回本社免費換新，或請自行更正其中的錯誤之處；郵寄者之回郵由本社負擔，不需寄來郵票。同時對因此而造成讀者閱讀、以及換書的困擾及不便，在此向所有讀者致上最誠懇的歉意，祈請讀者大眾見諒！錯誤更正說明如下：

一、第 256 頁第 10 行~第 14 行：【就是先要具備「**法親近處**」、「**眾生親近處**」；法**親近**處就是在實相之法有所實證，如果在實相法上有所實證，他在二乘菩提中自然也能有所實證，以這個作爲第一個**親近**處——第一個基礎。然後還要有第二個基礎，就是瞭解應該如何善待眾生；對於眾生不要有排斥或者是貪取之心，平等觀待而攝受、親近一切有情。以這兩個**親近**處作爲基礎，來實行其他三個安樂行法。】。

二、第 268 頁第 13 行：【具足了那兩個「**親近處**」，使你能夠在末法時代，如實而圓滿的演述《法華經》時，那麼你作這個夢，它就是如理作意的，完全符合邏輯去完成這個過程，就表示你那個晚上，在那短短的一場夢中，已經度了不少眾生了。】

正智出版社有限公司 敬啓

國家圖書館出版品預行編目(CIP)資料

佛藏經講義 / 平實導師述著. -- 初版.
-- 臺北市 : 正智, 2019.07
面； 公分
ISBN 978-986-97233-8-1(第一輯;平裝)
ISBN 978-986-98038-1-6(第二輯;平裝)
ISBN 978-986-98038-5-4(第三輯;平裝)
ISBN 978-986-98038-8-5(第四輯;平裝)
ISBN 978-986-98038-9-2(第五輯;平裝)
ISBN 978-986-98891-3-1(第六輯;平裝)
1. 經集部
221.733　　108011014

佛藏經講義——第二輯

著 述 者：平實導師
音文轉換：蔡正利 黃昇金
校　　對：章乃鈞 陳介源 孫淑貞 傅素嫻 王美伶
出 版 者：正智出版社有限公司
電話：○二 28327495 28316727（白天）
傳眞：○二 28344822
111 台北郵政 73-151 號信箱
郵政劃撥帳號：一九○六八二四一
正覺講堂：總機○二 25957295（**夜間**）
總 經 銷：聯合發行股份有限公司
231 新北市新店區寶橋路 235 巷 6 弄 6 號 4 樓
電話：○二 29178022（代表號）
傳眞：○二 29156275
初版首刷：二○一九年九月三十日 二千冊
初版九刷：二○二○年六月二十日 二千冊
定　　價：三○○元